文字小讲

许进雄 著

天津出版传媒集团
天津人民出版社

图书在版编目(CIP)数据

文字小讲 / 许进雄著. -- 天津 : 天津人民出版社,
2016.2(2017.7 重印)
ISBN 978-7-201-10161-3

Ⅰ. ①文… Ⅱ. ①许… Ⅲ. ①汉字-通俗读物 Ⅳ.
①H12-49

中国版本图书馆 CIP 数据核字(2016)第 040942 号

本书中文简体字版权由台湾商务印书馆授予天津人民出版社出版发行
著作权合同登记号:图字 02-2014-431

文字小讲
WENZI XIAOJIANG
许进雄 著

出　　版　天津人民出版社
出 版 人　黄　沛
地　　址　天津市和平区西康路 35 号康岳大厦
邮政编码　300051
邮购电话　(022)23332469
网　　址　http://www.tjrmcbs.com
电子信箱　tjrmcbs@126.com

策划编辑　韩贵骐
责任编辑　伍绍东
装帧设计　汤　磊
特约校对　孙晓雁

印　　刷　三河市华润印刷有限公司
经　　销　新华书店
开　　本　787×1092 毫米　1/16
印　　张　30.5
插　　页　1 插页
字　　数　400 千字
版次印次　2016 年 2 月第 1 版　2017 年 7 月第 6 次印刷
定　　价　72.00 元

盖文字者，经艺之本，王政之始，前人所以垂后，后人所以识古。

——（东汉）许慎

文字小讲

薛夫彬书

自 序

我的朋友赖永松,2008 年在 PChome 的报台开辟了一个部落格,名为“一日一言”,用像是新诗的短句,抒发令人深思的人生经验与哲理。另一个朋友杨风更经营四个部落格,发表不同领域的作品,也勤于创作油画。朋友们每周一次在杨风的住处聚会聊天,顺便欣赏他的画作。有一天我做了一个梦,梦到赖永松拿来一堆打算出版的文稿要我写序。其文稿图文并茂,显然是我把赖兄的文章与杨兄的画作的印象合而为一,在梦中显现。我记得我用甲骨文的“强”字来评论赖兄的文章。甲骨文的“强”字由弓与口组成(),强调反弹力强的弓难于拉满,只能拉成像嘴巴的样子。就如同赖兄的文章虽短,却句句有力道,有哲理,令人回味无穷。第二天我把梦境的内容在他的部落格上留言,他的读者竟然就纷纷问起我有关中国文字的问题。借用赖兄的部落格回答了几次以后,网友就建议我干脆也开辟一个部落格讲说有关中国文字的内容。杨兄也鼓励我设立,并答应为我设计版面,上传文章。本来我打算把部落格的站名叫“文字小讲”,因为我出版过一本有关中国文物的小书,在大陆出版时被改名为《文物小讲》。没有想到当我把写好的文章寄给他,请他上传时,杨兄已然替我注册为“殷墟书卷”,并把台主的名字定为“殷墟剑客”,也介绍我为:

> 一个右手持剑,左手拿着古文物,口衔甲骨文的游子,从加拿大枫树林里的博物馆归来……

第一篇文章于 11 月 10 日刊登了。杨兄不但催生我的部落格,也介绍他的网友来捧场,所以很快就热闹起来,每篇都有不少的留言,我也忙着应答。开始的时候大致一个星期发表一篇,有时也接受网友的建议,介绍他们想了解的字。但 2012 年时,我因为家里有些状况,不能不回加拿大处理,再也没有时间与心情为部落格撰写文章，起先是速度缓慢下来，终于完全停笔了。

这些网络文章是针对大众所写，不是学术性的，所以我想尽量写得轻松、简易而有趣。不过，每一篇也都费了我不少的心思与构想，写作的态度也是严谨的，有学术根据的。文章所讲的内容，大部分是取材自我出版过的几本著作，但也有些未发表的新说。我本来随兴而写，并没有出版的企图。停刊后，有网友几次劝我发表它，而我也想，如果有出版社愿意给予出版，何乐而不为！于是寄给台湾商务印书馆的编辑部，不想立刻就得到接受的回复。

在部落格发表时，为了增加美感，每篇文章都附有一张文物的照片。有些器物是与讨论的内容有关的，就给予保留。至于和内容完全无关的就删掉以减少篇幅。文字也多少作了些修改，使前后的风格趋于一致。盼望此纸本形式的出版可以让没有网络的人也可以读到。至于内容，当然希望读者不吝指教，或许以后还有可以改进的机会。最后，要感谢我书法家朋友薛平南教授为此书题字，增光良多。

许进雄

2013年7月20日于台北旅居

目　录

〇〇一 缘起

不久前做了个梦，清楚地记忆，用甲骨文的“强”字，形容朋友的散文及短诗简短有力，因此把梦境记载下来，贴到这位朋友的网站，不想引来好几个回应，说中国文字很有趣。在我做了几次回应后，有几位网友建议我开个有关文字的网站，甚至热心地帮我取名字，答应帮我设计版页，以及建构网站的一些技术性问题。作为教授文字学的老师，当然希望更多的人会对中国文字的创意有兴趣，因此接受他们的好意，打算开始经营这个网站，只是我年纪已大，打字的速度不快，进度一定很慢，如果读者觉得中国文字有趣，想早一点了解更多的内容，可以先请参考我的四种著作：

1.《简明中国文字学》(北京：中华书局，2009.02)

2.《中华古文物导览》(台北：国家出版社，2006.07)或《文物小讲》(北京：中国人民大学出版社，2008.01)

3.《中国古代社会》修订版(台北：台湾商务印书馆，2013.09；北京：中国人民大学出版社，2008.03)

4.《古文谐声字根》(台北：台湾商务印书馆，1995.09)

〇〇二 文，纹身

首先来逐一解释网站的名称「文字小讲」[1]。

文：「一人的胸上刺有花纹之状，古代丧葬的美化仪式。」

商甲骨文	
两周金文	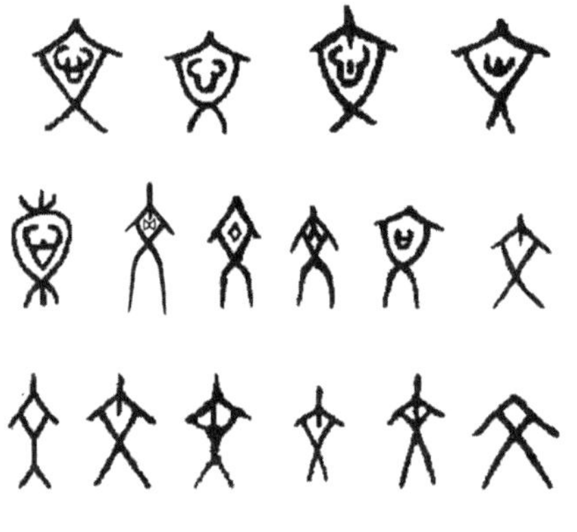
秦小篆	
现代楷书	文

东汉许慎的《说文解字》对“文”的解释：“亣，错画也。象交文。凡文之属皆从文。”说它是交错的笔画，实是没有真正掌握到文的创意重点。从较早期的商、周时代的字形看，文原来是作一个人的胸上有各种形状的花纹状。有时候因字形太小，不便把花纹给画出来时，就省略了花纹，以致于被误会是交错的划线。到了西周时代，胸上交错的花纹常画成心形，后世不认识，误认为宁字，故周的文王被误写为宁王，前文人被误写为前宁人，如《尚书·大诰》“宁王遗我大宝龟”“天亦惟休于前宁人”等。更进而解释，宁王为安天下之王。宁武为抚安武事。前宁人为前文王安人之道。

为什么要在胸膛上刺画花纹呢？源流甚长，以后再解释。刺纹是古代葬仪的一种形式，用刀在尸体胸上刺划，让血液流出来，代表放血出魂，以便前往投生的观念。它被用于赞美施行过释放灵魂仪式的高贵死者，如金文铭文所常见的前文人、文父、文母、文祖、文妣、文报等等。“文”在商、周时代的典籍中从不使用于形容活着的人，后来才引申至有文采的事务，如文才、文章、文学等。许慎所处的东汉时代，文的字形已起了极大的变化，难于看出它源自人的形体，以及真正的刺纹创意，因而以为创意是与笔画的交错形构有关系。

在胸上刻刺花纹以表示死亡的仪式可能还产生了一个历史上的误解。周朝的祖先古公亶父，有意让第三子季历继承其权位，但是碍于有传位给长子的传统，心中郁郁不乐。此心事为长子太伯和次子仲雍得知。两人为了成全父亲的愿望，《史记·吴太伯世家》记载：“于是太伯、仲雍二人乃犇荆蛮，文身断发，不可用，以避季历。”一般解释，以为吴、越二国是有纹身的民族，太伯与仲雍入境随俗，也断发纹身成为野蛮人，所以不能回国继承权位。这种解释并不很合理。二人只要留上头发，穿上衣服，一点异样也没有，何至于不能再当文明人，继承权位呢？再者，先秦文献讲到中国境内有纹身的民族竟只有吴国和越国，哪有这么巧的事，两兄弟不约而同，分别投奔域内两个仅有的纹身习俗的地区。猜想太伯与仲雍之所以纹身，是要以周人死亡仪式来象征自己已不在人间，要周人不必再等待他们而立即拥戴季历即位。因为二人分别对吴、越有教化之功，吴、越人民为了表示尊崇，也仿效他们在胸上刺纹，以致后来成为吴、越两地的特殊风俗。

注：

1.为帮助对于各字创意的解说易于了解，本书附有如上的甲骨文以来字形演变的简要示例图栏。第一栏为商代的文字，绝大多数取自甲骨卜辞，少量商代铜器上的字形暂纳入下一栏。字形主要取自黄沛荣先生根据《甲骨文编》所开发的电脑字形。第二栏为两周文字，主要取自金文，来自黄沛荣先生根据《金文编》所开发的电脑字形，其他载体的字形暂不列示。第三栏为《说文》所收，代表秦朝文字的小篆，例子取自网络上根据中华书局1963年影印宋本《说文》的小篆字体。字形之旁加注的英文字母，s代表小篆字形，z代表籀文，k代表古文，h代表其他书体。没有注明的则为《说文》没有清楚说明的。第四栏乃今日通行的字体以及对创意的简要解说。为节省篇幅，以后不再对各栏字形的时代加以注明。

图1：湖北荆门出土“大武开兵”铭战国舞戈。巫师身上刺有鱼鳞纹，是表达神灵的身份吗？

图2：局部放大

〇〇三 字，命名仪式

字：「于建筑物内对小孩行命名仪式。」

商甲骨文	
两周金文	
秦小篆	 S
现代楷书	字

《说文解字》的解释:“字,乳也。”“字”的意义和建筑物无关,所以不是形声字。此字的字形,自周初以来就固定了,作建筑物中有个男孩之状。创意大致是在庙内或屋中给予小孩命名。因为古代婴儿多夭折,要等经过了相当长的一段时间,确定婴儿可生存下来之后,才在庙内或家里举行仪式,介绍给祖先并给予命名,正式成为家族的成员。此段等待命名的时间,中国古代一般的习俗,根据《礼记·内则》的记载,在孩子生下来之后的第三个月末期,选择一个吉日,修剪孩子的头发,然后父亲拿着孩子的右手对之命名。这是为了确定孩子能够生存,否则命名就成为多余的了。根据考古报告,河南新郑裴李岗的八千年前墓葬,八十人中,最年长者为四十一岁,只二人。二岁以前死亡的则有三十六人。其他民族的命名仪式,或有等待数年之久的。中国以前还有个习俗,有钱的人家,会敦请一位有学问的人,写一篇短文说明孩子取名的意义以及家人的期望,这种文体叫“字说”,现在已不流行了。

“字”因与古代命名的礼仪有关,孩子命名与给予事物名称的方式相类,作用相同,后来才与文复合而成“文字”的词汇,以指称典雅的记录符号。从创意看,“字”才是文字一词的主体,文则是“字”的形容,强调其为文雅的辞章,非鄙俗的口语。许慎《说文·叙》:“仓颉之初作书,盖依类象形,故谓之文。其后形声相益,即谓之字。文者,物象之本。字者,言孳乳而寖多也。”意思是说,“文”是最早出现的表意符号,“字”是自基本字形的文滋生的复体结构。从以上的分析,可以看出许慎把“文字”主客易位,把文当作名词,且成为基本字形的指称。

〇〇四　小、大，抽象观念

小：「以三或四小点表示其物体积之小或少的概念。」

	小	少
商甲骨文		
两周金文		
秦小篆	 S	 S
现代楷书	小	少

大：「以大人的形体表示大的概念。」

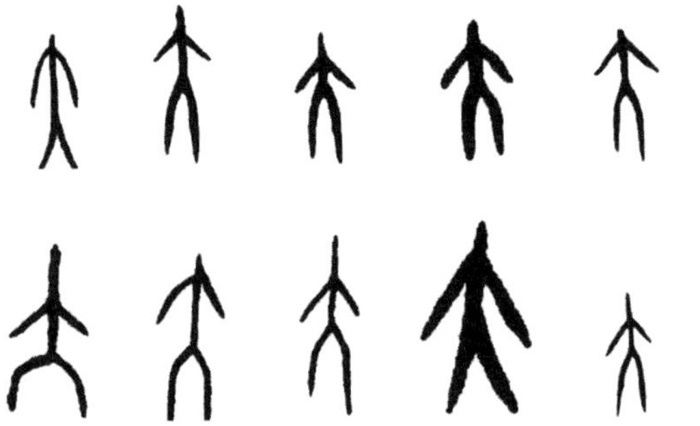	商甲骨文
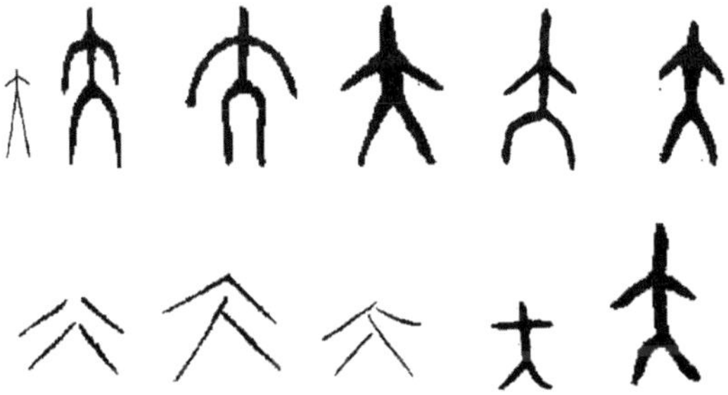	两周金文
	秦小篆
大	现代楷书

《说文解字》的说解："小，物之微也。""少，不多也。"文字的创造，抽象的意义最为困难，因为没有形象可以描写。古代的人就想到利用相关事物的特征、功能等去创造。小和大是相对的概念，是相互比较之后的结论。但是在创造这个意义的时候，不能够随意画两件大小不一的东西，因为人们想到的可能是别一层的关系。古人造字所常用的方式是利用某件器物在人心中的一般性概念。人们所常见到的细小东西是沙粒，因此就画几点小沙粒以表达细小的意思。细小的点容易被忽视，因此后来就把笔画拉长了。细小的东西容量少，所以甲骨文的"小"字也可以写成四小点，后来为了明确各自的意义，才规定以三小点为小，四小点为少，加以区别。

那么如何表现大的概念呢？《说文解字》的说解："大，天大，地大，人亦大焉。象人形。"

在社会中，和人的生活最为关切的事物就是人类自己。于是想到，小孩子的身躯比较小，成人的身躯比较大，所以就以成年人正面的形象去表达大的概念。许慎象人形的解释可以修改为，像成人身体较大的形象。是表意字，不是象形字。

〇〇五 讲，讲解

言："长管乐器形，用以宣告。"

商甲骨文	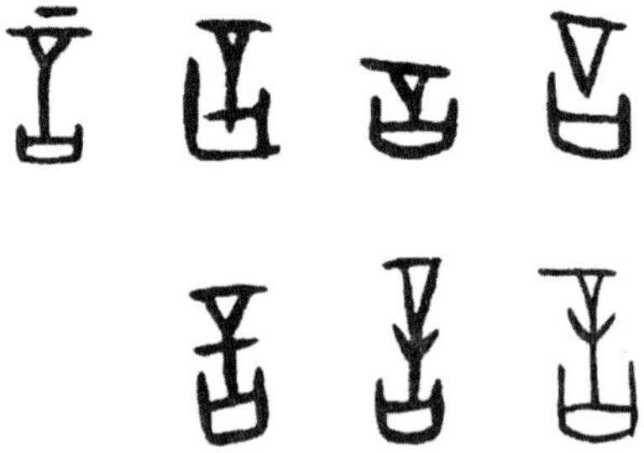
两周金文	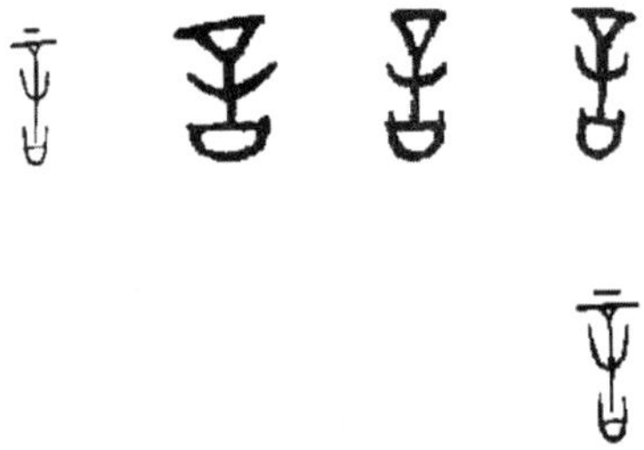
秦小篆	 S
现代楷书	言

冓：「两木构件以绳索捆缚的相互交接之状。」

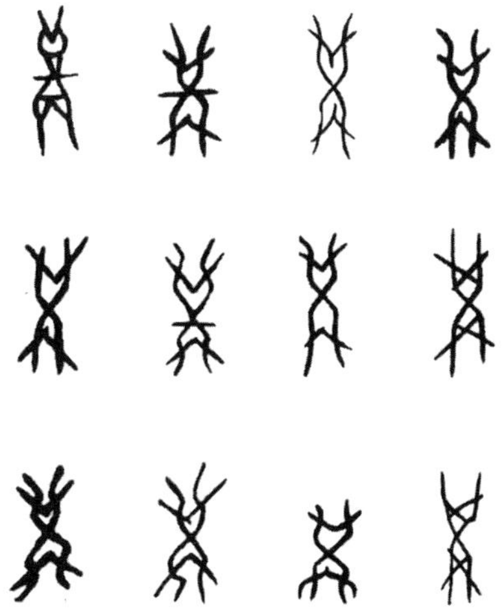	商甲骨文
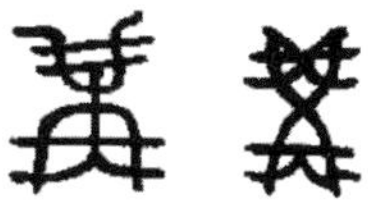	两周金文
 S	秦小篆
冓	现代楷书

《说文解字》对“讲”(**编者按:“讲”字转化回繁体为“講”。**)字的解释是“和解也”。清代段玉裁注解:“不合者调龢之,纷纠者解释之是曰讲。”“讲”是个形声字,由表达意义的“言”与标明声读的“冓”组成。形声字一般有三个条件:(1)至少由两部分组成,其中至少有一个是声符。(2)形声字与其所谐的声符,两者的韵母必须同属一大类外,两者的声母也要同属一大类。(3)如有意符,所代表的意义也要与形声字的意义是同类的事物。讲字作为形声字完全符合这些条件。

甲骨文还见不到“讲”字。以下分别介绍“言”与“冓”。

《说文解字》:“,直言曰言,论难曰语。从口,辛声。”从甲骨文的字形看,言是一个独体的象形字。从金文“诰”字作双手捧着一把言之状(),“诰”是政府所作的公告,因为政府在作宣告之前要以喇叭招集群众。推断“言”是个长管乐器的形状,下头的口是吹口,上头的三角形是音管。后来字形演变失真,以致许慎看不出真相来。又从”寻”字的意义是八尺,甲骨字形作伸张双手丈量一把喇叭之状(),知此管乐的长度是八尺。管乐的音管长,才能把声音传送到远方。政府希望远方的人民都能听到号召的信号而前来聆听政策的宣告。

《说文解字》:“,交积材也。象对交之形。”许慎对于“冓”字创意的解说非常正确。这是以古代建筑的技术来造字的。比较复杂的住屋都要有梁与柱的结构,木结构交接的地方,华南或使用较先进的榫与卯的套合,华北则只见捆绑的方式。那是将木头的端部稍微削尖,用绳子捆缚牢固后,再涂上泥巴固定。甲骨文正表现两根削尖的木头用绳索捆缚之状。所以“冓”字的重点是两个东西的交会。

越是进步的社会,需要记录的事情越多,很难给每一个意思都造一个字去表达。因此想出了两个办法以解决使用上的困难。一是引申,一是假借。引申的方法是扩充一个字的意思。如果某些概念之间可以找到共通的特性,或是其意义有先后层次发展的关系,不妨使用一字去表达众多的意义。后来为了要分别本义与其扩充的意义,并确定各自的字形,有些字就在字源分别加上水、火、木、人、衣、心、口、言、手、页、彳等不同意义的类属,就成了不同字形的形声字。如"冓"字的重点是两者相会,可以用来表达两人的相遇,男女的交配,沟渠的相通,后来就分别衍生成"遘""媾""沟"(**编者按:"沟"字转化回繁体为"溝"。**)等的形声字。"讲"以"冓"为声符,但也表达语言的交会,一边是讲,一边是听。

〇〇六　文字体系形成的时代（一）

世界上各古老文化，其文字的创造、应用的方法、发展的途径，其规律都是一致的。往往都是先标出记录内容的主要关键部分，然后才发展成有文法的完整语句。初期的文字以代表具体的事物的表形期为主，渐次进入指示概念、诉诸思考的表意期，最后因需求量太多，不胜造字之繁杂，才发展以音标表达意义为主的表音期。晚商的甲骨文，形声字已占有可识字的二成，说明已是相当成熟的文字系统，必是经过了长期的发展。

在好些属于母系社会、六千多年前的仰韶文化遗址里，发现了刻画各种不同记号(如图 1)的陶器。这些记号几乎都刻画在相同的部位，陶钵的外口缘上容易见到的位置。充分说明它们不是任意的刻画，而是具有某种作用的。好多学者相信这些记号已具有文字的作用。

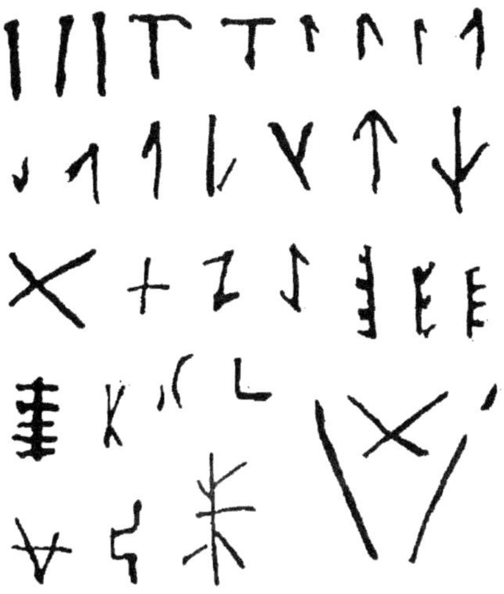

图 1：仰韶文化遗址陶器上所刻画的记号

但是这些记号不但没有语言系统所必要的序列，其形态也和以象形、表意为主要基础的中国古代汉字，亦即商代的甲骨文和周代的金文，显然不是从同一系统发展起来的。个人或社区所拥有的器物、财宝应该是早期社会文字记载的最重要内容。这些内容在早期的文字，主要是以描写具体物象的象形形式表现的。但是这些陶器上的符号都是抽象的记号，不见有明确不误的具体物象的描绘，反映它们尚不能记录事件而成为文字的体系。

比较可靠的征兆见于山东莒县陵阳河的大汶口文化晚期陶器上的刻画符号，时代约是公元前二千五百到二千年，在墓葬中，妇女居从属地位，已属父权确立的时代。其形象，如有柄的石斧、石锛、羽帽等，与甲骨文、金文的字形有一脉相承的关系，即都具有图绘物体具体形象的性质。在一些商代晚期、西周初期的铜器上，往往铸有比甲骨文字形看起来更为原始、更为接近图象的所谓族徽文字。学者们一般相信，这些作为族徽的图形保存了比日常使用的文字更为古老的字形传统。这种非常接近图象的性格正是大汶口晚期陶文的特点所在。

其中有一形()更具有重要的意义(图2)。它可能是“旦”字的早期字形，象太阳上升到有云的山上之意。甲骨文及金文的“旦”字可能表现太阳即将跳离海面的大清早景象。古人多居住于山丘水涯，每每以所居之山丘或河流自名其氏族，以表示居处的自然环境，此记号可以分析为从山，旦声。它用来表示居于山区的旦族，以别于居住于平地者。以象形的符号作为氏族名字或人名，就与随意、即兴的刻画图像具有很不同的意义。

旦：「太阳将跳出海面的早晨景象。」

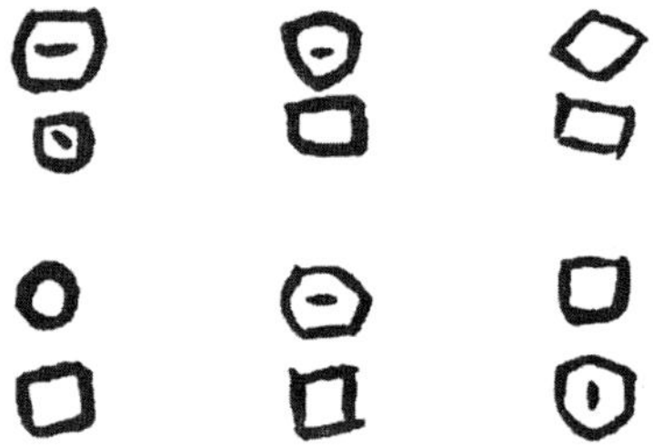	商甲骨文
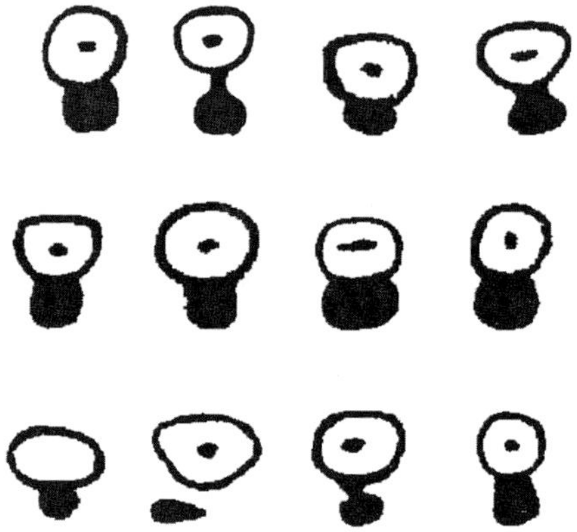	两周金文
 s	秦小篆
旦	现代楷书

当这个图形被选择作为代表特定的部族或个人时，所有熟悉该部族或个人的人们，就比较可能通过这个环节，牢牢地把其图形与同一音读、同一意义结合起来。这种读音、意义、图形三者的密切结合，就具备了文字的基本条件。因此把图形符号作为氏族的代表，往往是有定法的文字体系产生的一个重要途径。

从造字法的观点看，这个图形由两个或三个图像组合而成，显然已不是原始的象形字，应是第二类表达抽象意义的表意字，或甚至是第三类，最进步的标出音读的形声字了。以大汶口的陶文为汉字的雏形，甲骨文的前驱，要较之以西安半坡仰韶文化一类的纯记号刻画为中国文字之始，是较平实而可靠得多。

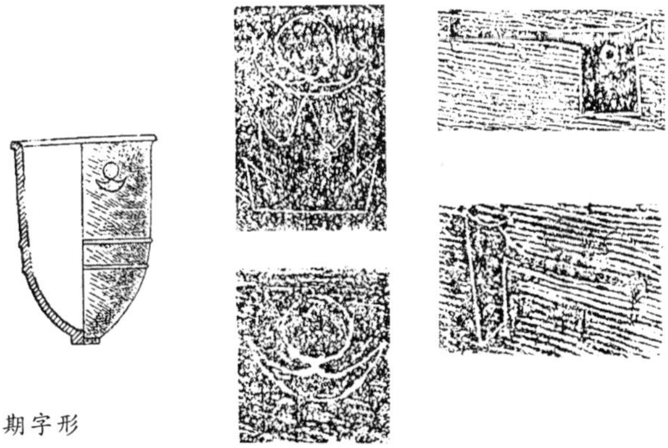

图 2：可能是“旦”字的早期字形

〇〇七　文字体系形成的时代（二）

郭、墉：「四面有看楼的城墙建筑。」

商甲骨文	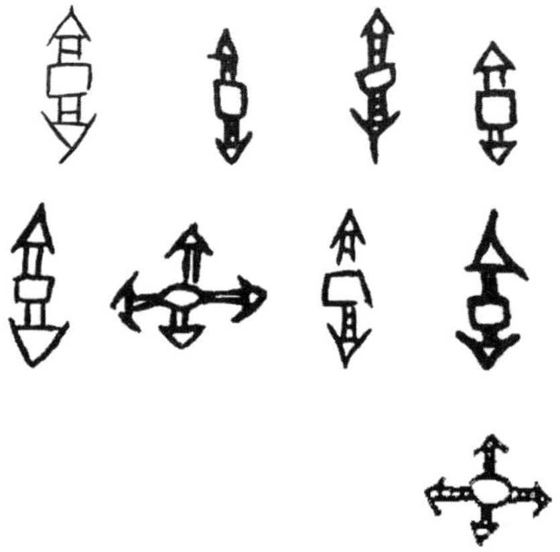
两周金文	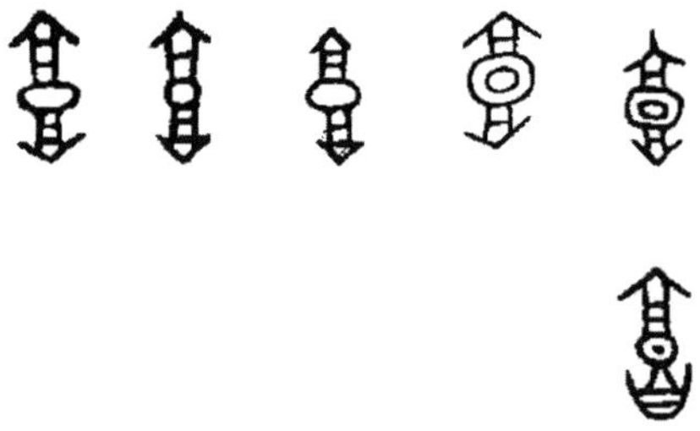
秦小篆	
现代楷书	墉、郭

也可以从字的创意观点来检讨。商代的甲骨卜辞是用刀刻在龟甲或牛肩胛骨上的。由于刻刀不便刻画曲线，所以常把圆形的刻成方形或多角形，作圆形的必是较早、较原始的写法而更近于写实。甲骨文有“郭”字，作一座四个方向都有看楼的城墙之状。甲骨由于用刀刻不便画圆，城周大都作方形，但也有作圆形者，后来也省略了左右两个方向的看楼。

关于城周的形状，目前所发现最早的城墙建筑要推河南郑州北郊西山遗址，兴建于仰韶庙底沟类型的时代而废弃于秦王寨类型的时代，年代约在距今五千三百年前至四千八百年前之间。其平面略呈圆形，与甲骨文所描写的形象一致。但是较大量的早期城墙都建于龙山文化的晚期，诸如山东章丘城子崖、河南登封王城岗、淮阳平粮台等，其平面都作方形。就发展的程序讲，圆形的建筑一般要早于矩形的。如圆形的穴居要早于矩形的地面建筑。经常移动的游牧民族也喜欢采取较省力的圆形形式，而定居的农耕民族就多采用矩形的形式。甲骨文因刀刻不便画圆的缘故，大都把圆形的东西刻成矩形。因此甲骨文的城郭字既然以圆形的形状表示，就表示创造文字者所见的城周是圆的。虽然商代已不见圆形轮廓的城址，字形却是保留了古代所见的正确形象。因此其创造文字的时代应是方形城周的时代之前。即其年代至迟不晚于修建矩形城墙的龙山文化晚期。龙山文化晚期的下限是公元前两千年，与上一段根据大汶口的图形符号的推论是一致的。所以商代的文字有些承继自公元前两千年以前已有的文字应不是好高骛远的论调。

○○八 文字体系形成的时代(三)

酒：「窄口酒罐以及溅出的酒滴形。」

字体	字形
商甲骨文	
两周金文	
秦小篆	
现代楷书	酒

酉：「象形，窄口细长身的尖底酒罐。」

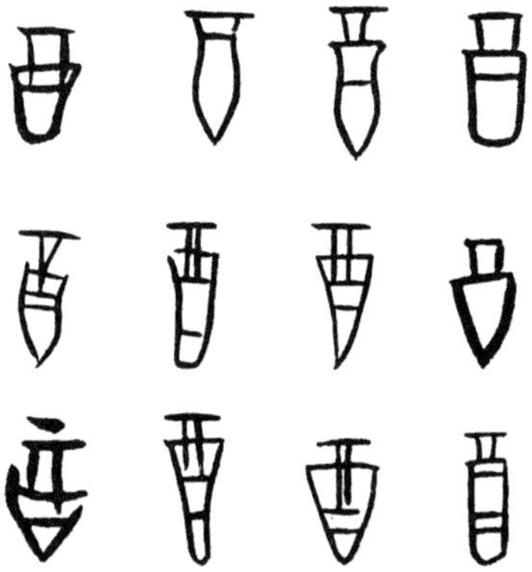	商甲骨文
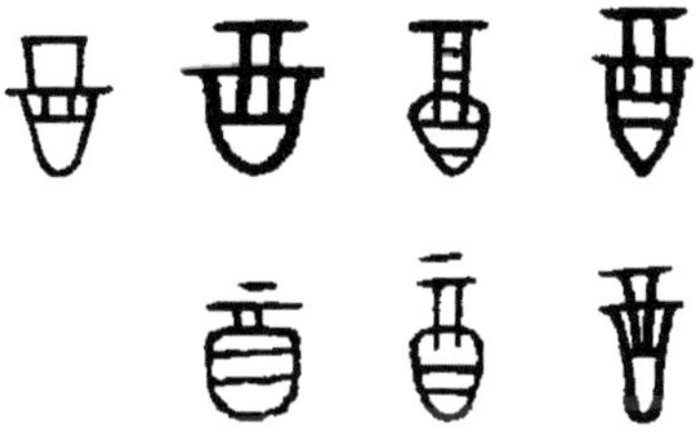	两周金文
	秦小篆
酉	现代楷书

讨论中国文字体系的年代问题，也可以借重古人使用的器物。甲骨文的“酒”字，作装酒的容器以及溅出的酒滴形。描写的容器是窄口、细身、尖底的酒罐形状。但是商、周遗址出土的文物，装酒的容器都是平底的。为什么文字表现的情况和实际的形状有所不同呢？可能的答案是甲骨文承继了古代的字形，忠实地反映更早时代的器形。

一般以酒器始见的时代而认为中国在龙山时代开始酿酒。“酒”字所描写的器形大致与六千多年前的仰韶文化，高四五十厘米的窄口尖底瓶形状相同。腹部的两个半圆钮是到了五千多年前消失的。一般认为仰韶的窄口尖底瓶是盛水器，不是酒器。但是在加拿大皇家安大略博物馆展示的西洋酒文化特展的文物中，笔者赫然发现古代从欧洲运到北非的葡萄酒，盛装的容器竟然是和仰韶文化西王村类型的尖底陶器(图1)绝似。口窄小的功能是为了防止液体外泄，细长的身体是便利人们或家畜背负，尖底是为便利拿在手中倾倒出来。为此便利，尖底有时作成短柄的形状，有如甲骨文“稻”字，装米的罐子底下常作长柄状( )。稻米是华南的产品，运往华北时只取米粒而装在罐中以减轻运费。大概也以牲畜载运，一如欧洲的葡萄酒，故采用瘦高的罐子，充分利用载运的空间；长柄则是为了方便以手持拿，倾倒分装入其他的容器。这种尖底陶器在庙底沟以后的文化遗址中不见或很少见，可能与水井的开凿普遍有关。在较早期的年代，水要从远地的河流运搬回家，故水瓶腹部附加两个圆钮以便系绳背负。后来有了牛马家畜，可以由之背负而不必有钮系绳，一如游牧民族的辽、金时代，制有装运酒的超过半米高，方便以马负载的窄长陶罐。往后人们在住家的附近凿井，就不用从远地运来，故也不再需要这种造型的运水容器了。商代有牛车，可能就不再使用尖底陶罐运送水酒，故也见不到这种样子的陶器。商代的“酒”字，既然描绘的是庙底沟文化类型以前的造型,则和城郭的圆形轮廓一样,应是四千二百年前就有的事实。

图 1:仰韶文化西王村类型的尖底陶器

〇〇九 微，眼瞎

微：「打杀眼瞎或病危体弱的老人，古代丧俗。」

商甲骨文	
两周金文	
秦小篆	
现代楷书	微

《说文解字》解释："𢼸，眇也。""微，隐行也。"𢼸的甲骨文字形，明显表现手持利器自背后攻击长发人之状。它的意义竟然是眼睛瞎了。可见被杀的人是眼睛瞎了的。那是古代常见的行为，才容易被人领会眼睛瞎了的意义。至于微的隐行意义，可能来自击杀老人虽是社会的常态，毕竟不忍展示于众人之前，故于暗中行事。众人见不到老人，都知道发生了什么事，但没有人会去追究。

老人头盖骨被人为的利器所击坏的例子，常见于中外的旧石器遗址。很多学者以为，几十万年以前的社会不会为了经济的原因杀人，击破头盖骨是为了吃食其脑浆以增加个人的魔力。其实这种意见是有问题的。一个有七千多年的广西桂林甑皮岩遗址发现了十四个头骨。其中四具的头骨发现有明显的人为利器所劈削或刺穿的致命伤痕。其年龄都在五十岁以上。其他人的头骨就没有这种现象。在那个时代，五十岁已经算是很老了。这几个甑皮岩老人显然都是因为年老或体弱多病，难以照顾自己的生活，由子孙执行再生的仪式。上古的人生产水平低，经常粮食匮乏。尤其是当疾病流行或部族迁徙频繁时，病弱的老人往往建议把自己杀了让同胞吃，解除一些饥饿的危机。对那些老人来说，那是对族人一种有贡献的解脱，要比病死而腐朽于地下心安得多。被杀的人没有感伤，执行的人一点也不觉得有罪恶感。

楚国宗庙的壁画大概有夏启杀母的故事，有名诗人屈原不了解其缘故，于《楚辞·天问》提出"何勤子屠母而死分竟坠"(为何鼓励儿子杀了母亲并把尸体四处丢弃)的反问。启是夏朝的贤君，万无杀母的行为。因此有人就创造神话加以化解疑惑，解说启的母亲为了避免与治水中的禹碰面而变成石头，当时母亲已届临盆，故石头爆开而生产了启，所以等于启杀了自己的母亲，又使得尸体分散于数地。

杀死年迈的亲人本来是远古社会所认可的行为。但随着经济情况的改善，照顾老人家成了不是太困难的事,人们行为的模式起了变化,甚至认为古代杀死双亲的行为是种罪恶,因此要加以隐瞒,解释其合理性,所以才有夏启杀母的神话故事出现。社会后来文明多了,人们不便自己下手,于是送到野兽出没的地方,由野兽代行,然后捡遗骨回来埋葬,故产生了汉代孝孙原谷把祖父迎回来的故事。这些现象也有古文字反映,以后再介绍。接着等人死后才送去山野。如果捡回来的骨头没有被吃得很干净,有残肉留着,就表示此人生前有罪,家人还会大为不安。

〇一〇 霜，冻寒（雨，下雨。相，检验。）

雨：「雨下自天。」

相：「以眼观察树木生长或性质之优劣。」

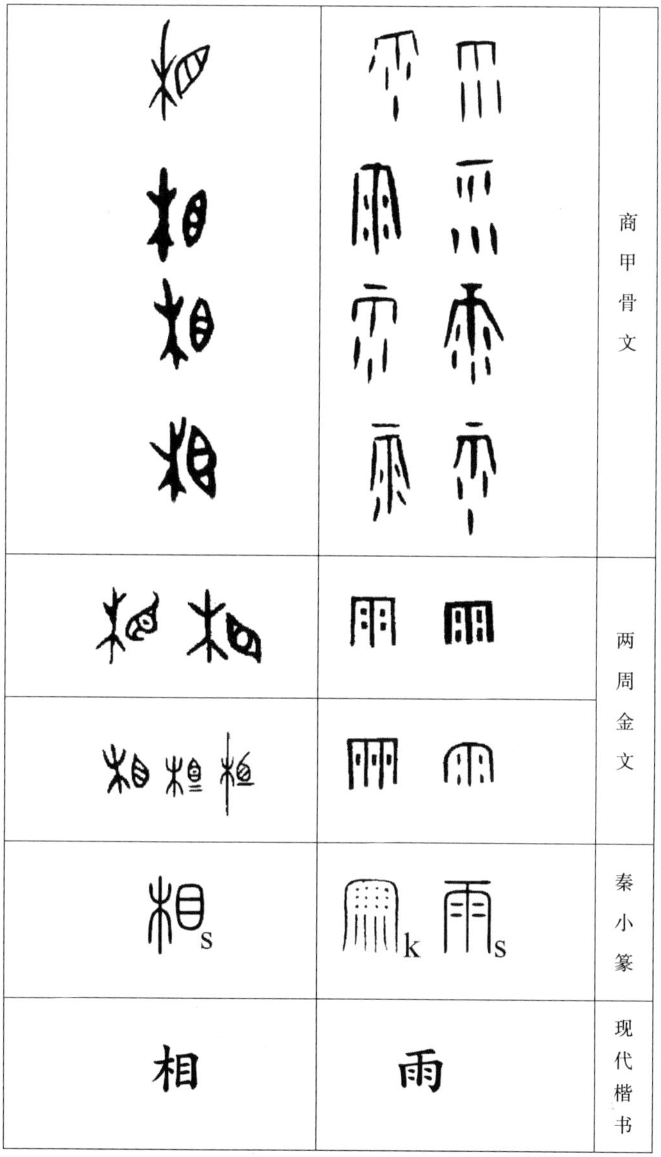

“霜”是个形声字。《说文解字》:“霜,丧也。成物者。从雨相声。”从雨,表明其意义与降雨有关;相声,表明其读音与相极为接近。以下介绍两个构件,雨与相。

《说文解字》:“雨,水从云下也。雨,古文。”甲骨文的“雨”字作雨点自天降下之状。《说文》的雨部收有四十六字,除雷震等自然天象外,还包括与雨有关的境况,如求雨之祭、声响如下雨、以雨水濡泡皮革等等。甲骨文以雨构形的字虽也不少,但大多不认识,其中可能有“霜”字。甲骨文的“云”“雷”“电”等字都不是从雨的形声字,也许古人以眼见自天落下的东西才是雨的类属。霜是地面上的水气受寒冻凝结而成,创字的时候或可能不把霜看成与雨有关的事物。霜是深秋天气冷的产物,霜降之前就要完成农作物的收割,否则农作物就会被冻死,让一年辛苦的工作白费了。

农作的成功与否取决于很多的因素。有很多是商代的人所难于控制的,如日照的长短、降雨的多寡、虫害的有无等等。所以商王对于这些完全无法预期的,难以控制的,影响农作收成的条件,做了不少的卜问。商人祈望获得丰收,对整个耕作的过程,可以说是小心翼翼的。有关农业的卜辞有四五千条之多,而有关畜牧的则很少。由于农业的成果是生活的最大保障,他们要想尽办法以博取鬼神的好感与同情。所以在收获季节之前要举行很多不同供奉的祭祀,请求众鬼神不要降下危害。当然在有了收获之后,更要以新收割的谷子去答谢。虽然到了商代,人们对于农作物的栽植已有相当的经验,他们问卜的内容有时却是非常琐碎而具体的,譬如什么时候去耕种,派谁去监督,由哪些人去耕作,我们可以看出其诚惶诚恐,关心农业成果的心情。但是就是看不到有降霜一类的卜问,也许商代的人对于季节的征象已有相当的把握,播种的时间不会迟误,故不关心下霜的时间,是否会冻死农作物。

《说文解字》:“相,省视也。从目木。《易》曰:‘地可观者,莫可观于木。’《诗》曰:‘相鼠有皮。’”甲骨文的“相”字作一只眼睛在检验一棵树木之状。器物的作用不同,材料的要求亦应有别。故工匠要对各种木材的性质有充分的认识,才能发挥各种木材的最大效用。所以对于不同零件的揉曲、坚硬、轻软等各别的要求,不单要讲究使用何种木材,甚至取材的年份及季节也要讲究。“相”就是表现工匠在做这方面的检验,不单是看看而已,还要有分辨优劣的能力。比如车子的制造,轮子的部分要选取有弹性的木材,可以用火烤揉,使成一定的弯度。舆架就要选取重量轻的木材,以减轻马的拉曳负担。轮轴就需木质坚直以承担整个车子的重量。

〇一一 衣，身份

衣：「有交领之上衣形。」

商甲骨文	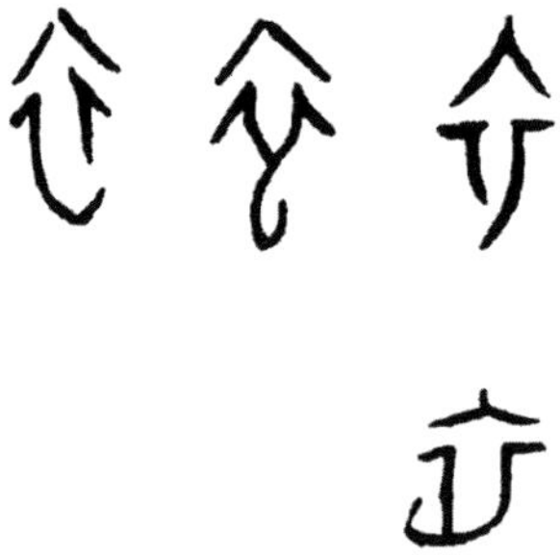
两周金文	
秦小篆	 S
现代楷书	衣

《说文解字》:“衣,依也。上曰衣,下曰常。象覆二人之形。”甲骨文的“衣”字,作有交领形式衣服的上半部的形状。交领衣服的缝制比较可能源于布帛而不是毛皮。有衣领的服装是丝麻纺织业兴起后的常式,是农业发达后最普及的材料,故衣字亦代表所有的衣着。

从汉代衣服的实例,可以明白交领的作法。是以一窄长的布幅,由胸前经过肩膀,绕过头部而回转至腋下所成。交领的形式大半是为了防止布幅的边缘松散,以一布条缝边缘使牢固。此边缘也发展成刺绣不同的花纹以表示不同的身份。交领的服式不受身材肥瘦的限制,都可使衣服贴身。如果两边衣幅长度固定,不相交,就难调整肥瘦的幅度。兽皮不怕边缘会松散,故不必缝边。而且皮裘厚重,价格高昂,为省费用,就不便大幅折叠如布帛,以致不必有交领的形式。后来领子既成为常式,皮裘也就制成有衣领,但不是交领的形式。

根据中国的传说,衣服的创制者是黄帝。汉代的图画,黄帝以前的人物常是没有穿着纺织的衣物。这绝不能看作黄帝时代以后才有以布料裁制衣服,而应当看作衣服从此成为社会的规制,是天天都要穿用的。同时也表示衣饰有了阶级的表征作用。

衣服加之于身,形诸于外,是最能表现个人性格或身份的东西。在以采集渔猎维生的时代,没有什么私人的财富,除了年龄与性别的区分外,人人的社会地位和权利相等,没有太大的不同。衣服就很少有避寒、护身、遮羞以外的大用。但是到了农业发达的时代,社会里有少数人积聚的财富比他人多,身份的差异自然就建立起来。这时衣服就取得了新的用场,用罕见的或远地交换而来的材料,诸如动物的皮毛、骨角、爪牙、羽毛,或金银、珠宝、贝壳等,以标示和识别渐渐明显的社会地位差别。当社会的结构扩大,衣服也跟着起了政治的作用。只有具某种特别身份的人才许服用某种颜色或形式的衣服，包括与衣服配合的各种饰物。黄帝以前的圣人们只有创造器物以提高生活的水准。到了黄帝建立帝国的时候,约是四千七百年前,才开始社会制度的创立。衣制是治国规范的重点,用以标示和识别渐渐明显的社会地位差别。当社会的结构更扩大而有一定的安排时,衣服就跟着起着政治的作用。所谓黄帝的始创衣制,就是这一类的表现。中国后来儒家的丧制,用粗陋的麻衣表现对死者的哀思,无心为美,也属于这一类的社会功能。

〇一二 初，裁制

初：「以刀裁布为缝衣之始。」

字体	字形
商甲骨文	
两周金文	
秦小篆	 S
现代楷书	初

《说文解字》:“初,始也。从刀衣。裁衣之始也。”甲骨文的“初”字以刀及衣组合。表达以刀切割材料是缝衣的第一个步骤,故用以表达抽象的初始的意义。创造此字的人着眼于原始的衣物是以刀割兽皮而成,不是后来发展的纺织成的布帛。

定居的生活是文明能较快地发展的一个重要因素。定居不但需要房子,也需要合适的衣服。从极度寒冷到极度燠热的环境,人们都有办法生存下去。十二万年前出现的石核就有可能钻针眼,穿针引线以缝制兽皮衣物。三万年前已确实知道用骨针穿过麻线或皮条以缝制衣物。中国发现骨针的最早遗址是四万至二万年前之间。

人类在非常早期一定也有稠密的毛发,以适应风寒的气候,所以御寒不是穿衣服的最初目的。有些地区可能为了保护性器在工作时不受到自然界妖邪的危害,或保护不受到荆棘、昆虫、雨露的伤害。某些地方则可能起于以动物皮毛伪装捕猎。甚至是施用感应魔术,希望得到所服用动物形象而具有特殊的能力。但真正的普遍穿用衣服大概要起于防御风寒之后。在酷热的地区,衣服甚至是种累赘。但几乎所有的早期社会,不管穿得如何少与象征性,都会要求成员穿用某些装饰品或衣物。这大概是基于后来才发展的爱美、遮羞或分别阶级等文明观念了。有时为了达到这些目的,就装饰得过分夸张,以致非常不方便行动,甚至危害身体的健康。

在远古,毛皮是较易获得的材料。兽皮因其形状不方正,大小也因兽类而异,一定要割成许多块再加以缝合,故动刀裁割是缝衣必要的步骤。游牧的生活为了要骑马奔驰,照顾牲畜,就得选择经得起摩擦的材料,因而选用他们易得的坚韧毛皮材料。他们也要求裁剪合身以利行动,故因势随着身材的曲线裁成紧束、窄短风格的衣物。至于农耕的社会,桑麻是较易取得的材料,而且工作的性质也不磨损衣服。为了省工，就尽量保持原来机织出来的布幅，不多作曲线的裁剪以求合身，故形成宽松、修长的风格，有一定的布幅，可适合各类高矮、胖瘦的身材。

衣服要经过刀剪的裁割手段，从汉代的衣服(图 1)可以看出，人们还是尽量保持原来布幅的形状，不多作要求合身的曲线裁剪。在剪刀发明前，以刀切割衣料成有曲线的布幅是不太方便的，所以尽量不多作曲线的裁剪。丧服作成方领而不是圆领，就是以最粗陋的粗麻材料、最简单的刀裁方式，表示哀戚而无心为美的心情。

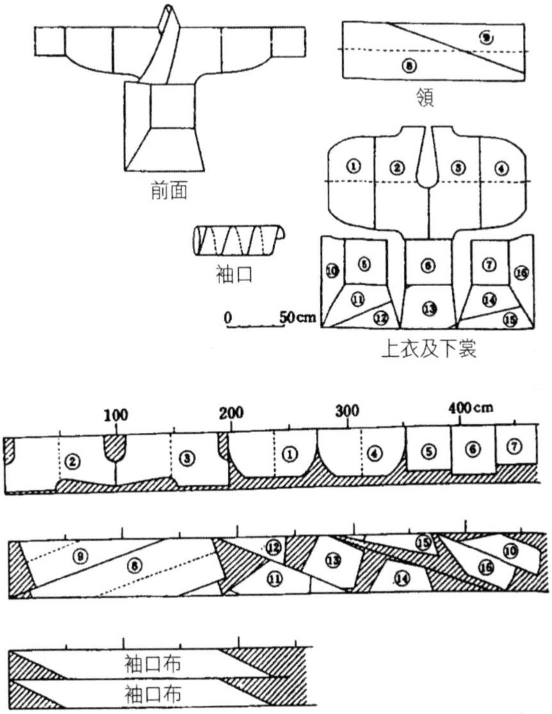

图 1：西汉时代直裾衣袍的缝合及裁剪图

〇一三　熏，薰香

熏：「薰香之香囊形。」

籃：「古文字形表达于屋内焚烧薰草的熏炉。」

	熏	籃
商甲骨文		
两周金文	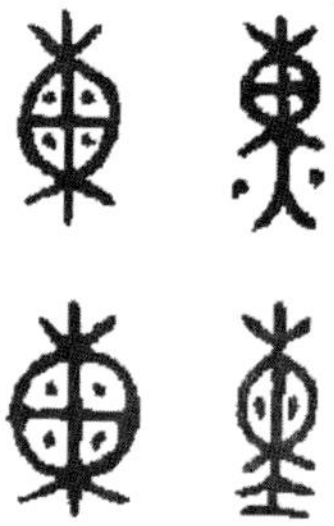	
秦小篆	 s	 k  s
现代楷书	熏	籃

《说文解字》:“熏,火烟上出也。”“籃,大篝也。从竹,监声。[illegible],古文篮如此。”人类一直在想办法让生活过得舒服些,不管衣、食、住、行哪一方面。在住家方面,不但空间要大,建材要理想,气氛也要有相当程度的配合。从文字可推断,起码从西周时代起,人们就想让呼吸的空气舒服些。金文的“熏”字,作一个两头都束紧的袋子而内里有物之状,从使用的意义可以推知,此袋子为香囊,里头装的是干燥的有香味的花瓣、叶子一类的东西。香囊可以杂放在衣服中让衣服沾染香味,也可以佩带之走动,随处生香。此可反映对住家生活的改进。古代的文献经常谈到使用薰草。它是种禾本科的植物,也称蕙草或兰蕙。它自身能放出香气,也可以焚烧的方式扩散香气,故有“薰以香自烧,膏以明自销”的诗句。小篆的“篮”字,其意义就是熏炉,其古文字形([illegible])即作一屋中在熏炉之上放有两束薰草之状。

薰草生长于湖南两广一带,取得不难,故秦、汉时代使用薰草甚为普遍。到了西汉中叶,对闽、广地域渐有所认识,也和西亚较有贸易接触,知悉龙脑、苏合等树脂类香料。龙脑为树干中所含油脂的结晶,产于福建、广东,以及南海、波斯等地。苏合产于小亚细亚,为金缕梅科乔木。其芬芳馥郁都远超过薰草,自然乐于采用而渐渐取代之。这些树脂类的香料不能直接用火燃烧,须经过捣打的步骤制成粉末,然后才放入炉中的承接器间接用炭火加热,不使燃烧太快而耗费钱财,因此不能不改变焚烧的方式而有新器具博山炉的产生。梁代吴均《行路难》有诗句“博山炉中百合香,郁金苏合及都梁”“玉阶行路生细草,金炉香炭变成灰”就具体描写了以博山炉焚香的情况。此种容器要作成深腹以容纳炭火,盖子使氧气不充分而慢慢消耗香料,山峦隐蔽处也作成烟孔,使香气能够逸出。

焚香本来是为自己增加生活的情趣而做,对于神仙,当然要以人们最珍贵的物品去礼敬,因此焚香自然也成为信仰的方式之一,甚至成为主要的功能。南北朝以来佛教盛行,焚香渐成为宗教的行为,焚香的器具也稍有变化,成为佛具而少见于家庭。到了北宋更制成方便使用的棒香,就几乎成为宗教专用的商品了。

图 1:青铜香熏

高 12.7 厘米,口径 8.5 厘米,战国中期,约公元前 4 世纪

〇一四 光，照明

光：「一人头顶灯火而有光。」

商甲骨文	
两周金文	
秦小篆	 S
现代楷书	光

《说文解字》:“光,明也。从火在儿上。光明意也。𤎫,古文。炗,古文。”室内的照明措施是文明标志之一,它的使用表示人们有相当多的夜间活动。在野蛮状况,人们最重要的活动是寻找食物,太阳一下,天黑了就去睡觉,以便次日早起寻找食物。房子只是晚上栖身及遮蔽风雨之用,夜间照明是没有什么意义的。后来发展到在屋内烧煮食物,人们在屋里的时间加长,就有必要再开个通风、照明的开口。最先利用的是导引月光入窗照明,在没有月光的夜晚也可利用火光。随着文明程度的提高,夜间的活动相应增加,以火照明的作用就越发重要了。

商代的甲骨文虽不见灯烛的字样,但从甲骨文的“光”字作一跪坐的人,头顶上有火焰之状,可以证明其时的人们已知使用灯火照明。因为火焰不能用头顶着,顶着的必是燃油的灯座。商代的灯光大半微弱而且有黑烟。因为甲骨文的“幽”字,作一火与两股小丝线之状,以表现火烧灯芯,光线幽暗之意。推测当时所用的燃料大半是植物油。古时没有什么家具,为了避免受烟熏烤,就得与光源保持适当的距离。而以头顶灯,人体就像灯座,不但要较手捧着的稳定,也照得广远。对于有跪坐习惯的中国人来说,以头顶灯是颇为实用的方法。

但是地下的考古发掘,并不见商代有专用灯具的出土。这种矛盾大概可以从两方面来看,一是商代夜间的活动只限少数的贵族与有限的时机。所以商纣作长夜之饮,才会被视为荒淫无道。另一是古代的瓦豆叫登,人们临时借用陶登点火,故后来取名为镫或灯。瓦登于点完火后又恢复其盛饭肴的功能,难为我们察觉它曾一度用以照明。

专用灯具始自战国时代,此时由于铁器的大量使用,生产力大为提高,整个社会面貌起了大变化,可以想象生活内容渐渐丰富,贵族们的夜间活动大为增加,点灯从事生产也划算,都有使用专门照明用具的必要。战国的灯座大都很朴素，至多把底座铸成人物、鸟兽形，或嵌镶金银以增饰，或增多灯盏以增光明而已。到了汉代，许多灯的盘已具有可供系绑灯芯或插蜡烛的尖钉。为了解决烟熏的缺点，到了汉代，便加上管道，让烟随着管道沉入有水的底座以化解污染。并且灯盘上也装有可开阖旋转的门户，便利行走时控制光的方向，以及防止灯火被风所吹灭。

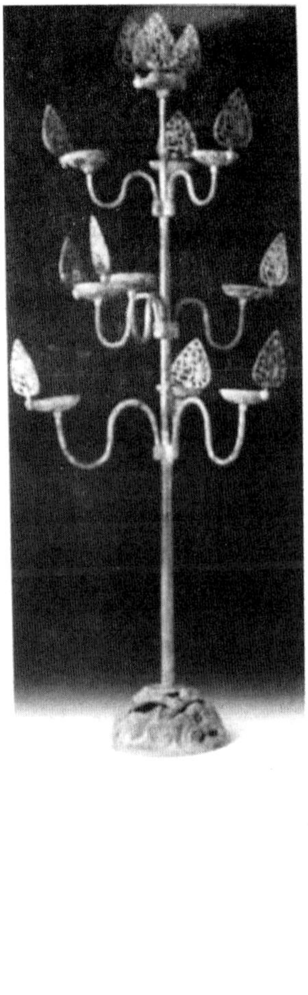

图 1：青铜树形灯座

高 79.7 厘米，东汉，公元 1 或 2 世纪

〇一五　建、德，道路的修建

建：「手持笔规划道路的修建。」

商甲骨文		
两周金文		
秦小篆	 S	 S
现代楷书	建	律

直：「以眼睛检验标竿是否笔直。」

德：「有以目检验筑路是否平直的才干。」

	直	德
商甲骨文	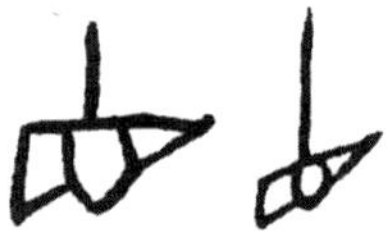	
两周金文		
秦小篆	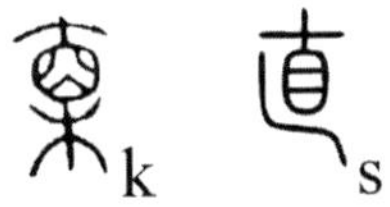	
现代楷书	直	德

为了让马车能顺利快速地前进,并且保证安全,都得对行道有所治理。特别是为了军事目的,更要讲求道路的平直,以利车马的奔驰和紧急信息的传递。《诗经·大东》有"周道如砥,其直如矢"即反映其实况。要有详密的设计和小心的修造,道路才能平坦而坚硬。《说文解字》:"建,立朝律也。""律,均布也。"甲骨文的"律"与"建"为同一字,作手持毛笔策画便利交通之道路蓝图,以便依之修建。行道的营建有一定的规格及要求,故有规律的意思。供车马行用的大道才需要谨慎地规划和营建,如果是普通人行的羊肠小道,就不必如此慎重其事了。

《说文解字》:"直,正见也。㮨,古文直。""德,升也。"甲骨文的"直"字作以眼睛检验标竿是否笔直之状。"德" 字则以眼睛有检验筑路是否平直的才干表意。商人用夯打的方式建筑宫殿及城墙,自然也能应用同样的方法修筑道路,使道路坚硬而平坦。只是道路修筑的工程颇为浩大价昂,除有限几条重要大道,不能普遍用夯筑法修建。到了春秋时代,随着商业活动的扩大,战争方式的升级,对于行道的需要和标准也跟着提高。秦统一后,为加强中央控制的效率,就在各国旧有的基础上大力修建驰道。《汉书·贾山传》有这样描写:"东穷燕齐,南极吴越,江湖之上,滨海之观毕至。道广五十步,三丈而树,厚筑其外,隐以金椎,树以青松。"连金属都用以加固路基,可想见建造的讲究。

〇一六 带，携带工具

带：「象束带以及衣袍呈现的皱纹状。」

商甲骨文	
两周金文	
秦小篆	 S
现代楷书	带

中国古代农耕定居的衣服属于宽袖长衣一类的形式。布幅宽松,可适合胖瘦不等的身材。不用钮扣而以带子束紧。《说文解字》:“带,绅也。男人鞶带,女人带丝。象系佩之形。佩必有巾,从重巾。”金文的“带”字作衣服的腰部被带子束紧之后而在下襬所形成的褶纹状。带子不但可以束紧衣服,也可用来携带工具及装饰物件。黄帝的取名可能就是因为他始创衣制,以玉璜取代石制武器,佩带于腰际而来。商代的腰带有甚为宽大并加绣花的(见图1),已是装饰重于实用了。带子的功能多,工作时携带工具,打战时携带武器,行礼时佩带玉器,平日家居则佩带日常生活的小用具及拭擦脏污的佩巾等。依《礼记·内则》,男子佩带手帕、毛笔、书刀、磨刀石、解结的角尖、打火石等,而妇女除手帕、小刀、磨刀石、解结的角尖、打火石等外,还携带针、线等妇女职务特有的工具。

到了东周时代,士君子又多系了一条可携带剑、弩、钱囊、镜、印章等物的皮带。这条皮带的一端为圆环,另一端为带钩。带钩由钩首、钩体和钩钮三部分组成。钩首的作用是钩住圆环以束紧衣服或让带子卡在腰上。钩钮是个突出的圆钮,隐藏在革带里。钩体是展示装饰的主要所在,有各式各样的变化。

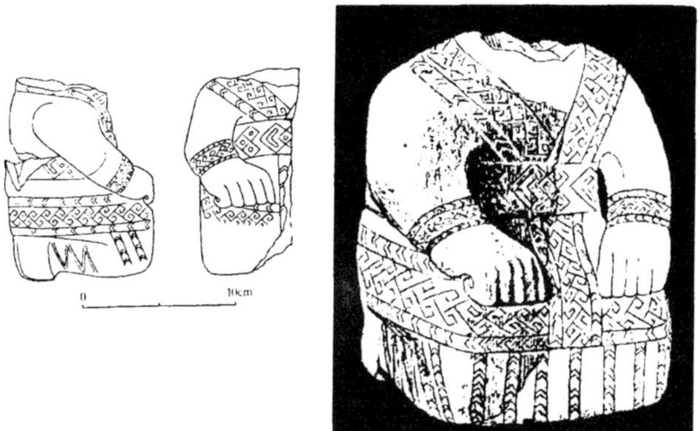

图1:商代跪坐石雕及复原图

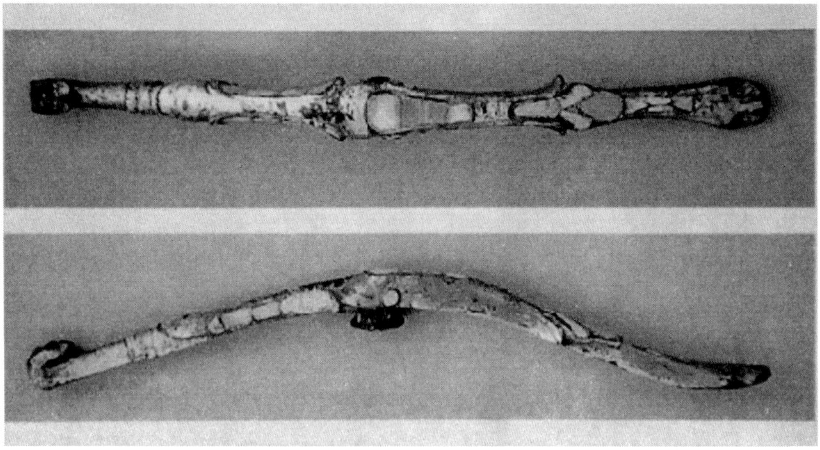

图 2：鎏金嵌镶绿松石铜带钩

长 20.5 厘米，战国，公元前 403 至前 221 年

带钩出现于春秋中期，战国时最盛行，汉以后就衰落了。汉代有犀比、犀毗、胥纰、私纰头等看起来像是音译的名称，因此不少人以为它是从骑马民族引进的服饰。但是考古工作发现其传播是从三晋与关中的中原地区，逐渐向四周扩大的。游牧地区反而很少发现这一类东西。

固体的材料都可制作带钩。有钱的人家往往以最昂贵的金、银、玉、玻璃等材料制作或装饰。穷人家就以铁、石、骨、木、陶等为之，但存世的大多是青铜铸造的。其尺寸颇为悬殊，小的不到两厘米，长的有达四十六厘米。不过一般是十厘米上下。钩体一定作成有弧度的，以适合人们腹部的弯度。

带钩的优点是只要稍微吸气，就可快捷地戴上和取下。缺点是其长短要依个别的腰围而设，身材变了就不便使用。它的兴起与衰微也和其优、缺点有密切关系。它原是为携带某种不常用的重物于腰带而设。有需要时才带上，并不专为束衣而设。里面纺织的带子才真正负起束紧衣服的功能。外面的革带则用以悬挂刀剑等重物。

西周以来铜剑的使用越来越多，春秋时已成为贵族的装身用具，悬挂在革带上。家居时卸下，外出时才加到丝织的腰带上。早期的带钩都短小而粗陋。到春秋晚期普遍使用带钩后,才有以显示为目的而制作精美大型的带钩,后来大概源自骑马民族的带扣,束衣的功能更为稳定,西晋时规定上殿以木剑取代铁剑,可能也是带钩不振原因之一,以后就逐渐被带扣取代了。目前似乎只有穿袈裟者使用,也是着眼于容易带上与容易卸下的方便。

图 3:战国及汉代于大带之上加佩剑的鞶带形象

○一七　兴，肩舆

兴：「四手共举起一舆架，口为后来无意义的填空。」

商甲骨文	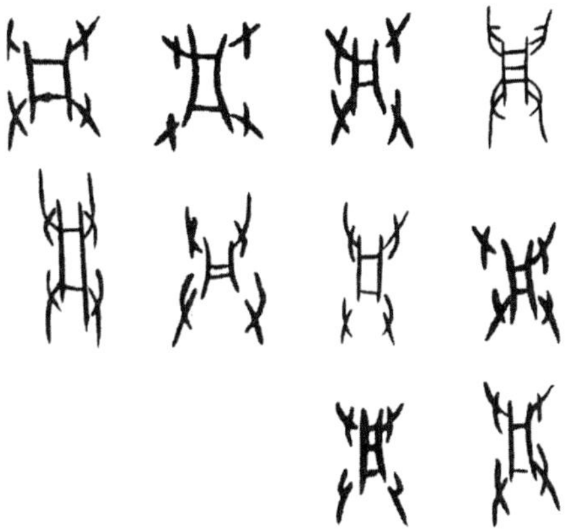
两周金文	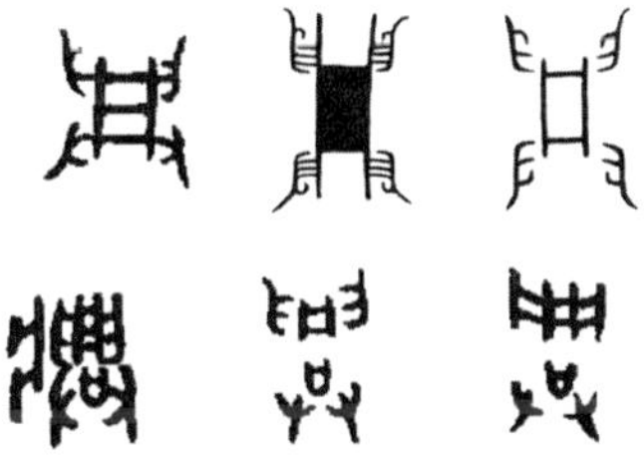
秦小篆	 S
现代楷书	與

舆：「四手共举一肩舆状。」

辇：「两个人推动一部有轮子的车子形状。」

	舆	辇
商甲骨文		
两周金文		
秦小篆	 S	 S
现代楷书	舆	辇

在利用轮子滚动以前进的车子发明之前,如有不良于行的妇孺老幼需要移动时,人们最先使用背负的方法,后来想出了用担架或肩舆的形式。《说文解字》:“興,起也。从舁、同。同力也。”甲骨文的“兴”(**编者按:“兴”字转化回繁体为“興”。**)字,作四手共同抬举一个担架或肩舆之状。这种长方形的肩舆盘已见于安阳出土的商代遗址中(图 1),从实物的手把各有两个穿透的孔洞看,应是穿绳索而让两个人前后用肩头扛担着,并用手抓紧手把。但比较有威势的,就可以由四个人各举起一隅。

另一个“舆”字,《说文解字》:“輿,车舆也。”甲骨文则作四手共举一个另一形式的肩舆之形。其舆座是圆形的,把手是只有通贯前后的一根粗杆,恐怕还得再套上绳子,用手扶着舆座而以肩膀扛着才能稳定。另外还有一式,《说文解字》:“辇,挽车也。”金文的“辇”字作两个人推动一部有轮子的车子形状。

在意义使用的习惯上,“兴”字用于一切有关抬高、兴起的动作和形势。“舆”则是多人抬举的肩舆,后来被转用到车子的舆座部分,后又由舆箱扩充到整个的车体。“辇”本来指以人力推动的有轮车子,后来也包括以人力抬举的肩舆。

商代贵族使用速度快的马车行路,但对妇孺老弱或没有乘车经验的人而言,马车并不是舒服而安全的交通工具。《晋书·舆服志》说到了东汉晚期,缓慢稳定的牛车就变成上自天子,下至于庶民的日常坐乘工具。牛车虽安全,也不是任何情况都合宜的。如上山、下厅堂就有点不方便。有些庭院可能规模相当大,自大门至内室有一段距离,贵妇人不想抛头露面到门外乘车,也有必要以轻便的、随处可到的肩舆代步。这种以人抬举的工具,原来或只是对不良于行者的一时权宜之便,并无低视抬举之者的人格的意思。但是有些男子壮汉,为了夸示财富,也仿效之而竞相为豪奢之举。

《晋书·桓玄传》说桓玄造作大辇可容三十人,以二百人抬举。可想象其前呼

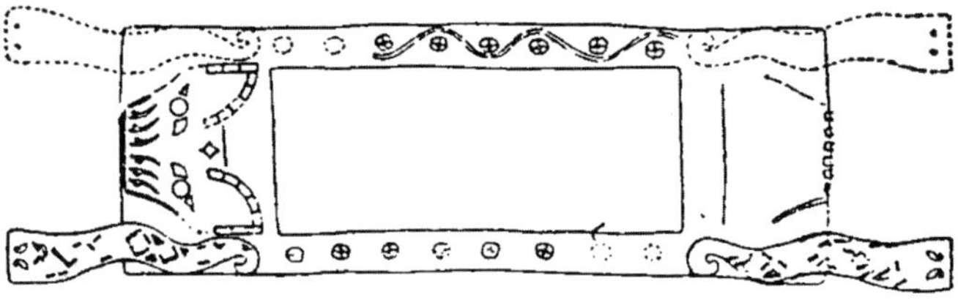

图 1:商代肩舆盘的复原

后拥,威风凛凛的气势。此种过分的炫耀,当然会引起别人的反感。加以社会的生产力提高,人性尊严也渐受重视。以致人们认为始发明者必为不仁的暴君,因而把肩舆、步辇的发明归罪于历史有名的暴君,如公元前十六世纪的夏桀,甚至是秦始皇帝。忽略了其前已有黄帝发明人力车的传说,以及东周时的高阶层社会,肩舆已甚为普遍的事实。牛车既成一般人所能供应得起的交通工具,而马车又有颠簸之苦,因此为了炫耀地位与财富,贵族们喜用舆、辇代步,故也演变成"乘舆""辇"等词语以为帝王的代号。

〇一八　厘，丰收的幸福

厘：「手持杖以打下禾穗，丰收为可喜之事。」

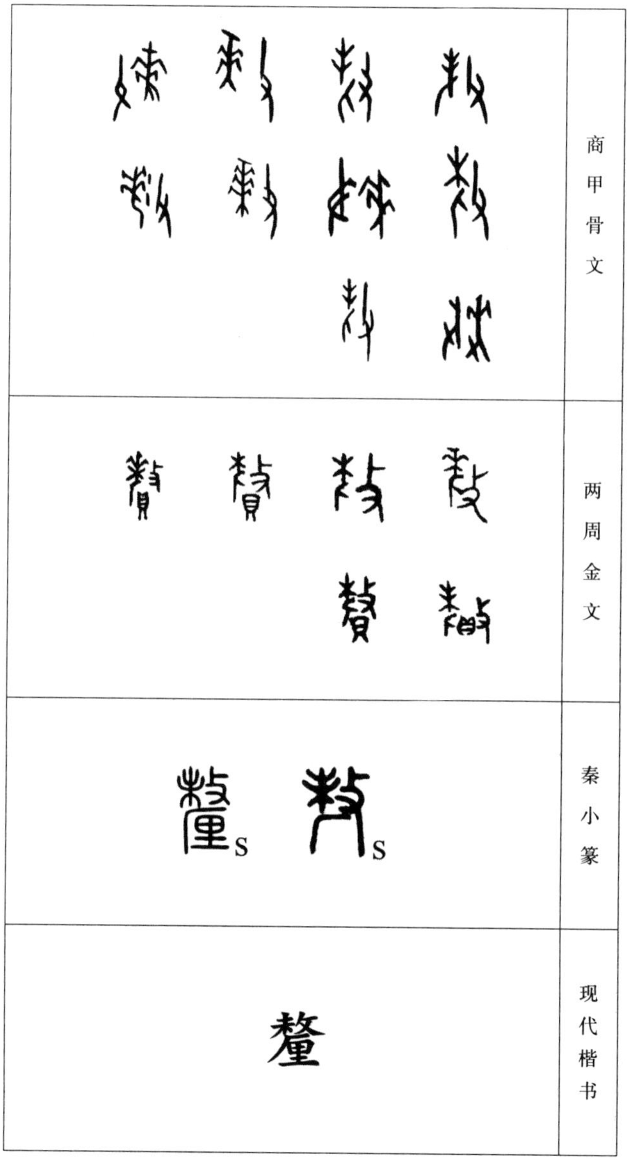

对于一个农业社会而言，没有比经过了长期辛劳的耕作后，终于可以获得预期的收获，一段较长时期的生活有了保障，更快乐的事了。商代以收获农作物的喜悦来表示生活幸福的意义。甲骨文的“厘”字，作一手拿着木棍，正在扑打禾束以便打下谷粒的情景()，有时禾束还拿在另一手里()。农业是当时国家最重要的财政来源，人民普遍以谷物付税，故厘就有治理、厘定等的意义。

摘取谷物最原始的方法是用手摘取穗的部分。小篆的“穗”字，作一手摘取禾端之穗状()。到了新石器时代，就进步到用内弯的石刀摘取谷穗。龙山时代开始出现石镰，有人以为是割禾茎用的。依据商代冶金技术的水平，当时应该有较锐利的铜工具，连茎带穗一起割下来。以手摘取谷穗或拔取禾茎，在当时是被认为没效率、错误的方式，所以金文的“差”字，就作以手拔禾之状()。而相反的，甲骨文的“利”字，最繁的字形作以手把持禾，一把刀割下禾茎而与根部分离之状()。这样的方式不但能提高收割速度，禾秆也可以充作他种用途。

谷类的仁实有的坚实，有的松散，但都有坚硬的外壳，要去掉外壳才能食用。故一旦有了采集或收割谷物的活动，大概就会使用某些工具或设施从事去壳的工作。华北一些最早期的遗址，公元前五千九百年的河南新郑裴李岗，以及稍晚的密县、巩县、舞阳，河北的武安磁山等古老遗址，都发现了像图示的这一套专为去外壳的石磨盘及石磨棒。磨盘的形状都大同小异，是一块前后端修整为圆弧状的扁平状长板。板下总有两两相对的半球状突出小足。石磨棒则一如擀面棍，大致是磨盘的一半长度有多。

从发掘的数量看，石磨盘和石磨棒应该是那时家家户户都具备的用具(图 1)。其作用是把少量的谷物放到磨盘上，双手拿着磨棒在谷物上压碾，去掉其外壳而取得其中的仁实。这样的去壳所得量不多，颇花费时间，而且谷粒也易因碾压跳动而逸跳出窄盘外。不过这时的农业，虽然已脱离初期的阶段，仍然在山坡作小面积的耕作，辅以渔猎活动，尚未进入完全以农业维生的阶段，日常谷实的需要量不多，石磨盘还足以应付需要。到了公元前四千多年西安半坡和余姚河姆渡遗址的时代，农业的依赖度提高很多，天天消耗的粮食增多，以石磨盘作少量的脱壳已经不符合经济效益及便利日常生活，不能不思考改良之道，脱壳工具就采用效率很高的木或石制的臼与杵，这种平板状的去壳工具就不再出现于遗址了。甲骨文的“舂”字( )作双手拿着杵棒在臼中捣打谷粒之状，表现了后代一直持续使用的于臼中去壳的作业。使用杵臼去脱谷壳，双手可以大大的使力，加速作业的进行，在现代脱壳机械发明之前，那已是最有效的方式了。

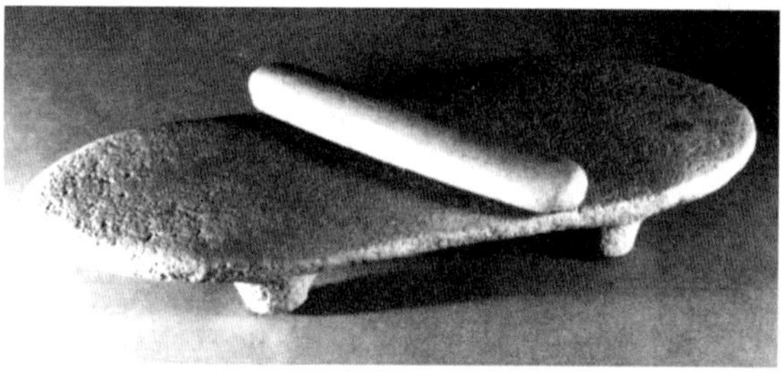

图 1：石磨盘与磨棒

盘长 52.5 厘米，棒长 28.5 厘米，时代约为 8000 至 7500 年前

〇一九　吉，吉祥如意

吉：「置型范于深坑，使散热慢而冷却时间久，可使金属铸件精良。」

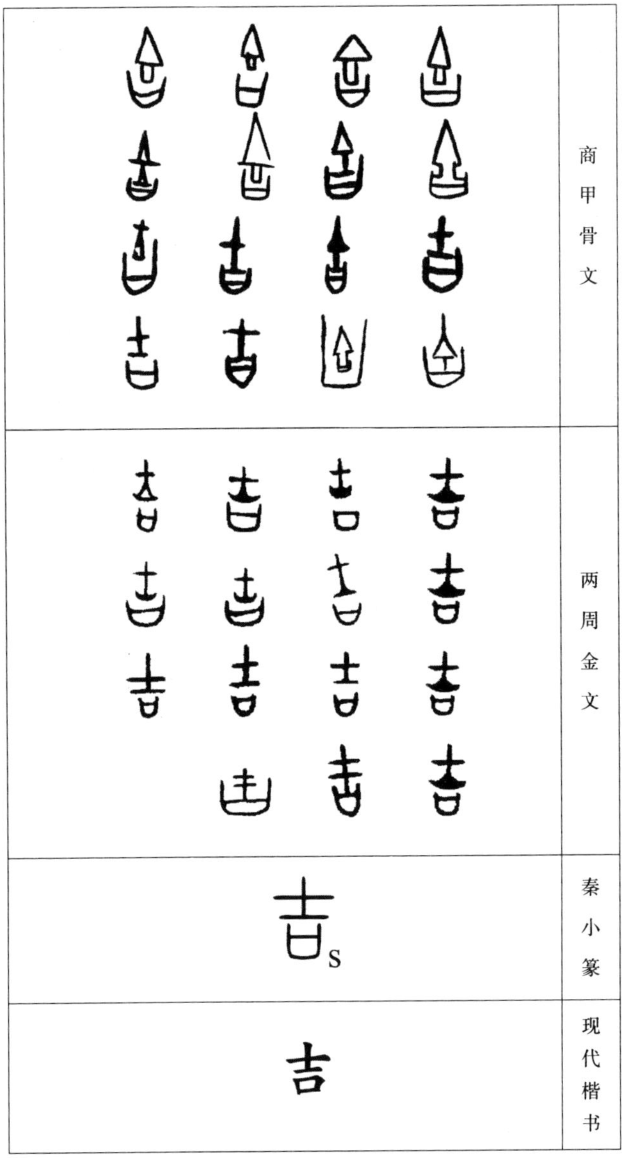

通过古代象形文字,我们可以推论古代工艺所达到的水平。甲骨文的“吉”字,作深坑之中有一器物之状()。考察起来,它是表现浇铸部分的浇口(三角形),以及器物部分的型范(矩形)已套好而放置于深坑中之状(图1)。根据现今的科学知识以及铸造铜器的经验,青铜铸件的良善与否,与冷却时间的快慢有绝对的关系。如果散热慢,金属的合金便有充分的时间整合,使铜与锡的成分结合成对称的树枝状。这样一来,表面的致密度就会增高而光滑。古代只有把浇铸后的型范放在深坑中,才能达到此目的。由于深坑中空气不流通,高温要许久才会慢慢冷却,如此不但可以防止型范爆裂或走范而变形的缺点,而且还可以使铸件更为光滑美善,故以之表达良善的意义。这是古籍不见记载的事件,而地下的考古也只能看出商代有在深坑中铸造铜器的事实,但不能肯定当时已知散热缓慢的利益。现在从文字的字形和创意就可了解商代的工匠已有这种认知。

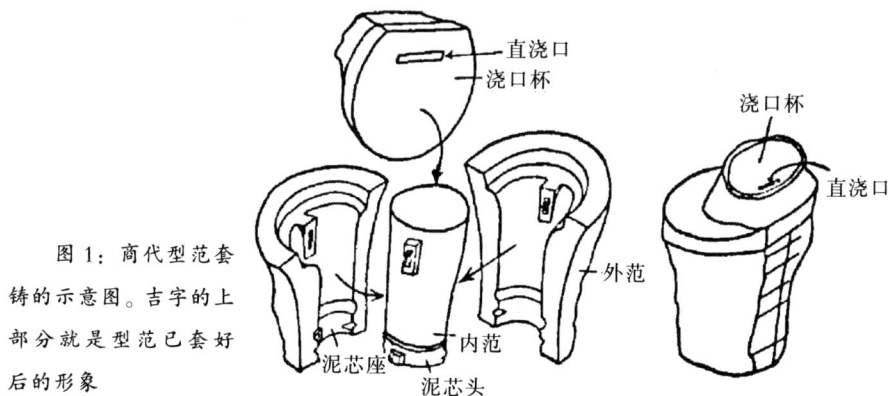

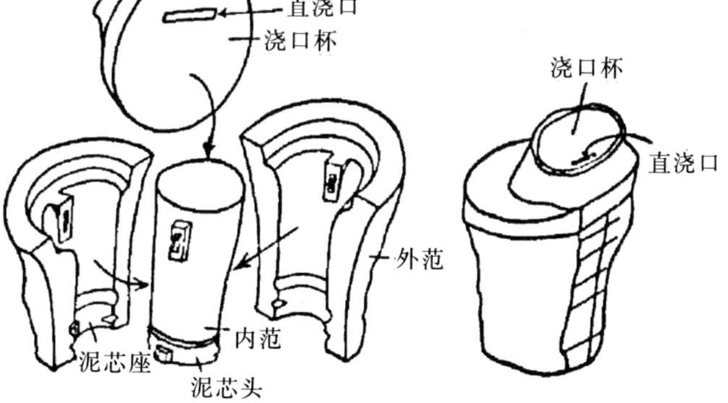

图1:商代型范套铸的示意图。吉字的上部分就是型范已套好后的形象

小讲 文字

中国文字在商代之前，有些字有可能读出两个音节，但在西周之后，尽管一个字有时可在不同的时机读不同的音，代表不同的意义，但每次也只能读一个音节。故不但句子的字数可以等长，连音节的长度也可以一样。还有，中国的语词，由于音节短，为避免混淆，更使用声调加以分辨意义。如此则句子的字数、音节既可以同样长度，甚至平仄的节奏也可以要求一定的模式，从而发展成律诗、词曲、对联等讲求平仄声调的特殊文学形式。同时也由于单音节的原因，音读相近的字就多了起来，导致古代多用假借字的现象，同时也发展了谜语、歇后语一类的文字游戏。连带绘画的题材也受到影响。如年年有余（鱼）、子孙连甲（莲、鸭）、吉庆平安（戟、磬、瓶）、三阳开泰（羊）、耄耋延年（猫、蝶）、福禄双全（蝠、鹿、葫芦）、马上封侯（马、猴）等等图案，就都是应用音读的假借原则。商代名为戈的武器，是装在有矛的长柄上使用的，后代常称为戟，与吉同音，所以经常被借用表达吉祥的意义。

〇二〇　庆，福禄康寿

庆：「得到麕兽的心，值得庆祝。」

商甲骨文	
两周金文	
秦小篆	 S
现代楷书	慶

甲骨文的“庆”字，以一只獬廌与一颗心组合()，獬廌的心脏在古代大概被认为具有药用或美食功能，所以有得之则可庆祝的意思。汉代以后，中国把獬廌视为神兽，其实獬廌是曾经在华北生存过的。甲骨文的“廌”字，作一只高大的平行长角的羚羊类动物形()，商代曾有过捕猎到的记录，其毛色为黄。后来因为气温转冷而南移，终在中国绝迹而变成传说的神兽。目前在越南的丛林中犹有遗存，在上一个世纪才被发现，越南语读若“沙拉”。

《说文解字》解释，古代以獬廌判决诉讼，会以兽头上的角碰触有罪的一方。所以金文的“法”字是由水、廌、去三者组合的()，因为法律一视同仁，不分贵贱，而廌触不直者去之。所以汉代以獬廌为法律的象征，有一位判官的墓门，就画有一对低头欲向前冲的廌。后来负责判案的县衙门也画上獬廌的形象，县官的补服也以獬廌为图案。后来由于字形演变有如独角兽，其长而平行的角也容易被误会为独角，故在汉以后的墓葬，常以细长的独角出现。甲骨文还有“羁”字，作廌的双角被绳子绑着之状()。卜辞用以为驿站之设施，有二羁、三羁、五羁等，獬廌的体型高大，商代很可能就以之拉曳驿站的车辆。

没有人不喜欢经常有喜庆之事，磬的读音与庆同，所以就借用这个常见的石磬表达之。商代已数见石磬雕成鱼的形状，除美观外，可能还含有“余庆”的好兆头之意。这件石磬(见图1)装饰了雕工精致及图案悦目的阳起纹老虎，阳纹是一种费工的琢磨法，乃磨掉两边而留下其间的线条。这是在还没有尖钻能对玉材作有效刻画时的最高超工艺，周代就有繁缛的刻画图案了。

甲骨文的“磬”字，作手拿着木槌敲击悬挂着的石磬乐器状()。磬的造型简单，容易制作，质材便宜，操作简单，声调又悦耳，出现的时间理应甚早。但是目

前所知的考古资料，最早的实物不早于公元前两千年，较之发现于六千多年前，较难吹奏的骨哨和陶埙都要迟晚甚多。骨哨和陶埙大概是因工作需要而制作，故产生的时间早。石磬则可能因顺应较晚时代的需要，以致制作时代较晚。

什么是石磬创造的时机呢？磬的声响能及远而不烦噪，后世庙寺常备用以召集人员。又从先秦时代有以编磬随葬的，其地位往往高于有造价甚高的铜编钟看，磬的早期制作可能是种警告入侵的敲打器，是拥有大量徒众的贵族所需要的，故为高权位者的象征。磬的出现与中国进入国家阶段的时代相当，恐怕也有点关系。江淹《别赋》有“金石震而色变，骨肉悲而心死”的句子，石即指磬，反映它在后代还与军事有关。《礼记·乐记》也有“君子听磬声则思死封疆之臣”。有频繁的战争是较迟晚的事。公元前二千年中国正是进入国家制度化，农业高度发展，为争资源而战争频繁，这时制作召集人员的器具，也是合理的。

磬的形制早期以呈无棱的三角形或多边形为多，形状颇像锄头，因此想象创作的灵感来自以锄头挖土时敲到石头，或人们歌唱而手舞足蹈时，偶尔敲击到放置于墙边的石锄而击出悦耳的声响，因此以锄头形状制作敲打器。商代的磬有时作规整的长方形，西周以后就多作有股有鼓的倒 L 形特殊形状。早期的磬都是单独悬吊的特磬，晚商偶有三件或五件成组的。到了春秋时代，演进到有十件以上尺寸各异的成组编磬，各具不同的音调，可以演奏复杂的乐曲。曾侯乙墓随葬的两层磬架就有三十二件之多。

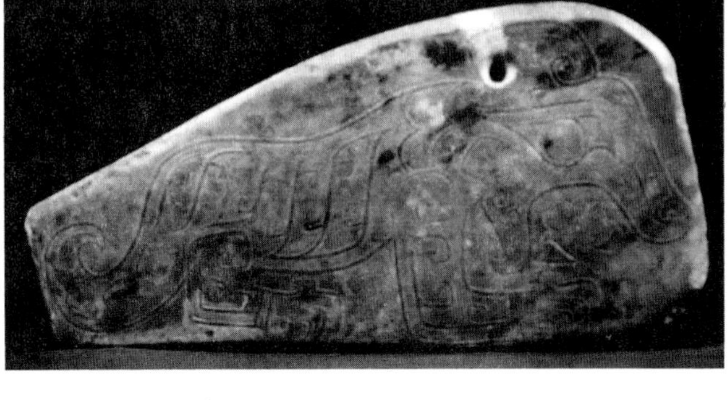

图 1：石灰岩磨制虎纹石磬
长 84 厘米，晚商，公元前 14 至公元前 11 世纪

○二一　平安，寿老终命

平：「称重物的天平式秤杆形象。」

商甲骨文	
两周金文	
秦小篆	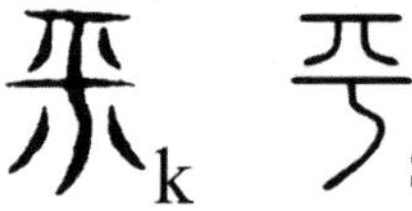 k s
现代楷书	平

于：「秤杆之形。或作复式增固。」

	商甲骨文
	两周金文
 S	秦小篆
于	现代楷书

甲骨文还见不到“平”字，从金文的字形及使用的意义看，创意应该就是来自称重量的衡器。作一个支架的两端各有东西放着的样子(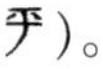)。称重量的器械最早是天平。它是一种利用平衡原理的设施。如果一端的重量已知，就可以在同样距离的另一端称得等量的东西。天平架子的两端要保持平衡，才能称得正确的重量，故才有均平的意义。天平的臂杆越长则误差越小。埃及于五千年前就晓得其原理(图 1)。天平是计算重量最可靠的方法。但因为要使两端重量绝对平衡比较费时，所以现今一般人不使用这种方法，只有称贵金属或科学性的分析时才使用。中国目前所发现的天平实物虽以春秋时代为最早，但商代就应该有，甲骨文“于”字就是天平的称杆的形象()。早期的天平因所称的东西以袋装的粟米一类重物为主，支架有加固的必要，所以常作复体的形象()。后世多称重量轻的贵重物品，故容易使用悬吊式而以单手提起。到了战国时代，人们也领会了杠杆的原理，利用支点、距离与重量之间的关系以称量物体的重量。利用这种原理，不但可用较轻的权以称重物，也能更精确地用较重的权以称轻物，是衡器制造的一大改革，汉以后盛行的形式(图 2、图 3)。

图 1：公元前一千三百多年埃及墓壁画上的支架式天平

图 2

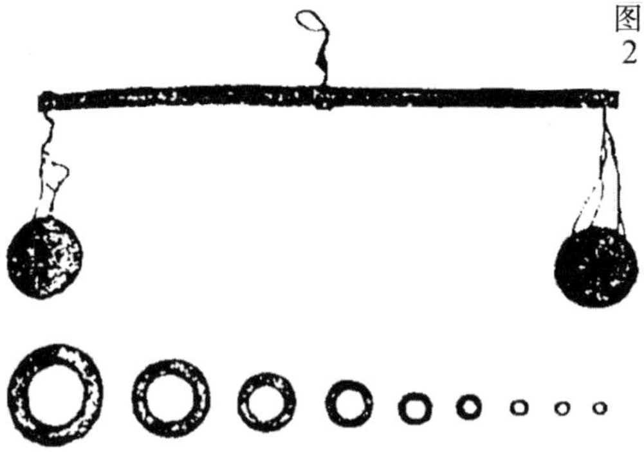

图 2:长沙战国墓出土的天平与砝码,
最小的砝码只重 0.62 克

图 3

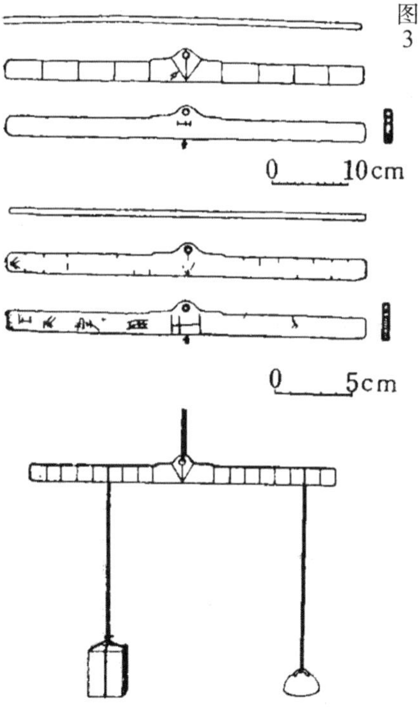

图 3:战国时期的不等臂铜衡

图 4:象牙木框的祝寿图纹屏风 高 60.3 厘米,清代,公元 18 世纪

民俗艺术中常以花瓶表现平安的愿望,瓶中插进一戟与一磬,就是表达吉庆平安。现在借用同音的屏风来表达。屏风本来是设计让病人靠背用的。当客厅中这张笨重的床榻退至寝室而成专供休息的卧具时,屏风的形式被保留下来,成为大厅分隔公开与私密部分的家具。到了使用高书桌的时代,喜爱书画的文士,就作成小型的,分隔书桌上的书画工具,腾出与客人晤谈的空间而成摆设的家具。这件小屏风,用二十八块彩绘浮雕的象牙板,嵌镶在七件可组装的框架上组成。上头装饰很多的象征吉祥与祈望长寿的图案,无疑是一件祝寿的礼物。

每一屏图案的配置都一样而图案不同。最上一列的都有三样东西,分别为瓶子、香炉和盛放瓜果的盘皿。譬如最左一屏所盛放的是代表长寿的桃子。西王母所居住的地方,其蟠桃树每三千年开一次花,又三千年才结果子。吃了这样的桃子使人长生。第三屏盛放的是一柄如意,代表事事如意。第六屏盛放的则是石榴。石榴子多,象征多子多孙。

屏风的主要画面都是处于山峦、树林、彩云间的人物。左边的第二幅是描写八仙各带着礼物,前来向南极仙翁祝寿的景象,其他的描写神仙们从事下棋、吟诗、饮酒、写字等雅兴,以及向西王母献寿酒的景象。

第三栏的图案是纠缠的成对神兽。第四栏是代表吉祥的东西。自左至右,依序是寿桃、万寿菊与山茶花、高贵的木兰花与牡丹花、多子多孙的莲花与婚庆的喜鹊、长寿的松树、福气的蝙蝠及长寿的山石和灵芝,以及最后一幅的灵芝。

〇一二一　戈，跳舞的道具

戈：「长或短柄的实战兵戈形。」

武：「持干戈之舞，古代重要之舞容。或表现持戈行走的雄武状。」

字体	字形
商甲骨文	
两周金文	
秦小篆	
现代楷书	武

甲骨文的“戈”字，作一把装在木柄上而有长刃的武器形()。戈是中国从商代到战国时代，将近一千年间常见的武器。它是利用金属的坚韧与锐利性，针对人类身体的弱点所作的设计。它是战争升级、国家兴起的一种象征。短柄的戈长度大致从八十几厘米，到一米左右，可单手使用。长柄的就得使用双手。战车上使用的，就往往超过三米长。

兵戈除了杀敌之外，平时还可以充当仪仗，增加个人的威仪，敬神的时候也可以作为跳舞的工具。为杀人而设计的戈，其刃都是细长而尖锐的。但作为仪仗及跳舞的，重点在展示，故造型经常是美丽而不切实用的。图 1 的这一把，刃作尖圆之状，显然重点不在攻敌的效果。

商代甲骨文有刻辞如附图，由下而上作：

于丁丑祝夔史？

【在丁丑日向夔史祝祷，好吗？】

丙申卜，叀兹戈用于河？

【在丙申日卜问：对河神使用这个戈适当吗？】

叀旧戈〔用于〕河？

【对河神使用旧的戈适当吗？】

附图

图 1:三角形两穿援的青铜戈
长 20.5 厘米,商代晚期,约公元前 14 至公元前 11 世纪

河在商代卜辞专指黄河之神,与霍山之神的岳,是影响农业收成的最重要两位神灵,频繁接受隆重的祭祀。对黄河之神使用戈,应有正面的意义,决不是要对之有所加害。而此“戈”字又作横线之前另有一个三角形的援(),表现与图 1 的特征一致。其使用的对象既是黄河之神,就比较可能是当作乐舞的道具。

持用武器的舞,古代是只有国君才能有的威权。《礼记·明堂位》:“开歌清庙下管象,朱干玉戚,冕而舞大武。”“武”字甲骨文作一把戈及一个脚印形(),大半就是表现持戈与盾,宣扬武功的舞蹈。西周一座燕国墓地发现四件有“郾(燕)侯舞戈”铭的铜勾戟,多件盾牌上的铜泡有“郾侯舞昜”铭文。湖北荆门也出土一把有“大武开兵”铭文的铜戈,戈上并有手持状如蜥蜴之舞具的舞者的花纹。可证“武”是种手持拿干戈的舞蹈。

《礼记·乐记》有“大武”舞的具体描写:“总干而山立,武王之事也。发扬蹈厉,大公之志也。武乱皆坐,周召之志也。且夫武,始而北出,再成而灭商,三成而南。四成而南国是疆。五成而分周公左、召公右。六成后缀以崇。”成排的队伍齐步而挥舞戈盾。它是一种有道具、化装、音乐、歌唱,叙述故事的历史剧。

商代有倒夏拓疆的赫赫历史,也有与洪水奋斗的艰辛历程,肯定会编成乐舞加以表扬,以之享祭祖先的。不用说,这种含有夸耀及镇吓、说教意味的乐舞是舞蹈的最初目的,是种政治的手段。故周代把乐舞纳入教育的项目,想以音乐的德性去教育学子。

上古的人们只顾谋求生活,较少思及以有意识的行动,来让自己或别人欢乐。对于一个国家来说,在古代没有比“祀”与“戎”更为重要的事。古人于生产劳动之外,参与祭祀与军事的活动就成为生活上的重要行事。所以与此有关的活动最容易演变成娱乐的项目。手舞足蹈是情绪的自然反应,音乐节其拍而歌唱则叙述内容。礼仪如无宴飨及歌舞助兴,气氛就太沉闷了。

〇二三 牛，任劳任怨

牛：「以头部形象代表牛的种属。」

商甲骨文	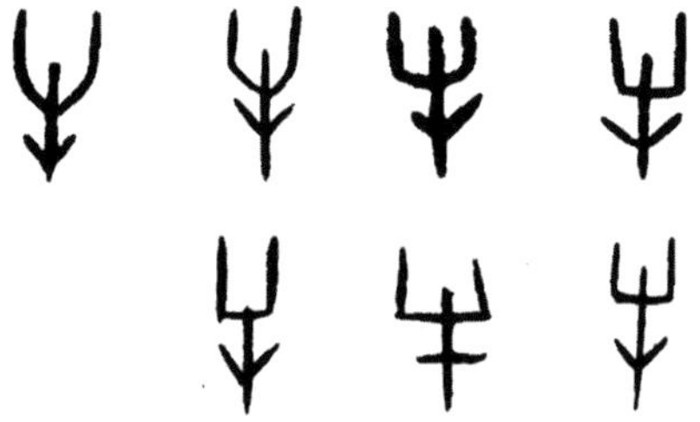
两周金文	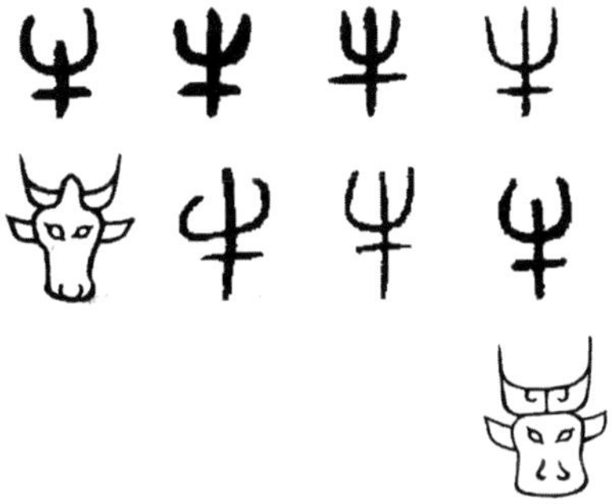
秦小篆	
现代楷书	牛

牛的体型高大，壮硕魁伟，属于哺乳纲偶蹄目的动物，在历史时期是中国最重要的家畜。人类驯养家畜虽已有万年以上历史，但牛的驯养却相当迟慢，尤其在中国，要到五千多年前，牛骨才普遍见于遗址，且能肯定是家养的品种。公元前八九千年时，气温比现在低很多，只有华南较有人迹。这个地区温湿，适宜猪、犬的活动，故先有猪、犬的饲养。后来华南的人们北移经营农耕，也把猪、犬带去，所以华北的早期遗址才有多猪、犬而少牛、羊遗骨的现象。

牛的形象，与其他动物的最大不同是有粗短的双角，故甲骨文的“牛”字，就以头部的形象来代表其种属(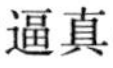)。金文的族徽符号则描绘得更为逼真()。牛虽然是个庞然大兽，但经过长期驯养以后，性情温顺，甚至孩童都可以牵引而加以指挥。相信在未被驯养前，牛也相当的凶猛不羁。起码古人见其体型高大，且有尖角，一定不敢想象它是温驯的动物，因而迟疑将其驯养成为家畜的动机。

牛全身没有不可用的材料。但最大的用途却是它的力气大。牛行走平稳，有耐力，能够载重致远。在古代，如果没有牛的负重致远能力，就难远征方国，建立霸业。

牛对于经济的最大效益是耕田。牛耕可以连续翻土，加速翻整土地的速度；可以深耕缩短休耕期间，提高农地利用率，无疑都是对农业生产有巨大影响的技术。中国的传说“稷之孙曰叔均，是始牛耕”。《古史考》则以为距今四千六百年前的少昊氏时代已有牛驾，至夏禹时才有驾马。根据研究，发展较早的古文明，出现靠牲畜力量拉车和拉犁的时间是相近的，因为它们利用的原理是一样的，如埃及和苏美尔在五千五百年前到四千八百年前之际，已有构造复杂的牛耕拉犁，甲骨文可以证明商代也有牛耕。

牛在家养的初期也与其他野兽一样，主要是当人们的肉食供应。不知是因牛肉味美，还是体型高大，牛是商、周以来最隆重的祭祀牺牲。从甲骨文知道，当时牛有幽牛、犁牛、熯(旱)牛、骍牛等的区别。为了要取悦鬼神,祭祀时有时还要卜问牛的性别及年龄。《礼记·王制》有“祭天地之牛,角茧栗。宗庙之牛,角握。宾客之牛,角尺”。祭天地要使用刚长出如栗子的角、肉嫩味美的幼牛。幼牛的角质软弱,有可能被鼠咬啮而损伤,故还有卜问改用牛只之事。“头角峥嵘”“栗角炽光”就是以这种最尊贵的幼牛来比喻人的才质高超。若宴飨祖先或宾客,就使用价值较低的青、壮牛了。于文字,就在牛角上加一横画表示一岁,甲骨文就见有用四横表示四岁的牡牛字。其他的动物就没有得到商人的这种对年龄的特别注意,并为之创造专字。

到了东周时候,牛耕的经济效益受到主政者的重视,不再是一般人的肉食供应,限制其屠杀,故《礼记·王制篇》有“诸侯无故不杀牛,大夫无故不杀羊,士无故不杀犬豕,庶人无故不食珍”。东汉以后又受佛教教义的影响,人们更少吃牛肉,牛几乎成为君王赏赐大臣的珍食了。

以牛的形象造型的容器应该名之为牛尊,但这件器口的一端有斜伸的宽流,上头有可以开阖的盖子,则是属于匜或觥的特有形制。匜一般作圈足,这件则忠实地表现牛站立的形象。其宽流无疑是为了倾倒水、酒一类液态东西而设。甲骨文有一个字,作双手操作有錾的曲形容器而倾倒液体进入另一个盘皿之状()。从字形看,明显就是匜的写生。这种铜器经常重七八公斤,不用双手就难以操作,也符合字形作双手的必要。商代不以盘皿饮酒,故倾倒进的应该是水。

图 1:牛形青铜觥

高 14 厘米,长 19 厘米,商晚期,

公元前 14 至公元前 11 世纪

学术界一般称有盖的装酒的为觥，无盖的装水的为匜。但商代酒器种类繁多，有流的爵与盉数量已非常多，而盘却没有与之相配使用的水器。中国在汉代以前，用手进食，不以筷子，故吃饭之前最好先洗手。《仪礼·公食大夫礼》在安排宴客的器具时，“小臣具盘匜，在东堂下”。也要陈设盥洗用的匜与盘。《礼记·内则》更叙述其操作为“进盥，少者举盘，长者奉水，请沃盥，盥授巾”。年轻人双手捧着盘，年长的人双手拿匜倒水，请客人洗手，然后又奉上手巾擦干。这是最诚恳的待客之道。

出土文物也有盘与匜成套放置的，匜的铭文也有“为姜乘盘匜”的句子。显然盘与匜配套使用由来已久。商代晚期铜盘的数量不少，不应没有与之配套的沃水器。除了没有盖子，匜与觥器形相同，功能也一样。没有盖子并不影响倒水的动作，有盖子反而是个累赘，很可能这就是后来匜很少有盖子的主要原因。

或以为觥也使用于祭祀的场面，故不会是盥洗之器。这个理由恐怕不坚强。鬼神是人所创造的，反映人间的价值和习惯。人既然用手吃饭，饭前要洗手，鬼神应该也不例外。记得台湾民间对于某些女性的神，如床头娘娘、七夕娘娘等，除一般的食品外，还要陈放毛巾、水盆以及胭脂等。可见盥洗之具也非绝不能出现于敬神的场合。战国以后贵族沃盥的礼节渐不行，汉代又流行使用筷子，故配套使用的匜与盘就都消失了。

○二四 祖，繁殖的根源

且：「男子性器形，为繁殖的根源，用以表达人伦。」

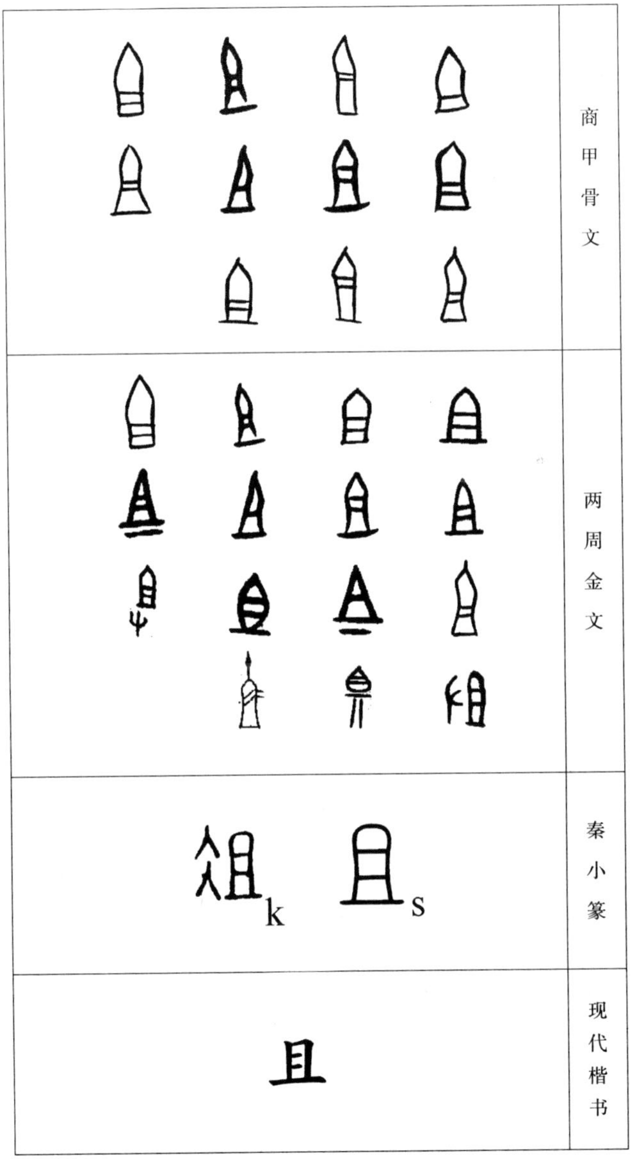

上古的人不明白怀孕的真正原因。妇女要在与男性交配了一段期间之后，才会意识到自己已怀有身孕。由于表面上，怀孕看不出与男人有直接的关系，古人往往会归因于意识到怀孕时周围发生或存在的特别事物。因此传说中的古代英雄人物，都是母亲与各式各样的现象结合而诞生的。如《史记·殷本纪》记载商朝的始祖是母亲吞食玄鸟蛋之后所生，而《史记·周本纪》则说周的始祖是母亲履大人之迹有所感而生。这样的结合，孩子只知其母而不知其父，子女由母亲养育，继承经由女性。从这个时代的墓葬，女性的陪葬物较男性多，知女性享有较高的社会地位，即所谓的母系社会。

如此地经过了一段很长的时期，人们发现男子要为怀孕一事负责任，因此就制定一男与一女的对等婚姻制，规定男女结为夫妇便是永久的性伴侣。婚姻制度大大地从不对等的群婚制迈进了一步。它表示人们对生育的原因已有相当的了解，即生育是特定男女之间的结合而不是女人与精灵的结合。

婚制对于社会的结构及进步起着相当大的作用。这时已知父亲为谁，而男子掌握生产力，转变为有较高的社会地位，中国大概在五千年前进入父系社会。种族能否生存下去，大大取决于生殖能力的强弱，于是人们最大的希望是后代能代代坚强地永远繁殖下去。《孟子·离娄》："不孝有三，无后为大。"充分表现没有子孙在中国有史的时代是件很严重的缺憾。

商代对于高过二个世代以上的男性统称为祖，"祖"字的源头是"且"，甲骨文描绘男子生殖器的形象(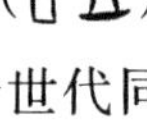)。古人的平均寿命较短，家庭的成员也不复杂。一个家庭很难有超过三个世代同时存在的情形，故不必作三个世代以上的区别。以男子的生殖器代表祖先，表示此时已明白女子怀孕生育的根由在于男性。对于生物界来说，没有比繁殖更为重要的事。所以古人并不认为生殖器是猥亵的，反而认为是值得崇拜的。如旧石器时代的塑像特出妇女的胸、腹、臀等部位，即反映对生殖女神的崇拜。中国古代也有对石祖、陶祖等男性性器的崇拜,所以创字的人把它给画了出来。

这幅绢画(图1)画两位人物。右边是男子,头上结发而戴袱头,举左手并持拿画直线的工具矩。左边是女子,头梳髻,举右手并拿着画圆圈的规。男的右手与女的左手相搭在肩部。两人上身都穿宽袖的短衣,但两腰部相连而穿裙子,下体作蛇身而交尾,相互纠缠如丝束。头上画日,脚下画月,四周并满布星座。这两个人是中国人的创生者伏羲与女娲。它们的作用是保护墓中的死者。

图1:彩绘伏羲女娲绢画

长209厘米,宽105至83厘米,新疆阿斯塔那出土,唐,公元618至907年

在汉代墓葬中的画像石常见雕刻伏羲与女娲的形象,有时以日与月替代规与矩而高高举在手上,一般不出现星宿的图像。此图案带有保护死者魂魄的意义。以伏羲与女娲图像充当保护死者的观念,不知何时传到游牧民族的地区,并改变为绢画的形式。新疆吐鲁番地区从公元五六世纪高昌时期开始,一直到唐代都有所发现。

传说伏羲和女娲是中国民族与婚姻制度的创造者。《古史考》记载:“伏羲制嫁娶,以俪皮为礼。”俪皮即一对鹿皮。《风俗通义》则记载繁殖人类的方法。说女娲治平洪水而天地刚开辟,尚没有人民,女娲就捏黄土作人,由于没有时间及耐性继续塑造,于是把绳子放到泥中,一抖绳子,一块块小泥巴都变成人,所以也有了富贵与平庸人之分。这个神话或者可以理解为人终不免一死,故女娲创立婚姻,让人们自己去繁殖后代。

台湾南势阿美族有创生神话,一对兄妹是日神和月神的子孙。他们共同乘坐一个木臼逃避洪水的灾难而漂流到台湾。发觉他们是人类仅存的两人,为了让种族能继续繁殖,只好结为夫妇。但是他们有兄妹不许接触腹部与胸部的禁忌,一直不敢发生夫妇的关系。有一次哥哥打到一只鹿,就剥下鹿皮而晒干它,并在上头挖个洞。这样一来,兄妹的身体就可以用鹿皮隔开,不破坏禁忌而达到交配繁殖的目的。所生的子女也分别成为许多部族的祖先。

台湾的创生神话与伏羲、女娲的传说有许多共同点。都与日月发生关系,发生在洪水之后,主角都是兄妹兼夫妇,鹿皮是遂成婚姻的重要媒介,都与蛇有关。阿美族故事的男主角在语音学上与伏羲属同一个演化的范围。兄妹遭遇洪水,通过各种巧合而繁殖人类的故事,屡见于中国各民族的传说。其中以阿美族的传说最接近事实,也合理地解释了鹿皮在婚礼中的作用。以鹿皮隔开身体而不破坏禁忌,也很符合草昧时代人们的心态。

中国后代文明人对古代社会发生过的事,虽有意加以隐瞒,但并不能去除一切与之有关的习俗。所以鹿皮与婚姻礼仪的关系,也始终模糊地被保存到后代。只有在未完全开化的社会,较不晓得文饰,因此以鹿皮隔离身体的真相才被保存下来。

〇二五　匕妣，象征妇女

匕：「匙匕之形。家务之器具，故用以代表雌性。」

商甲骨文	
两周金文	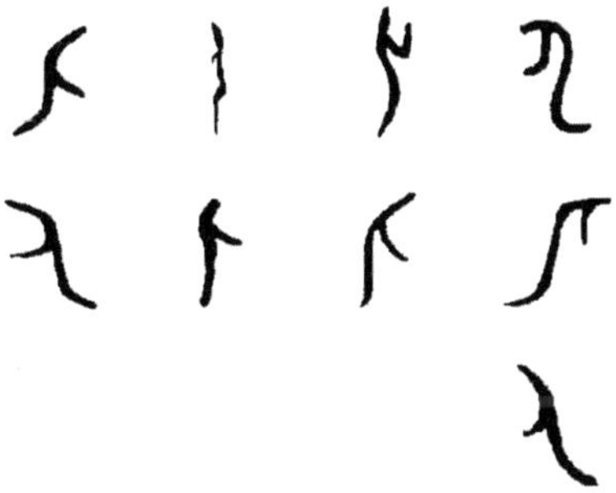
秦小篆	
现代楷书	匕

在商代，二代以前的男性祖先称为祖，女性的祖先则称为妣，写作匕。《说文解字》："𠤎，相与比叙也。从反人。匕亦所以用比取饭，一名柶。凡匕之属皆从匕。"上一篇已说明，祖的字源且，是男性的生殖器形。因此有人以为，与之对应的匕，应该就是女性的性器形。不过，从字形看，这个说法是错误的。从附图的青铜匕，可看出"匕"字就是描写勺匙一类的形象（𠂉 ⺃）。有可能是因为音读的关系，才被借用以表达亲属的称呼，但也可能是借用主妇使用的器具以表达女性的亲属辈分。

在父系社会，管理家务、烧煮饭菜是女性的职务，尤其是结婚之后。蔬菜是一般人家最重要的佐饭菜肴，而早期时，蔬菜的烹煮，基本只用羹汤的方式一途。要把羹汤中的蔬菜挟取出来就得使用匙匕，所以这类的匙匕都有小孔洞以便过滤汤汁。《仪礼·士昏礼》就说得很明白，陈设餐宴时，"举鼎入陈于阼陛南，西面北上，匕俎从设"。匕是从汤中把菜蔬取出来，然后放到俎板上以方便取食。

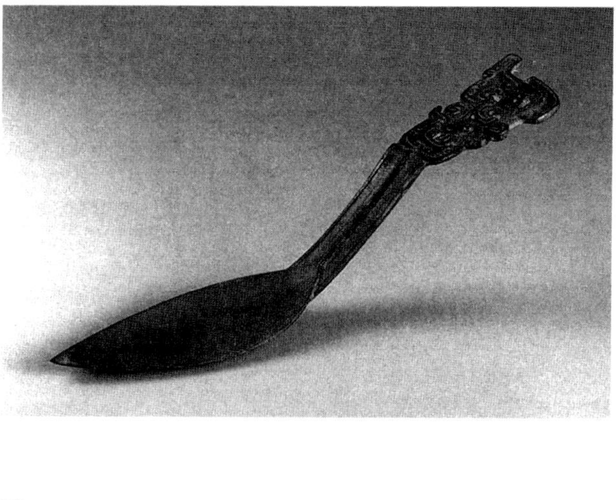

图 1：透雕龙纹青铜匕
通长 26 厘米，西周早期，公元前 11 至公元前 10 世纪

为什么以汤匙代表女性呢？这也是各民族常有的习惯。在古代，生产是一件很危险的事，因怕受到非必要的干扰而产生意外，所以有必要把新生婴儿的性别公告，减少亲友进入探询。根据《礼记·内则》，“子生，男子设弧于门左，女子设帨于门右”。弧是男子将来从事武职所需要的弓。帨是妇女于家中服侍亲长用饭后擦拭手的佩巾。故用以分别象征男女的性别。外国也有类似的习俗，男婴强调其武职，经常用刀剑等武器表示。女婴就强调其结婚之后所负的家务责任，不管是使用木炭、匕匙或盥巾，都是表达服侍他人用饭的女性职务。“帨”的较早字形是“帅”，西周的金文就作一块巾悬挂于门右边之状()。

如果男性的性器可以用来创造有关男性的文字，那么理论上女性的性器应也可以拿来创作表达女性的文字。两河流域的楔形文字就是如此。但是不知何故，中国却以女性的坐姿表达，以后再介绍。

中国早期最有权威的字典，许慎的《说文解字》，对“也”字的解释竟是：“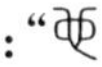，女阴也。……，秦刻石也字。”女阴(女子的性器)之说，让很多人觉得难以接受，但此书的字义向来是非常的可靠，所以段玉裁的注解就说：“此篆女阴是本义。假借为语词。本无可疑者。而浅人妄疑之。许(慎)在当时必有所受之。不容以少见多怪之心测之也。”

平心而论，许慎的说解的确有令人疑惑的地方。就目前的资料言，“也”字()作为语词，最早见于春秋中期的栾书缶。秦刻石以及后来的隶书都是承继这个字形。这个字形虽然还看不出其创意，但肯定与女阴无关。

许慎的说法也许不是杜撰。金文的“匜”字是个形声字，“也”的部分作()，或有可能是小篆也字的来源，但此字更像一条蛇。倒是有个甲骨文“毓”字，创意是妇女产下婴儿之状，有可能就是许慎女阴之说的来源。其两组创意：一作妇女已产下头朝下的婴儿，并伴随着血水之状()。另一字形作婴儿已滑出子宫之状(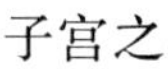)，此即后来的“育”字。小篆的形似甲骨文的下部，正是女阴的形象。

〇二六 父，男子之职

父：「手持石斧的劳动者，借为亲属称呼。」

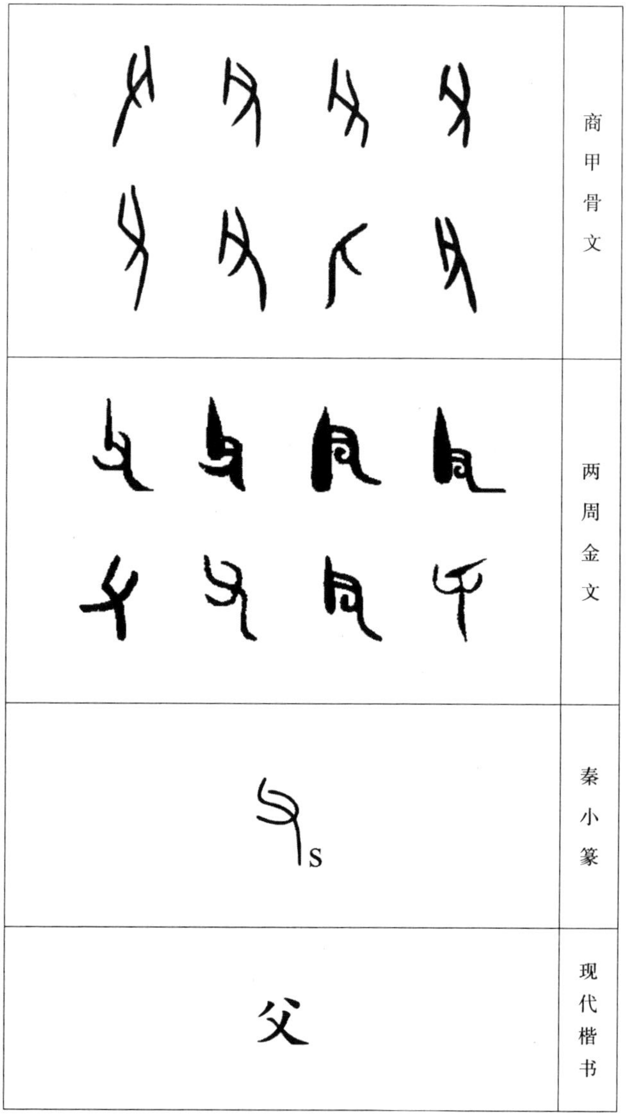

小孩子开始学会说话时，亲人最想教的内容，没有比父母或祖父母的称谓更为殷切了。祖妣已经介绍过了，现在介绍父母。

甲骨文的“父”字作一手拿着石斧之状()，斧头已简化成一直线。金文的字形就很传神，斧头作上锐而下圆之状()。人伦的意义很难用图画表达，故借用同音的字，后来为了与本义区别，就加上有柄的石锛形()的“斤”字而成为“斧”字。

以石斧的形象作为父亲使用，有人以为是具有特殊意义，认为石斧表示男性对女性，或父亲对儿女的权威。其实，它可能只表示源自新石器时代的两性分工而已。石斧是那时代用以砍树、锄地的主要工具，甚至到青铜时代的早期，仍旧是男子工作的主要工具。使用石斧的时代主要是母系氏族的社会，那时还没有对等的婚姻制度，子不知其父，由母亲负起养育的责任，能有效地控制子女的劳动成果。那时财产的继承权是经由女性，男子并不特别尊贵。孩子称呼母亲的多位伴侣或兄弟为父，只因他们是劳动力成员，并不含特别的可亲或可畏的成分，更谈不上权威的问题。商代也还未分别亲父与叔、伯、姨、舅等父的关系，一律称之为父。到了周代其分别才逐渐确立。

人类之所以体能比不上很多野兽，但却能成为万灵之主，其最重要的原因是能利用自然的材料来制造工具和武器以猎取野兽、种植作物，适应生活的需要。自然界里最多、最容易被人们利用的素材大概要算木料和石头。捕杀野兽，石头远比木料有效，因为石头厚重而坚硬，能给予野兽致命的伤害。破裂的石块有锐利棱角，也是理想的切割工具。它便利砍伐树木，剥取兽皮，以增广可资利用的生活素材。

有锐利棱角的石块可当致命的攻击武器。当一二百多万年前人类懂得打裂石块以制作工具时，就进入了旧石器的时代。甲骨文的“石”字就表现了人类着眼于有棱角的锐利石块的使用，作有锐利边缘的岩石之一角形( )。古人以石器挖掘坑陷以捕捉野兽，避免直接与野兽对抗的危险，就加一坑陷之形，以表达石器用于挖掘的用途。一旦进步到磨制更为趁手、更有效的工具，就进入新石器的时代。磨制的石器使形状更合理想，用途趋向专一，增强刃的锋利度，减少使用时的阻力，可发挥更大的作用。中国大致在一万多年前就进入了新石器的时代。

石器的制作从矛、镖、镞等武器开始，渐及生活所需的切割、刮削器，方便农耕的锄、铲、刀、镰，最后为地位表征的斧钺、圭璋、璜佩等。在青铜器未发明前，使用最多的工具是石头的斤与斧。斤的切面是横的，斧的切面是直的。从甲骨文与金文的字形，表明石斧原先不装柄，直接拿在手中使用。但这样，打击时的反弹力容易伤到手掌，故而改善成为装柄使用。这件全体磨制得非常规整的石斧有使用过的耗损痕迹。石斧早先是直接装柄，后来才改进挖小圆洞，用以加强捆缚的强度。这一件从两面对钻，属早期的钻孔技术。从尺寸看，是装短柄而单手使用的。

图 1：磨制石斧

长 14.9 厘米，青莲岗类型，约公元前 3300 至公元前 2500 年

〇二七　母，妇女形象

母：「标明女性之有膨大乳房者为已生育之妇女。」

商甲骨文	
两周金文	
秦小篆	 S
现代楷书	母

人的养成，成年是个重要的阶段，表示体格与思考都已成熟，可以参与社会的活动，因此很多社会都会有仪式以证成这个资格的取得。中国古代，成年之前让头发自然下垂。成年后就可以梳发结髻。男女都用发笄把头发束紧，并固定在头上不使松散。所以表达成年男性的“夫”字，就作一个大人的头上插有一支发笄的形状()。对应的，妇女头上插了笄的也表示已经成年的女性。男女成年之后就可以结婚生育子女，所以甲骨文代表母亲的“母”字就有用插骨笄的女性表达的()。但是，成年的女性不一定都已经结婚生子，所以不多用这个字形。另一个字形，作一位跪坐妇女有丰满的乳房形()。两手之间的点就是乳房的形象。女性要生产之后才会制造乳汁，可以喂食婴儿。养育子女是作为母亲的最重要天职，故以有哺乳经验的妇女去表达母亲的地位，再恰当不过了。

中国到底于多少年前开始使用发笄束括头发，这是很难从地下考古证知的，因为可以制作发笄的材料有些是很难在地下保存的，譬如木与竹。或以为始自燧人氏，这自然是猜测之辞。若以不腐败的材料制作的，约八千多年前的裴李岗文化遗址就已发现了很多骨笄。

束括头发使不松散，只需一支就够了，所以一般说，男性只用一支发笄。但妇女讲求装扮的美丽，可能就需要多支了，而且花样也要有所变化。这种现象在四五千年前的良渚文化已然。在一个商代的坟墓里发现，某妇人头部的周围竟遗留了十数支发笄。有时一座墓葬的骨笄数量可达五百，可想见其时需求量之多。

当阶级尚未形成时，骨笄的使用除方便工作外，还有基于爱美的追求。不少初民的社会，作为领导阶级的人有插骨骼、羽毛等物以炫耀受其统治的族人，并以之向外族显示其崇高地位的措施。可以肯定这种阶级社会的功能也可从发笄见到。

商以前的骨笄制品多朴素无文。商代雕骨业发达大致由于金属刻刀的使用。商代出土过铁刃铜钺，表示人们已了解铁的锐利性质，故有可能进步到以铁工具雕花。图示的四件骨笄都是商代的。细长的柄用以插入头发使固定发结，稍大的端部则显示在外，起着装饰的作用。简陋的骨笄无半点雕镂，但高贵的就有繁缛的端部雕刻。下图右边三件作繁简不等鸟形的较为常见，最左边作戴高耸羽毛的人头形属于最繁缛的例子。其上环列羽冠的十二个钻孔可能还用以系挂色丝、响铃一类的装饰。在阶级分别严明的社会，衣饰是最常见的地位表征，雕饰繁缛的骨笄价格不但昂贵，恐怕也不是一般人所能随意穿戴的，所以一般规模小的坟墓就见不到这样形式的发笄。

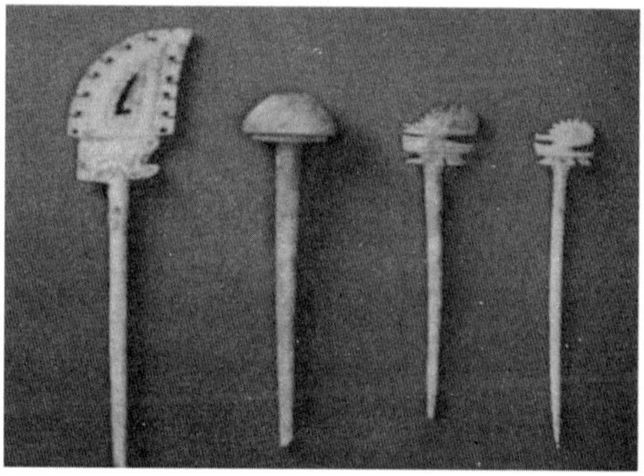

图 1

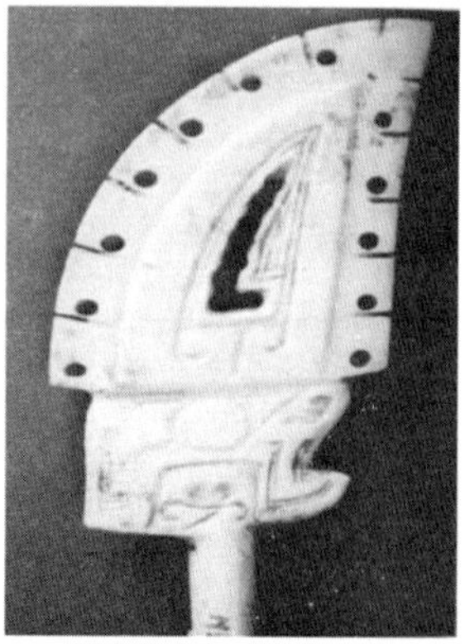

图 2

图 1、图 2：骨笄

长 12.5 至 14 厘米，河南安阳妇好墓出土，商代晚期，公元前 13 至公元前 11 世纪

○二八 男女，职业分工

男：「以田地及耒耜会意，耕作乃男子之职。」

字体	字形
商甲骨文	
两周金文	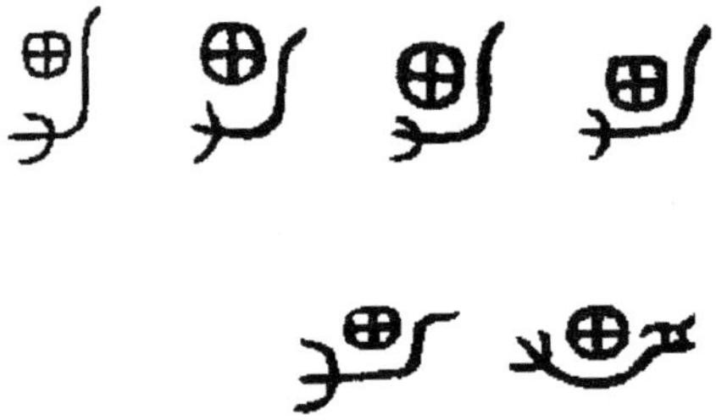
秦小篆	 S
现代楷书	男

女：「两手交叉垂放在膝上的妇女跪坐形。」

男与女因为与生俱来的体质不同，从旧石器时代以来就有习惯性的分工，男的从事费体力的工作，女的就做些比较不费力气，像食物采集、烹饪等家务一类的工作。在早期的社会，即母系社会，妇女因为有生育、抚养、教育儿女之职，从而控制儿女的生产成果，有更厚实的经济力，因而社会地位比较高。但是，一旦男子在生育过程中播种的事实被理解后，由于男子有更大的生产力，转而由男子负起养育的责任，从而掌握更多的财富，主导社区的活动，进入父系的社会。文字体系是进入父系社会之后才产生的，那么，如何创造表达两性的字，受到什么样的影响呢？

古埃及的象形文字，以一位坐着的、双手有动作的短发男子表达男子的性别（）；女子则用一位坐着的、没有手动作的长发女子表达（）。其分别所在，似有两点，一是头发的长短，一是手的动作。前者是形象的差别，后者可能是工作的差别。根据有名的《埃及文法》这本书，以一般男性形象所造的字有五十六个，而以女性形象造字的才七个。表示除非有需要特别指出与女性有关的事物，否则就以一般男性的形象概括之。这与商代甲骨文的现象一致，说明这是父系社会的习惯。

甲骨文的“男”字以田与力组合（），力是挖土的耒耜的形象，因此是表达在田地以耒耜耕作是男子的职务。可是这个字很少被使用到，主要用于表示某人的男性后嗣而非一般的性别。在商代，头发的长短与性别无关，而是与成长的阶段有关，故不能如埃及以头发短长来分男女。由于这时已是男性主导的社会，家庭以外的工作大都由男性充当，所以人的形象作侧立或跪坐形（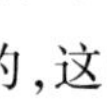），一般就指男性而言。大部分的字也以男性的形象创作。若要指明是女性的，这时才用女字，以女人的形象创作。

甲骨文的“女”字，作一跪坐的人，两手向前而相交之状（）。似乎表达中国男女坐的姿势不一样，但是文献并没有如此的反映，塑像也是无别。那么为什么在文字上要作如此的分别呢？一个原因是创字者的有意识的区别，一是源自生活的习惯，即是说，在日常生活中妇女比较多做这种双手交叉的动作。这是怎样的动作呢？甲骨文的“乳”字，作一妇女给怀中的婴儿授乳之状（）。孩子在一岁以前，可以说离不开母亲的怀抱。男子白天要出外工作，婴儿只得留给妈妈抱养。就算男子下工回家了，也想休养体力，恐怕也没有时间抱孩子。以前甚至有个信念，青、壮年男子不该入厨房，不抱小孩的。想来抱小孩是妇女常见的、特有的姿势，因此被取为代表女性的形象，是女性专有的职务。

图1这件瓷枕是宋代有名的定窑白瓷，除底部素胎外，通体施白釉。塑造一个男孩以左臂垫头，右手在左臂之下而拿着有丝穗的绣球。上身长袍加外罩，下身长裤，两足翘起，穿着软鞋而伏卧于有雕饰的床上之状。两眼圆瞪，胖嘟嘟的稚气模样，令人喜爱。其造型含有人们生育男孩的愿望。瓷枕常见装饰男孩手持莲叶的图案，通过谐音的隐喻，含有连子，即世代有男性子孙的希望。或更有一只鸭在男孩之旁，鸭子谐甲的音，即含有“子连甲”，希望子孙接连登上进士的甲榜（图2）。

图1：卧床男孩形定窑白瓷枕

长30厘米，宽11.8厘米，高18.3厘米，北宋，10至12世纪

图2：磁州窑童子戏鸭图瓷枕

长28厘米，宽16.5厘米，高12.5厘米，河北磁县出土，北宋，10至12世纪

〇二九 龙，象征君王

龙：「头部有特殊形象的爬行动物形。」

商甲骨文	
两周金文	
秦小篆	 S
现代楷书	龍

甲骨文的“龙”字，作一只龙之形状（ ）。本来表现细长的头部，后来因为讹变，使看起来像是头上有角冠。嘴巴的上下颔向外翻转，不像虎字强调有力的嘴巴，作牙齿尖锐而内向状（ ）。龙的身体弯曲，且尾巴永远与头部方向相反。整体的形象有点像昂首竖立的大蛇。但从较早期的图案看，应该是表现一只有短脚的爬虫类动物形。因为中国人习惯在窄长的竹简上书写，所以将大部分动物的字转向，成为头向上而尾巴在下的样子。

龙应该是人们见过的动物。可能因为三千多年前之后，气候长期转寒，龙渐成为罕见的动物，字的形象也慢慢起了变化，商代已讹变成为头部有角冠的样子。后来更被神化，选择了九种不同动物的特征，虚构组成：角似鹿，头似驼，眼似兔，项似蛇，腹似蜃，鳞似鱼，爪似鹰，掌似虎，耳似牛。成为十二生肖中唯一不存在的动物。

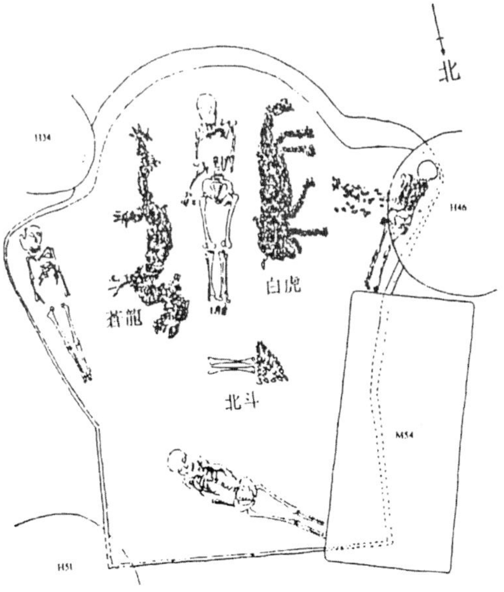

图 1

中国人对于龙的信仰,至少可追溯到六千多年前。河南濮阳一座外廓形状奇特的坟墓,像是有意以黄道、春秋分日道,以及太阳轨道组成,发现在尸体两旁及脚下,用蚌壳排列成龙、虎,以及北斗的图案(如图 1),显然寓有宗教信仰的意义。这只龙的形像颇为写实,有窄长的颜面、修长的身子,短腿,尾巴粗长。

龙的形象虽然有些凶恶,却最受中国人尊崇,被选为吉祥及高贵的象征。许多人希望在龙年生育子女,取得好兆头。不像西欧中世纪的文学美术作品,把喷吐火焰的龙看成恶势力的象征。龙与中国文化圈的关系密切,常被用以代表中国。它盛见于古代的各种传说中,也是古今美术常见的题材。

商代有名为龙的方国,龙很可能就是该国的图腾。半开化部族尊崇的图腾,常被认为是该族降生的祖先。绝大多数的图腾都是取自然界中实有其物的东西。春秋时代的铜器铭文有“获龙”的记载。西周早期的《周易》,把龙描写成能潜藏于深渊,飞跃于天空,争斗于地面,流出的血是玄黄的颜色。《左传》记载公元前五二三年,郑国遭受大水时,有龙相互争斗于城门外的洧渊。在鲁昭公二十九年也记载有龙见于郊的问答,可以看出龙原本是种两栖类爬虫动物的总称。

《说文解字》解释“龙”为:“鳞虫之长,能幽能明,能细能巨,能短能长,春分而登天,秋分而潜渊。”爬虫种类繁多,习性各有不同。也许人们把不同形状及种属的爬虫化石都当作龙看待,导致龙能变化形状的传说。唐代《感应经》有如下的描写:“按山阜岗岫,能兴云雨者皆有龙骨。或深或浅,多在土中。齿角尾足,宛然皆具。大者数十丈,或盈十围。小者才一二尺,或三四寸,体皆具焉。尝因采取见之。”龙能致雨之说,可能和栖息于长江两岸的扬子鳄生活习性有关。扬子鳄除了没有角外,身躯、面容都酷似龙。扬子鳄有秋天隐匿,春天复醒的冬眠习惯,每每在雷雨之前出现。古人常见扬子鳄与雷雨同时出现,雨下自空中,因此想象它能飞翔。或以为扬子鳄能预感,下雨之前会鸣叫,所以被误会有致雨的神力。认为龙有降雨的神力,起码可以追溯到商代。甲骨卜辞有“其作龙于凡田,有雨?”问是否建造土龙以祈求降雨。西汉的董仲舒于《春秋繁露》中,详载建造土龙以祈雨时,如何依五行学说的原则,在不同的季节,建造不同数量、不同大小的土龙,面对不同的方向,并以不同的颜色,以不同的人数去舞蹈。这种传统延续到近代,农民还要向海龙王求雨。水的供应与农作物收成的好坏有密切的关系,中国是农业的社会,所以龙受到特别的尊敬。

龙后来还成为皇家的象征,很可能与汉高祖刘邦的出生传说有关。汉代的

《史记·高祖本纪》有两则有关刘邦与龙的记载。“刘媪尝息大泽之陂,梦与神遇。是时雷电晦冥,大公往视,则见蛟龙其上,已而有身,遂产高祖。”“为泗水亭长,廷中吏无不狎侮,好酒及色。常从王媪武负贳酒,醉卧,武负王媪见其上常有龙,怪之。”

汉高祖出身普通人家,有必要编造故事说明平凡人接受天命而登上帝位的合理性。难断定的是,到底是因为龙为高贵者的象征,才据之以编造故事呢?或偶然选择了龙以编造故事,才使得龙成为皇族的象征呢?可肯定的是,选择龙以附会汉天子绝不是基于当时风行的五行理论。因为当时有以为汉朝与秦同为水德,或继秦之后而感应土德,或甚至是感应火德,从没有以为汉代是得与东方的龙配合的木德。

图 2 这件商代铜觥以龙造型,器盖平面装饰长龙,其身子与盖子前端的龙头相接,头上有两只如鹿的瓶形角。器身则装饰侧身的夔龙与下伏的鳄鱼纹。会不会当时已经知道龙与鳄鱼有关?

图 2:龙形青铜觥(匜)
长 43 厘米,宽 13.4 厘米,商,约公元前 13 至公元前 11 世纪

〇三〇 专，纺织技术

专：「手操作纺砖，纺织为专门之职，工作时要专心，否则会织错花纹。」

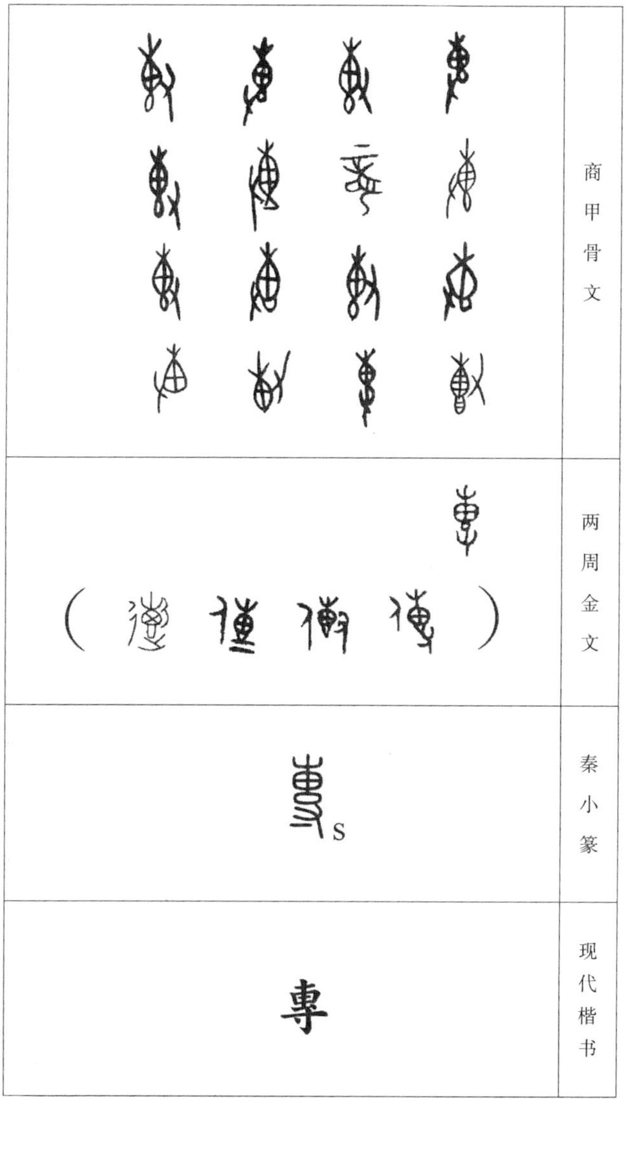

从事纺织之前要先对植物的纤维有所认识。人类确实晓得用细线缝制衣物大概可推溯到三万年前。中国发现的骨针,大致以四万至二万年之间的辽宁海城县遗址为最早,两支以象的门齿制作,一长 7.74 厘米,孔径 0.16 厘米;一长 6.9 厘米,孔径 0.07 厘米。另一支以兽骨制作,长 6.58 厘米,孔径0.21 厘米。以当时的工具,推测应利用植物的纤维以搓线。一万年前常见于华南的绳纹陶器,表面的纹饰就是用绳子捺印的,已能把几根线纠合成股以捆缚东西,更接近纺织必要的技术了。纺织的布,六千多年前仰韶文化的陶器底部见到麻布的痕迹,实物则见于五千年前的浙江吴兴钱山漾遗址。

具有织布之经济价值的植物纤维有好几种,分属不同的种类,但因麻布最为重要,一般统称有强韧纤维而可以织布的为麻。麻的株茎被割下后干燥几个星期,剖开表皮而久浸于水中以去除杂质,然后捶打以分析纤维。浸泡的水越热,浸泡的时间就越短,一般就用水煮以加速分析纤维所需的时间。分析麻纤维的工序反映于甲骨文的“散”字,作一手拿着棍棒在扑打两束麻而其表皮已自秆茎分离之状()。

纺织是件很专门的职业。麻的栽种、培养还较简单,若是蚕丝,则工艺非常复杂。从养蚕到织成丝绢,每一步骤都需要专门的技术。桑树的栽培,采摘的次数,蚕虫的品种,喂饲的次数、分量和时间,养育的温度,都与成品的品质有密切的关系。蚕吐丝成茧后的拣茧、杀茧、抽丝、缫丝、织丝,每一过程都需要专门的训练。所以于文字,甲骨文的“专”字作一手持拿着已经绕上丝线的纺砖之状()。五千到四千五百年前的仰韶文化晚期发现了切割过的蚕茧。稍后的吴兴钱山漾遗址确实发现每平方厘米,经纬各四十七根线的家蚕丝织品。

纺砖的作用是把丝线缠成锭,以待上机纺织。早期的捻线方式是用手在平面上搓揉,这样进度太慢。后来改良使用纺轮,方法是用在杆杆穿过纺轮中心的

图 1:彩绘陶纺轮

直径:3.3 至 4.4 厘米

湖北屈家岭文化,公元前 3000 至公元前 2600 年

孔。杆子的一端大致呈锥状,且钻了个可绑上丝线的小孔。操作时,使纺轮下垂而转动杆杆,纺轮的重量把丝线拉直,并借转动的力量,将线缠绕在杆杆之上而成锭,就可以安装在织机上以待纺织了。纺织之事不但要专门的技术,也要专心工作,否则面对成千上万的线会手忙脚乱,织错了花纹。所以专字兼有专门及专心两层含义。纺线时要捻转纺砖才能快速缠绕成绽,也许转字也是专字的引申意义。这种工作不需体力,女子也比较细心,所以自古以来,纺织就是女子的工作,陶纺轮都见于妇女的坟墓中。图示的纺轮涂绘彩色,转动时产生流动的色彩,增加一点工作的乐趣。

丝织手工业在商代应已有相当的规模。青铜器上还有不少因铜酸而保存下来的丝绢痕迹。想象当时必有相当数量的生产,才会以之包覆铜器并随葬于墓中。从痕迹知当时的纺织已达到多层绫织的阶段,也有斜纹提花的丝织物。甲骨文与纺织业有关的字比其他行业的字多,即其具体的表现。

到了西周时代丝绸已是重要的商品,《诗经·氓》有“氓之蚩蚩,抱布贸丝,匪来贸丝,来即我谋”。战国时代的《管子》有“民之通于蚕桑,使蚕不疾病者,皆置之黄金一斤,直食八石,谨听其言,存之于官,使师旅之事无所从”。说明丝织品在古代是价昂的重要商品,对国家的经济具有决定性的作用。所以桑田要比良田还要贵上一倍。《史记·吴世家》记载公元前五一九年,曾因两个家庭争夺边界桑树的所有权而导致吴、楚两国打了一战。

〇三一　帝，天帝形象

帝：「或象花朵形，或是捆绑的崇拜物形。」

自然界存在着很多令人不能解释的现象，威力又常难抗拒。见到日月更替、四时的转移有一定的规律，就容易想象冥冥之中有造化主宰在控制着。当他们看到草木鸟兽的荣枯有期，也会想象有精灵的存在。到了有阶级的社会时，就普遍产生了神灵的概念，认为它们的威力超过人，对之都有所敬畏而加以崇拜。古代中国人当然也不例外。从甲骨文的占卜可以看出，商人认为自然界的风雨云雷、山川石木、动物以及死去的人都有神灵。

神灵的威力虽有差别，但都可能给人们带来灾难。神灵会被激怒，也会接受恳切的求情，否则与之妥协就成无意义的事了。

神灵既是人们想象的东西，自然也离不开人的欲求和需要。既然想象神灵也有人一般的需求，自然要想办法加以取悦，以期降下福佑，起码也不要降下苦难来。神灵本是见不到、摸不到的。但古代的人较质朴，需要有具体的东西以寄托情思，诉求需要。取悦鬼神既成为谋求生存的重要目标，就不惜花费也要达成此目的，因此不但有祭祀的行为，也留下很多令人叹为观止的伟大建筑遗迹。

商代最具威力的神灵是帝，也称为上帝。帝有极大的威力，属下有不同能力的神灵，能降下风雷雨雪，阴晴雾霰，能给予人灾祸病苦，但也能赐给福佑康宁。甲骨文的“帝”字，或以为是蒂的初形，象花朵与茎蒂相连的形状。以为花是树木结果繁殖的根源，而繁殖是动、植物延续生命的根本，是古人膜拜的重要对象。因此可能经由信仰的图腾，演变为至高的上帝。

但从字形演变的常律看，初形应是，慢慢演变成等形状。中间的部分应是从圆圈变矩形，再变为工、为一。其圆圈有时写成两弧线交叉，可能为捆绑之形象。甲骨文有一字作帝形之物为箭所射之状()。花朵不必大费周章用箭射的方式去破坏。“帝”字的下半永远作笔直竖立的架子形象，不像花瓣经常作曲柔的样子。而且大型的人偶或立像就有可能因某种缘故而被敌人箭

图 1:青铜立像

通高 262 厘米,人像 172 厘米

商晚期, 约公元前 1300 至公元前

1100 年,四川广汉三星堆出土

射，故“帝”字比较像一座扎紧的稻草人一类的人偶形，为代表神的偶像。

图 1 这件二百多厘米高的青铜立像，以及 396 厘米高的青铜神树，都出土于四川广汉三星堆的商代祭祀坑，被认为就是当时崇拜的神像。定居的社会可以建造高耸的神像与庙坛，但在游牧的阶段，居无定所，当然无法建造永久性的崇拜物，因此就有可能用捆扎的方式，建造临时性的神像。广汉遗址还出土不少如图 2 的青铜头像，都有同样的特征：脑后有发辫，眼睛特为宽长，几达耳朵。眼球突出，有的甚至凸出如圆柱。眉毛与上眼眶平行等长，非常宽厚，予人印象深刻。鼻梁直，鼻翼宽大。嘴巴紧闭，延伸至两腮之旁。有些还表现戴金色的面具。面具用金箔，以生漆与石灰作为黏合剂紧紧贴着，露出眼睛与眉毛的形象。

这些头像都附有宽大的尖角插座，显然是插在某种结构之上用的。我们可以想象，其完成的作品就是插在草扎的神像之上作为头的部分。中国古代还没有为英雄人物立像的习俗。时代更早，约五千年前的辽宁朝阳牛河梁遗址，发现了依山势修建的神庙、祭坛等建筑物。其出土残缺的女神像，头部就达22.5 厘米之大。可见古代中国有竖立大型神像加以崇拜的习俗，因此以神像的形式来表达至高上帝的意义是非常可能的，所以才不惜花费加以修造。

图 2：金箔面罩青铜头像

高 42.5 厘米，商晚期，约公元前 1300 至公元前 1100 年，四川广汉三星堆出土

〇三一 皇，辉煌羽帽

皇：「象装饰孔雀羽毛的舞蹈用美丽帽子形。形容词。」

商甲骨文

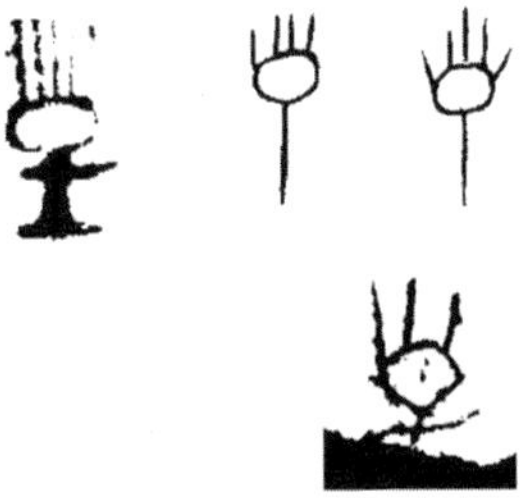

两周金文

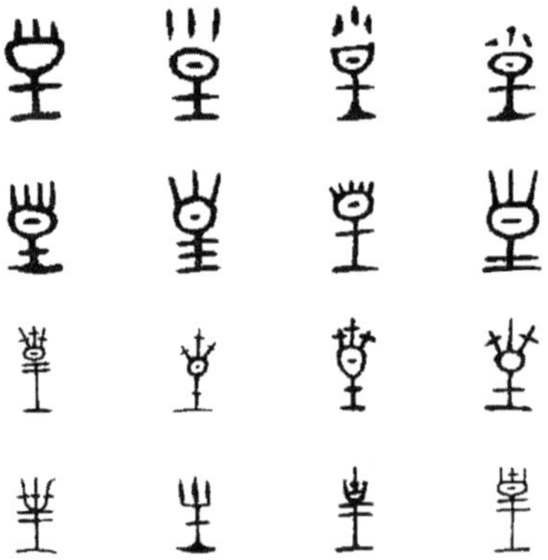

秦小篆

s

现代楷书

皇

在商代，人间最具权威者为王，神仙世界则为帝。后来死后的王也被尊称为帝。周朝沿用王的称号以称在世或去世的王。东周时王室衰微，有些诸侯的实力远较王室为强，大概认为应该拥有比周王更具威风的名号。秦与齐曾一度采用帝号，也许因此人们兴起以帝来命名传说中黄帝以来的帝王。后来，好古的人士更以具有伟大、辉煌等形容意义的皇字，称呼传说比黄帝更早的三皇。到了秦始皇统一中国，他认为自己的威权和统辖的领域，超过所有古来的政治人物，乃采用“皇帝”合一的名号。此后的当政者，不管其能力及疆域的大小，都无愧地承继这个最伟大的名号。王就成次一级政治人物的称号了。

商代的“皇”字作、、等形。创意是什么呢？说法很多：或以为取象灯座之上的火光辉煌状，或以为象王戴着冠冕之形，或以为象冠冕之形。晚商一块骨板上所刻的图案（图 1）可以帮助我们了解“皇”字的创意。骨上的图案表现出一位戴高帽的神祇或贵族。其帽上装饰着弯曲的角状东西，正中则插了一支高翘的羽毛。羽毛上端有孔雀眼花纹及三簇分歧的羽梢。它正是“皇”字所表现的形象。“皇”字下半的三角部分就是头戴的帽子的本体，一横可能是弯曲的角状装饰，有三分歧的圆圈就是孔雀羽毛尾部的特写。“皇”字着重羽毛装饰，故古籍中“皇”字被用为五彩染羽装饰的帽子或舞具。“皇”本义为有羽毛装饰的美丽东西，故在铜器铭文被引申为伟大、壮美、崇高、尊严、闲暇、辉煌等形容词。

图 2 的这件四千多年前的大口陶缸。由于此缸底部尖圆，无法自立，故下部应该是埋在土中使其不会被轻易移动，恰如甲骨文“奠”字所表现的，埋置一个尖底器下部于地中之状（）。这类陶缸都很高大，大致盛装大量的水，安置在公众的场所，譬如工作或狩猎地作为水的供应站。陶缸上往往在靠近口沿的外壁刻划一个符号，大致表示所属的氏族，以免他人占用。这件所刻的也是有高长羽毛装饰物的帽子。

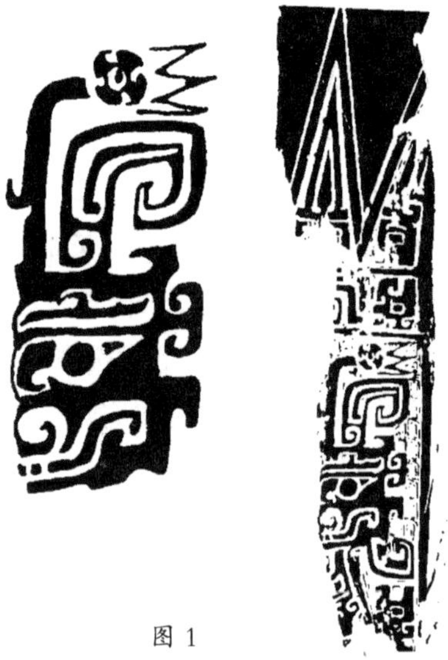

图 1

图 2:刻符大口尖底灰陶缸

高 60 厘米,大汶口文化,约公元前 2900 至公元前 2300 年

年代稍早的良渚文化遗址，也发现神祇或贵族戴羽冠的纹饰。中国传说创立冠冕制度的是黄帝。传说黄帝的时代是四千七百年前。时代相近，看来传说有相当的可信度。

冠冕可能在衣制中最不具实际效用，但却是很多民族的权威象征。人们往往因过度夸张其象征作用而有损其实用性。帽子的效用，我们可以想象，第一是增加美感。因此甲骨文的“美”字就作一人的头上装饰高耸弯曲的羽毛或类似的头饰状()，来表示美丽、美好等意义。自旧石器晚期以来，人们就晓得借用他种东西来装扮自己，时代越晚的花样也越多。到了贫富有差距、阶级有区别的时代，人们就以罕见、难得的饰物以表现其高人一等的身份。因此帽子也很自然会演变为地位的表征之一。譬如北美的印第安人，其酋长的羽毛头饰就远远盛过其他的成员。中国云南发现一处少数民族的崖画(图3)。其人的头饰与美字的形状一模一样，身子越大，其头上的羽毛装饰也越丰盛。绝大多数身子小的人，就没有任何头饰。头饰在古代或民族的部落，是种很重要的社会地位表征。

图3：云南沧源少数民族的崖画

〇三三　王，领导作战

王：「象高帽形。王戴高帽，其指挥才易为部众所见。」

商甲骨文	
两周金文	
秦小篆	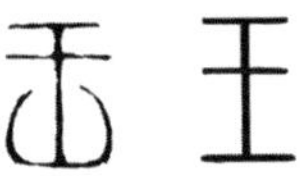
现代楷书	王

人类学家把人类文明的进化区分三个阶段。第一阶段是以渔猎采集维生的平等社会。第二阶段是以园艺农业维生的有阶级社会。第三阶段约等于以农业维生的多层阶级社会。第三阶段的社会特征是:加强对环境的投资,肯定对产业及领域的所有权,农民为经济生产的主体;营定居的生活;有国家形式;行中央集权的政治组织;社会多层化;有专业的生产组织;为政府服务,包括交税、劳役、兵役等;控制自然资源;禁止私人之间的争斗,有大规模的战争;有专职的神职人员;出现大城市。中国以夏、商、周三代的王朝为进入此阶段的代表,属信史的时代。

此时期掌握政治上最高权力的人称为王。王权虽是种颇为抽象的概念,却是一个有组织的社会或国家所必须有的制度。在有文字的社会,人们一定要想办法用文字去表达其权威与地位。如此抽象的概念,中国是用什么事物去创造的呢?

上文已介绍,“皇”字是装饰高崇羽毛的帽子形(),而甲骨文的“王”就是去掉羽毛的帽子形(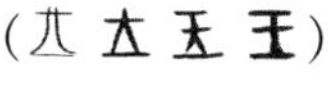)。古代普遍有以羽毛为高贵者的头饰,就必然有其实用上的价值。而且黄帝的时代已有帽子的创制,但却到了有国家组织的多阶层社会,才以帽子代表最高权位的统治者。帽子应该于表示阶级权威、节庆悠闲形象之外,可能还有应付新形势的更为重要的作用。

竞争是人在自然界为求生存所不能不采取的手段。在寻找必要的生活物资时,当一个部落发展到必须与其他团体争夺自然资源时,如果双方的利益不平衡而又不能回避,为了保全自己,就只有通过各种可能的方法,以达到压制对方的目的,武力一向是其中最有效的途径。尤其是到了经营定居的农业社会,不但有必要组织武力以保护自己辛劳耕耘的成果不被侵扰、掠夺。甚至为了取得肥沃的土地,占有温暖的地域,控制充分的水源,以保证粮食的生产,也得组织大规模的武力以从事经济性的掠夺或占有的必要。不断为不可避免的战争所烦扰的社会,人们被迫接受强有力的中央集权的社会控制以便生存。

战争是进化到农业社会时所必经的过程之一,其规模由小而大。小规模的冲突不必有人指挥战斗。但是一旦冲突成为大规模时,有成千上万的人参与,就需要有人作全盘性的统筹指挥,才能获得最佳的战斗效果。指挥者如希望他的指示能及时被部下知晓,以应付战场即时的形势,就有必要让部下容易见到他所下号令和指示的措施。同族人的身材大都相差不多,王者的身材也不一定选择高大的。如果没有特别显眼的标志,就很难在人群中辨识其人。一般说,指挥者只有站在较高的地点,穿着特殊的服饰,其举动才易被人所注意。马车在使用的初期并无冲锋陷阵的功能, 而商代的指挥者还是选择站在易于倾覆的马车上,很可能就是为了可机动地指挥军队,常处于可移动的居高位置,易于被部下看到,它与高耸的帽子具有同样的作用。

高耸的帽子不利行动,本来是悠闲的形象、不战的象征,原本不应在需要激烈行动的战场上出现。但是,如果指挥者在战场找不到人人可见的高位置去传布命令,戴上高耸的帽子也可以达到类似的效用。商代铜胄顶上有个长管,就是为了插羽毛一类装饰品用的,很可能就因为如此,在战争时以头戴高耸头饰为指挥官的形象。在古代,头饰是获得领袖地位的重要象征。它不但在族群中,族外的人也容易识别此人与其他成员不同的特殊地位。

〇三四　凤，象征高贵女性

凤：「凤鸟象形。」

商甲骨文	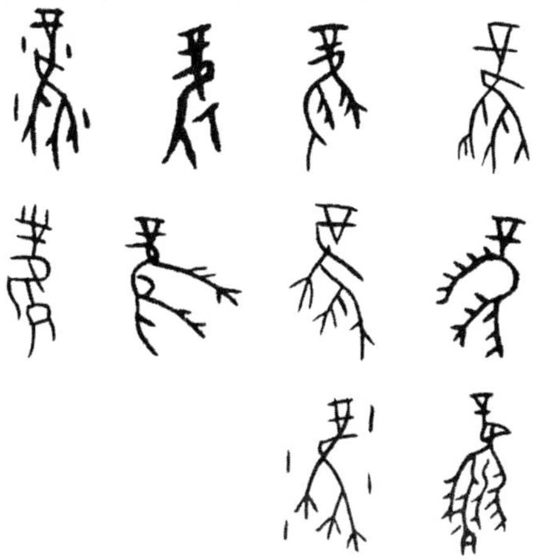
两周金文	
秦小篆	 k  k  s
现代楷书	鳳

中国的装饰图案，龙经常与凤成对出现，分别代表皇帝与皇后，或象征男与女，为婚礼中所不可或缺的装饰。

甲骨文的“凤”字作某种鸟的形象（）。此鸟头上有羽冠，长尾，且尾上有花纹。铜器铭文提及生凤（活的凤鸟），应该是实有其物的鸟类，很可能是依南方的孔雀或形似的鸟类写生，也有可能因此而被取以代表南方的祥瑞。为要表现其美丽的形象，卜辞都把尾部的羽毛画得很详细。图示这块商代平面玉雕，应该就是表现凤鸟的形状。两面都以阴线刻画出相同的纹饰，翅膀上还用阳文线条表现排列有次的羽毛形象。此鸟的头略为下倾，看来是休息于树枝，两翅不展，长尾下垂的样子。但是此玉佩的中间部分的外侧，即长尾的前端，附带了一个和造型无关的有孔纽，显然是为穿过绳索而佩戴设计的。如果以此孔系绳佩带，则凤鸟不是直立而是横摆的，但横摆时又不像是展翅飞翔的姿态。到底如何悬吊，令人费解。

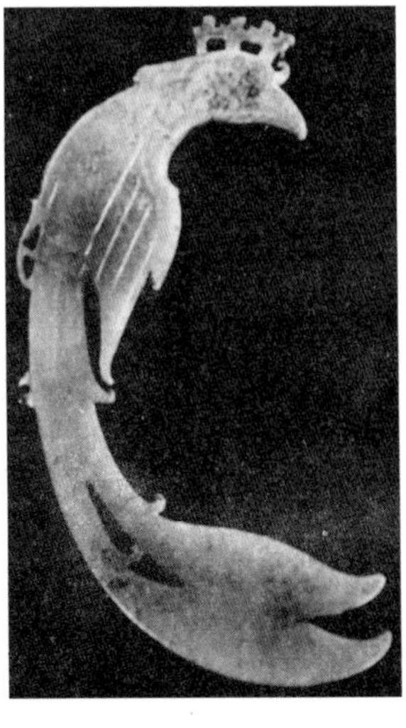

图 1：凤形褐色玉佩

高 13.6 厘米，厚 0.7 厘米

商晚期，约 3300 至 3200 年前

这件线条优美、琢磨精巧、晶莹鲜润的玉雕是商代玉器中的精品。商代玉雕的刻画技巧还难作精细的线条，纹饰常简单。这件玉雕轮廓虽然简要，对了解凤鸟的形象仍然很有帮助。通过与甲骨文的比较，大致可了解其较确实的形象。其特征有二：一是头上有羽冠，此玉雕的详细造型，三簇纵列的羽冠，可补文字描写的不足。一是长的尾巴有特殊的孔雀羽毛形象，膨胀的末端还有分歧。

古人朴直，不会作没有根据的幻想，古代的图案原先应都是取自实在生存的动物，后来可能由于气候改变的原因，该动物迁往他处，人们见不到真实的形象，就逐步地改变形象，以致于最后成了不存在的东西。中国在三千年以前的气候较现在温暖得多，一些现在已不见的动物，如獬廌，在商代都是常见的。凤鸟后来因罕见而被神格化了，九是单位数中最大的数，为吉祥的象征，于是逐渐以九种不同动物的特征凑合，除基本的鸟形外，又加上鸿前、麟后、蛇颈、鱼尾、龙文、虎背、燕颔、鸡喙等形态，身上五彩齐备，众相并呈，当然就成不存在的神物了。

凤在商代被假借为风字使用，后来就在凤鸟之形加上凡声或兄声以为区别。凤鸟被假借为风，可能也被联想其飞行与风的形成有关。解说凤为鸟中之王，出行时有成千上万的鸟随行护卫，因而蔚成风势。凤鸟既然具有人间贵族的品格，所以也有非梧桐之树不栖息，无竹子之实不吃食，非醴泉之水不饮用的不实描述。凤鸟在中国既然不常见，战国以来就有凤凰出现于太平盛世，带来吉祥的传说。贵为人君的都喜欢听到凤凰来朝的报告，以示自己是仁慈的统治者，治下是太平幸福的世界。

同时，凤大概因有美丽的外形及雅好音乐的性格，又被取以为女性的象征。有不少描写伟大乐章招致凤鸟的故事。如《尚书·皋陶谟》："箫韶九成，凤凰来仪。"既有诗歌跳舞之能，又能带来好运气。这样的女性是最理想的结婚对象。也许因此，后代创造了好多皇后诞生时有凤凰出现的神话故事。尤其是出身寒微的家庭，更需要以此解释能享富贵的合理性。大概也因此以龙凤图案装饰结婚的礼堂。

〇三五　尹君，文官政治

尹：「手持笔治理人民的官员。」

商甲骨文	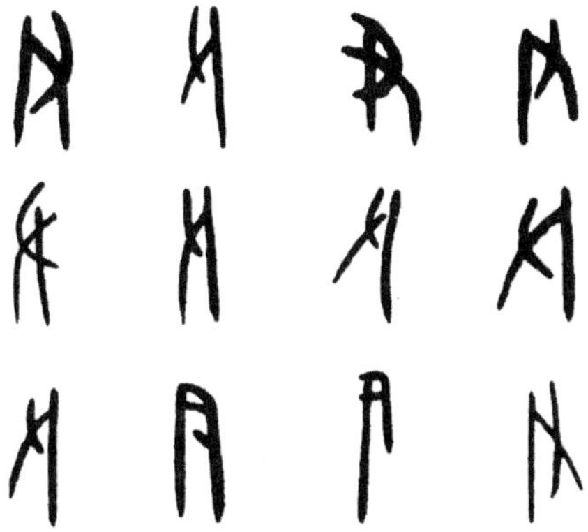
两周金文	
秦小篆	
现代楷书	尹

君：「手持笔沾墨书写的人是统治者。」

商甲骨文	
两周金文	
秦小篆	
现代楷书	君

这件洁白晶莹的汉白玉，描摹某位脸型瘦长，留有胡须，头戴束发小冠，身穿宽袖的右衽长衣，双手置于几上，正襟危坐，好像要接受长官训令的人物形象，应该就是汉代文史的写照。公元八二五年，白居易当苏州刺史时，写有："清旦方堆案，黄昏始退公。可怜朝暮景，销在两衙中！"充分表现大多数读书人的期盼当官而业务繁忙的无奈与矛盾心情。

图 1：汉白玉学士圆雕

高 5.4 厘米，西汉，公元前 206 至公元 25 年

中国的最高政治决策者,叫帝、皇、王、霸。但最高领导人不能事事躬亲处理,势必委托一些官员代为管理比较细琐的事务。这些管理的人员,通称之为尹,而官职较高者则为君。后来君的意义被提升至更高的地位,就又有了君王的新意义。到底尹与君是依据什么理念创造的呢?

"尹"的意义是治理人民的官员。或以为它表现官员的一只手拿着棍子,使用暴力惩治老百姓之意。这就错失中国自古以来重视官僚政治的特性了。打人时棍子要掌握下端才能有所利用。但"尹"字所显示的是持拿其上端()。古代以这种方式持拿的东西最有可能的是毛笔。目前有大量存世的中国最早文献,是三千多年前用刀刻在兽骨或龟甲上的商代贞卜文字。因此有少数人误会,以为商代的人们以刀刻字作纪录。甚至有人以为要等到秦朝的蒙恬发明毛笔后,中国人才有以毛笔书写的事实。不知商代的甲骨和陶片都有以毛笔书写的事实。其实,六千多年前的半坡遗址,从陶器上的彩绘就可充分看到用毛笔的痕迹。我们可以相信,商代的人已普遍使用毛笔书写文字了。

"笔"(**编者按:"笔"字转化回繁体为"筆"。**)的初形是"聿"字,甲骨文作一手握着一支有毛的笔形()。大致是以竹管为笔杆,乃于"聿"字之上加竹(笔管的材料)而成为笔字。不沾墨汁时,笔毛散开。但一沾了墨汁,笔尖就合拢而可书写文字了。甲骨文的"书"字,作一手握有毛的笔管于一瓶墨汁之上之状(),点明毛笔沾了墨而可以书写的意思。甲骨文的"画"字作手握尖端合拢或散开的笔,画一个交叉的图案形(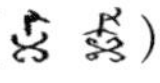)。推知商代普遍使用毛笔,故才以之表达与书写和绘画有关的意义。甲骨文"君"字,创意与书字相似,作手握笔管于一瓶墨汁之上之状(),意思是,持笔写字的人是发号令的长官。

"聿"与"书"字表达的是有关书写的事,所以把笔的毛给画了出来。"尹"与"君"则是强调拿笔管理人民事务的人,所以把笔的毛给省略了。它们表达一个很重要的讯息,中国古时的官员是有文化的。

竞争是自然界为求生存所不能不采取的手段,当发展到必须与其他的团体争夺自然资源时,为了保全自己,就只有通过各种可能的方法,以达到压制对方的目的,武力一向是其中最有效的途径。尤其是到了经营定居的农业社会,不但有必要组织武力以保护自己辛劳耕耘的成果不被侵扰、掠夺,甚至为了取得肥沃的土地,占有温暖的地域,控制充分的水源,以保证粮食的生产,也有组织大规模的武力以从事经济性的掠夺或占有的必要。不断为不可避免的战争所烦扰的社会，人们被迫接受强有力的中央集权的社会控制以便生存。为了更有效地进行战斗，就要有良好的组织，由有能力的人去领导。这些过程终于促成国家制度的建立。由于国家是在不断的争战中成长起来的，武士是从事战斗的成员，所以在西方，武士是被崇拜的对象，经常是最高的领导人，一般的执政官也是军人。但在中国，使用武力是不被赞美的，作为武士也常是不被崇拜的。从尹与君的创意，大致可了解，至迟在商代，作为官吏的重点是懂文字。这可能由于中国以农立国，需要设立田籍，人民有付租税、服兵役的责任，所以才强调记录技巧的必要。

〇三六 嘉，生育男孩

嘉：「妇女生产可用耒耜耕作之男孩，值得嘉美。」

商甲骨文	
两周金文	
秦小篆	
现代楷书	嘉

这件五彩瓷碗，是先用高温烧制成白瓷之后，再用不同的颜料，以较低的不同温度烧出不同颜色的图案。如果其中没有红的颜色，便叫素三彩。图案是一群男孩在有山石树木的庭院中玩各种游戏之景。在古代，孩童游戏是普遍受欢迎的图绘题材，清宫中就设有擅长婴戏的画工，待命绘制婴戏图作为皇帝奖赏臣下的物品。

图 1：五彩婴戏图瓷碗

高 9.8 厘米，口径 21 厘米，足径 7.2 厘米，清嘉庆，公元 1796 至 1820 年

孟子在《离娄》篇有“不孝有三,无后为大”的话,充分表现中国古代的社会没有子嗣是个很严重的遗憾。其实世界各民族普遍都有类似的观念。在较早的母系氏族社会,所谓的子嗣很可能只有女儿有资格。但自有文字记载以来,中国就已进入父系的社会,已重男轻女,以男孩计算子息的成员了。这种观念在商代的卜辞表现得很明显。当问及生男还是生女时,男婴称为“嘉”,女婴称为“不嘉”,其歧视女性的态度表现无遗。一篇西周的诗,《诗经》的《斯干》有:“乃生男子,载寝之床。载衣之裳,载弄之璋。其泣喤喤,朱芾斯皇,室家君王。乃生女子,载寝之地。载衣之裼,载弄之瓦。无非无议,唯酒是议,无父母诒罹。”意思是,若生育男孩,就放在床上睡,给玉器玩,希望以后当上官员,为君王服务。若生了女孩,就放在地上睡,给陶纺轮玩,希望以后顺从长辈的指示,不要做出让父母亲蒙上不名誉的事。父母对男女孩子的偏心表露无遗。

甲骨文的“嘉”字作一位跪坐的妇女和一把耒耜之形()。耒是古人男子翻土耕田的工具。此字表达妇人生有一个能劳动耕地的儿子,是值得嘉美的事。这个字的结构有女而无男,也许一般人不容易理解这样的创意,所以到了西周时代,就把“女”换成“喜”(),也是想表达有男性儿子可耕田是可喜的事。“喜”以鼓与嘴巴组合,表达古代歌唱的喜悦。男孩子不只劳动力高,有较高的经济利益,最重要的还是延续家族的姓氏。女孩一出嫁就成别家人的了,不能够传承家业。

在父系社会,母亲地位的高低,常决定在她的儿子成不成材。以商代王室的继承制度为例。前期是兄终弟及制,以长幼为顺序,无弟弟可传时才传自己之子或兄长之子。这时期王的多位妻子地位都是相同的,要等到某位母亲的儿子即位了,她才可以享受较其他妻子为高的地位,母以子贵,授予特殊的名号。但是这种没有严格规定的制度易起争端。晚期就改为嫡长子才有继承父亲之社会地位的资格,其他的成员只能享有较次的地位。这时也演变成只有一位妻子享有正式的嫡的地位,成了子以母贵,嫡出的子女享有较其他庶出的兄弟姊妹为高的地位。如果因某种原因,庶出的儿子继承了父亲的地位,他的母亲也可以改变身份,享有正式的嫡的地位。总之,没有生育男性儿子的母亲是处于不利的地位的。

〇三七　好，生育男孩

好：「妇女抱子，有子可继承家业是美好的事。」

商甲骨文	
两周金文	
秦小篆	
现代楷书	好

战国时代木器因为生漆的普遍使用而兴盛，但生漆产量不多，价格高昂，只充当保护与装饰的作用。到了十五世纪，竟然发展到以层层的薄漆累积成相当的厚度而作为器物的材料，并雕刻立体的图案。这种工艺叫雕漆，因所雕主要为红色的漆层，故或称剔红。

这件十八世纪的长方形雕漆橱柜，堪为精品的代表。在高低不等的深绿与黄褐色的底漆上有朱红色的立体图案。主题是以白玉琢磨成的多群孩童在以建筑、山石为背景的花园里兴高采烈地游戏。漆柜的门里头有两个各有五个抽屉的橱柜。每个抽屉都用白漆写着“御制诗”，以及“初集戊”“二集甲”等编号。乾隆皇帝写过四万首以上的诗篇，这个柜子有可能放置在龙椅的一角，以便随时存放及阅读自己的诗稿。

图 1：嵌镶白玉孩戏图的多色雕漆橱柜

高 41.5 厘米，清代，公元 18 世纪

上一文所介绍的“嘉”字,甲骨文作一位跪坐的妇女和一把耒耜之形。耒耜是古代男子耕田的工具,推测“嘉”字表达了妇人生有一个能劳动耕地的儿子,是值得嘉美的事。类似的创意还有“好”字,甲骨文作一位妇女和一个男孩之状()。此男孩都位在女子之前,可能表达妈妈抱持孩儿的景况。西周时代有人没有注意到创意的重点,有时把男孩画在女子的背后。“好”字在甲骨文只见作为人名使用。人名不会是创造的本意,“好”字一定自有本来的意义。周代“好”字使用为爱好、喜好,应该就是本来的创意。男孩是将来主持家计,继承家族名号的人。有儿子继承家业是人人喜好的,这个创意是很容易理解的。

能有后代延续家族的传统虽是人人希望的可庆贺的事。但有时因某种原因,比如多胞胎、非婚生子、食物不足,或因某种的宗教信仰,世界各早期的社会,不但女婴,有时连男婴也被抛弃。甲骨文的“弃”字,作两手拿着簸箕抛弃尚带有血水的新生婴儿之状()。有时更包括两手持一段绳索(),明白表现绞杀的动作。从这个字形也可以知道所抛弃的不全是死婴。人们既然以此习俗来表达废弃的概念,就不会是太偶然的现象。可能古代婴儿的夭折率高,故抛弃的事例多。

甲骨文有一字作手拿棍棒扑打巳(人的胞胎)之状()。可能“巳”与“己”字形相近,后来被写成“改”。有些社会,如果生下来的婴儿是畸形或死亡时,往往有加以用火烧炙,或切割成多块的虐待行为,有些还要将之埋在众人走动的地下。所以有人解释,异常的生产是因邪气进入母体所造成的,故要切割之、烧炙之、凌辱之以驱逐邪气,希望下一胎就可以产下正常的婴儿。但是根据贵州、湖南、台湾等地的创生神话,由于早期人们多近亲交配,常有畸形婴儿的出产。神就告诉人们的祖先,要把肉球切成数块,以后的生产才会有完整的婴孩,因此这些地方的人类才得以繁殖。也许这一类的信仰才是切割死婴或畸形婴儿习俗的真正起源。

〇三八　舟，木板拼装之船

舟：「象多块木板接合之船形，有突出之船头尾。」

商甲骨文	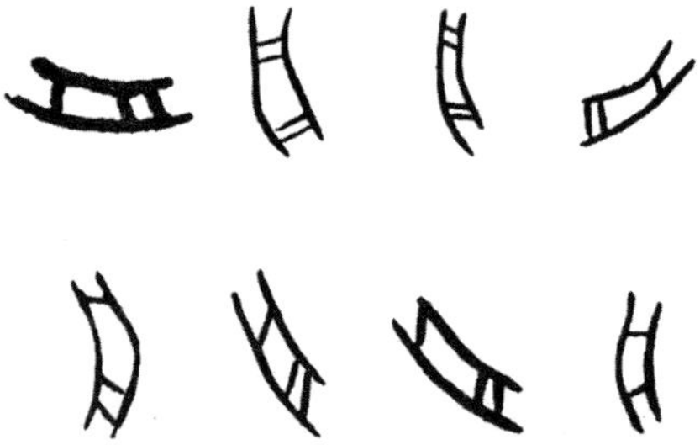
两周金文	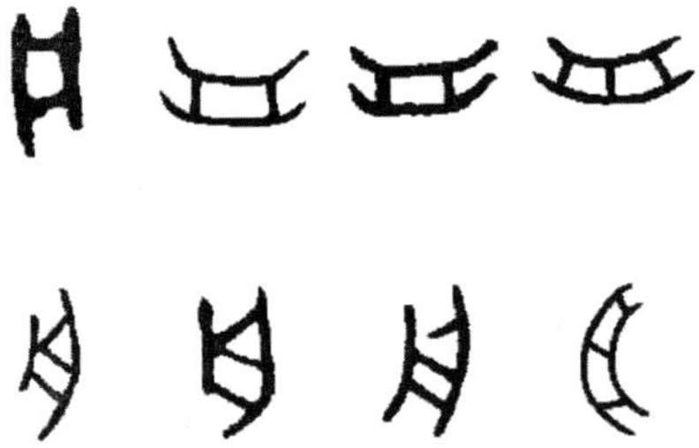
秦小篆	 s
现代楷书	舟

朕：「双手持器具填补船的板与板之间的缝隙。」

商甲骨文	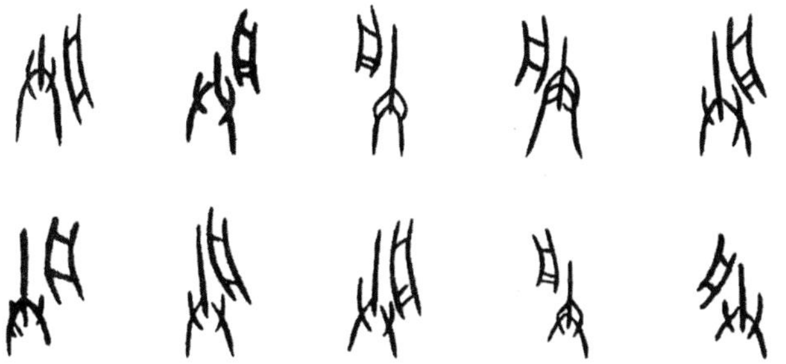
两周金文	
秦小篆	 S
现代楷书	朕

这件银制的立雕(见图1),造型是一位放眼前方的文士,悠闲地坐在一段枯木所挖斲的木槎上之状。这样的题材常见于古代的装饰工艺品,应是表现西汉张骞乘坐木槎探查水源、访寻仙迹的传说,大致带有希求长生的愿望。此银雕作工精细,人物神情栩栩如生,堪称佳作。据所勒的铭,知是元代著名的浙江银作工朱碧山所造。

白银在欧洲是常见的工艺材料,一直到现在,有很好的银器制作传统。但在中国,因本土的储藏量稀少,到春秋时代因楚国加入中原的政治舞台,才渐有以银为贵重金属,充作贸易的货币,很少用来制作生活的器具。历代只有唐代才普遍以之制作各类日常生活用品。这种现象也许与唐代的国威远播,西方各国争相前来贸易,以白银交换中国的丝绸有关。元代的银制工艺品流传不多,所以此作品弥足珍贵。

图1:银制张骞乘槎访仙圆雕
高11.4厘米,宽7.5厘米,长22厘米,元,至正乙酉(公元1345年)朱碧山造

独木舟的稳定性差，载重量有限，商业的利用性不高。要集合了许多木板，拼装成有舱室的船，才会增高其稳定性和载重量，达到水运要求的经济与快速的效果。根据战国与汉代的文献，一船的载重量可当数十辆牛车。顺流而下，速度可以超过辎重车马十倍，而且不耗人力，经济和军事上的价值非常明显，所以水运的利用开始得很早。《尚书·禹贡》谈到夏禹时代各地方献上土贡的路线，只有在没有适当的水路时才采取陆路。

甲骨文的“舟”是个象形字（），中间是船身，突出的两端分别是船头和尾部。从字形看，应该就是由多块木板组合的船形。用木板组装的方式才能突破木干宽度与厚度的限制，拼装成为载重量高的大型船只。所以有必要证明甲骨文的“舟”字，所描绘的已是由众多板块所组装的船。

甲骨文的“朕”字，作两手拿着工具在船体上工作之状（）。“朕”使用为第一人称代名词，一定是假借的意义。《考工记·函人》里的“朕”字有隙缝的意义，很可能就是“朕”字的本义。板块组装的船，最要紧的地方是把船板之间的隙缝填塞，使紧密而不渗水。渗水的话就会下沉。舟船的外形与古代的鞋履形状相似，故或以为朕字表现手拿针线缝制鞋子而留下隙缝之意。但此字表现的是双手持拿器具之状，使用针线缝制鞋子不必使用双手拿针，故造船的解释较为适当。

六千多年前的浙江余姚河姆渡遗址发现了划水的木桨。同时也发现企口板。那是在木板的侧面开凿出企口来以容纳另一块有梯形截面的木板，使两块木板紧密衔接成不通隙缝的平面。而这个地区五千五百年前的遗址也发现生漆一类的木器保护涂料，可以用来填补木板间的隙缝使不渗水。木板间的隙缝不漏水是造船的起码要求，理论上五千多年前中国已具有制造舟船的必要技术了。从朕字可推论商代有木板组合的船应该不成问题。但防止木板接合之处漏水有相当的困难，是种特别而不是人人能掌握的技术，造价应该相当贵。所以东汉时候虽已进步到建造多层的楼船，独木舟还是多次发现于江苏、浙江、福建、广东、四川等水乡地域的秦、汉遗址。

○三九 肙，蚊子幼虫

肙：“象蚊虫一类幼虫蜷曲之状，头部讹成口，身子讹成月。”

商甲骨文	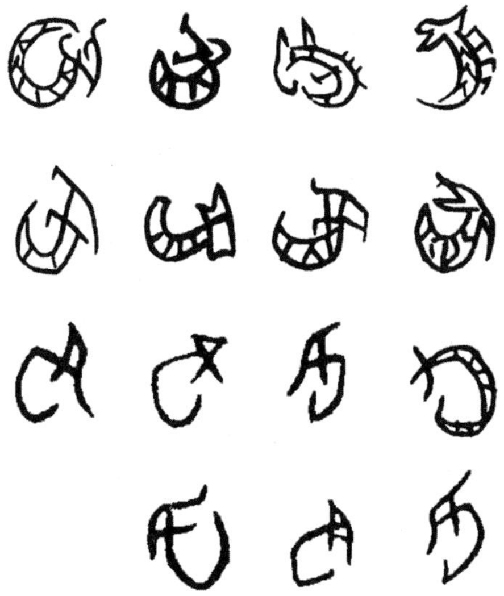
两周金文	
秦小篆	 S
现代楷书	肙

甲骨文有个字( ),开始的时候被学者误以为是“龙”字,以为取象龙的形状。这个字在甲骨文用于有关生病的场合,学者试用声韵假借的方式解释此字的意义,但总觉得有些勉强与不妥。甲骨文另有“龙”字( ),上文已经介绍过,有学者认为是扬子鳄的象形字。龙的尾巴一定与头部反方向,而这个字却是同方向,所以一定别有所象。后来解了谜底,认为这个字应该是“肙”字。因字形演变,使头部写成像口、身子像肉之状,所以才不容易认出来。《说文解字》解释“肙”字的意义是小虫。那到底是什么样的小虫呢?蚊子的幼虫在放大镜下,和这个字形非常相近。“肙”在甲骨文的意义是蠲除、排除,如问“有疾身,不其肙?”(王的身体生了病,能不能得痊愈呢?)“妣庚肙王疾?”(妣庚的神灵能够去除王的疾病吗?)“作御,妇好肙?”(用禳除的仪式,妇好就可以得到痊愈吗?)

为什么商代的人会以蚊子的幼虫去表达排除的意义呢?理由应该是,蚊子叮人吸血,不但会痛,也能传染病疾,人们很想消灭它。如果让蚊子长成而能飞来飞去就不容易扑灭,最好是在未成形的幼虫阶段就消灭它,故以蚊子幼虫去创造消除的意义。去除蚊子幼虫以消除病疾的卫生观念可能不始自商代,而在五千年前的红山文化就已形成了。

图 1:青色岫岩玉猪龙

高 7.9 厘米,红山文化类型,

公元前 5500 至公元前 4200 年

图示的这件文物是红山文化遗址常见的。描写的生物，头顶上有两个大耳朵。这件的耳朵形状作不太规整的半椭圆形，有些则作斜在一边的三角形。有一对张开的圆眼睛。有的只作一道短洼线条，好像是闭着眼睛，或处于睡眠的状态。嘴巴前凸，很像猪的形状。额前和鼻子的部位都有好几道约略平行的长洼线，大致表现绉褶的脸部。身子卷曲，有的像这一件几乎与下颌相接，但完全分离如玉玦之状，有的则在里头的部分相连，没有完全分开。

到底这是一只什么样的生物，是实有的，还是想象的？学者议论纷纷，有的说它描画中国人尊重的龙。或因其头部像猪，因此称之为猪龙。但是，龙的身上有鳞片，此物光溜溜的。龙的尾巴与嘴巴反方向，此物是同向的。远古的人较不会作没有根据的幻想，这种形象一再出现于红山文化，其原型一定是基于实际的生物。

这种玉雕的尺寸有大有小，小者才七八厘米，大者十五厘米。在背部都有一个钻孔，可以穿过绳子佩带。从出土的位置判断，常是一大一小佩戴在胸前，而非后来常见的佩戴于腰际。这种对当地社会具有相当意义的生物是什么呢？这件玉雕穿起绳子悬挂时，头略下垂，很像蚊子的幼虫寄生在水面上之状。学者认为佩戴这件玉雕不但是为了装饰，也有祈求吉祥与护身的目的。在我们所知的生物里，没有比蚊子幼虫的形象和姿势更为接近此字的了。如果它确实描写蚊子的幼虫，就有可能是此地的人曾被蚊子所苦，因此佩之以祈求避免。能够领悟到消灭蚊子幼虫为去除蚊害的根本之道，商代的人既已经有如此的观念，不能排除红山文化的人也有同样的思考。

〇四〇　黑，犯罪纪录

黑：「犯人脸及身上所刺的黑色纹样。」

商甲骨文	
两周金文	
秦小篆	 S
现代楷书	黑

《说文解字》给予“黑”的字义是“火所熏之色也”。颜色属抽象的意义,很难用图画表达。古人却很巧妙地用与黑色有关的事物去表达。西周的金文,作某个人的脸上刺有花纹之状()。后来在人身上也加了黑点( ),身子再与头部离析而成炎,所以被误会为炉灶烧火所留下的黑烟色彩。为何要在脸上刺字,又一定是黑色的呢?原来那是古代最轻微的刑法,轻度伤残身体,但留下永恒的记号以为警戒之用。脸上刺纹后,习惯用烟炱涂在纹上而留下永久性的黑色记号,所以一看到刺纹的图像就可以理解为黑色的意义。

这件倒水让人洗手用的铜匜,出自陕西省岐山县董家村的窖穴。在器盖与腹底铸有铭文,叙述有位小贵族触犯了诬告上司的刑法,依法应该接受鞭打一千下以及刺纹之刑。但小贵族认了错,付了罚金,所以赦免之,不加刺纹而改鞭打五百下。铜器上表达刺纹之刑的字作,左上的部分是一位有眼睛有眉毛的人,那是古文字用以表现贵族的手法。右半部分作手持拿刺纹的工具,连刺纹的尖针也给画了出来。左下则是“黑”字。想来这个字强调受刑人是个贵族,所以特别把贵族的形象添加上去。

图 1:青铜匜

高 20.5 厘米,长 31.5 厘米,重 3.85 公斤

西周中期,公元前 10 至公元前9 世纪

为什么要设刑罚呢？人的体力有限，要靠群众的力量才能与动物、植物，甚至其他的人群争夺自然的资源。人很难离开团体而生活，而生活的空间也不容独享，所以期望大家都遵循一定的生活习惯和准则，使能维持大家之间的和平和安宁而不生纠纷。此人人遵循而可预期的行为准则就是法。但是法要与罚相辅相成，才能达到制衡的目的。罚是维持其法则顺利施行的手段，如果某人的行为超过社会所能容许的范围，就要接受惩罚，以为震慑之用。

随着社会的进步，组织扩大，尤其是生产的效率提高，有余力可以提供他人的需求。于是逐渐产生以罪犯从事生产，创造财富的念头。于是统治者就想出了不太妨害工作能力的永久性肉体创伤以为警戒，并展示于公众之前以收震慑之效，确立权威。《汉书·刑法志》说："禹承尧舜之后，自以德衰而制肉刑，汤武顺而行之者，以俗薄于唐虞故也。"禹是中国第一个家王朝的创立者。龙山文化的时代，墓葬中有受过截断脚胫的人，反映其时社会约制的加强，表明国家的建立与严厉刑法的推行有连带的关系。它是社会演进的必然趋势，与风俗的厚薄无关。

《尚书·吕刑》说周代有"五刑"的刑罚三千条例，违犯了刺墨之刑的有一千条，割鼻之刑一千条，断脚之刑五百条，去势之刑三百条，死刑二百条。刺墨虽是永不能消除的耻辱标识，还不妨害身体的功能。其他的肉刑就对身体机能有所损害。商代虽还不见黑字，但反映这五种刑罚的文字都已有，甚至还有挖眼的刑罚。

在胸上刺纹并染红本是中国古代的一种处理死亡的仪式，有放血出魂，前往投生的意义。大概人们看到它可以留下永不磨灭的痕迹，改填充以黑墨而施之于脸上，表示代替死亡的赦免。它完全不影响受刑者的工作能力，又可作为震慑他人的活动告示。对于违犯轻罪者，不失为一个好办法。

〇四一 白，大拇指

白：「大拇指形。」

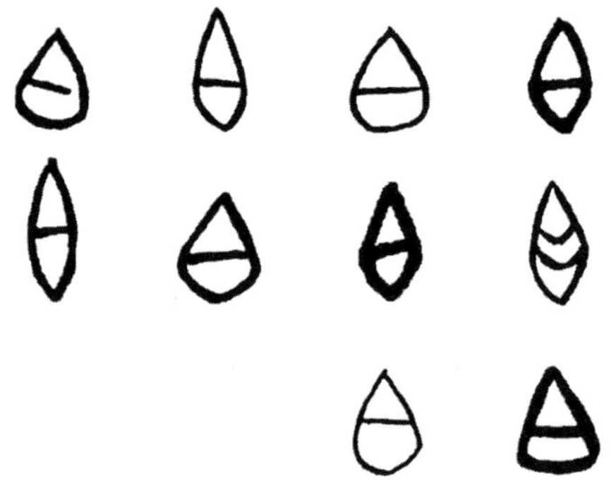	商甲骨文
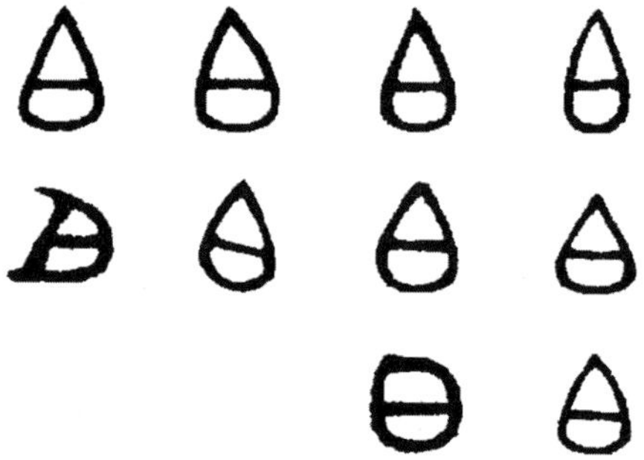	两周金文
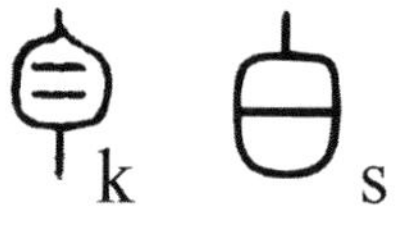	秦小篆
白	现代楷书

乐：「木上安弦线之乐器。」

商甲骨文	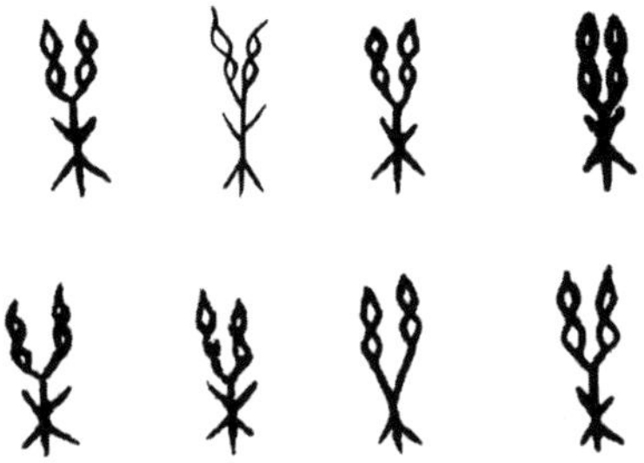
两周金文	
秦小篆	 S
现代楷书	樂

黑色的对比是白，白的色彩也是生活中常碰到的，到底古人如何使用文字表达呢？中国古代想象宇宙是由木、火、土、金、水等五种物质构成。战国晚期邹衍把这些种种物质，配合东、南、中、西、北五个方向，青、赤、黄、白、黑五种颜色，春、夏（孟夏、季夏）、秋、冬四季，认为这些元素很有系统地，依次序轮番主宰宇宙，从而影响人间政治的更革，认为商代得金德，故以白色为尊。但是从出土的文物看，自新石器时代以来，中国人就普遍喜爱光鲜的红色及黑色，并以之为尊贵者的装饰色彩，并无不同时代贵重不同颜色的习俗。商代偶尔才见供祭白豕、白羊、白牛的占问，应该没有以白色牺牲为尊的事实。

甲骨文的“白”字作 等形，难于看出到底依什么事物创造的，要通过比较别的文字才有希望得到解答。核对了三千多个甲骨字形，似乎也找不到可资比对的字形。再查两周时代的金文，发现乐字差可拿来比较。甲骨文的“乐”字作木上安有两条弦线之状（），看似表现弦乐的样子。但甲骨卜辞还没有使用“乐”字于有关音乐的场合。西周的金文则在两条弦线之间多了个白（）。

弦乐的演奏方式，似乎早期以敲击为常，甲骨文就有一字作“乐”字之旁有手持木棒在敲打之状。故西周的《诗经·常棣》说：“妻子好合，如鼓瑟琴。”用鼓字描写演奏的方式。后来可能为使发声更精准，改以琴拨或大拇指在弦线的适当位置弹拨的方式。如《荀子·富国》：“故必将撞大钟，击鸣鼓，吹笙竽，弹琴瑟，以塞其耳。”用“弹”字描写。弦乐器的名称，大致春秋以来以敲打的为筑，拨弹的为筝、琴、瑟。但演奏方式的用字还是不考究，如同是《荀子》一书，《劝学篇》：“瓠巴鼓瑟而沉鱼出听。伯牙鼓琴而六马仰秣。”演奏的方式还用“鼓”字。

弹拨琴瑟的弦线主要使用大拇指，人的五指只有大拇指是两节的，其他都是三节，所以“乐”字的两弦之间的，是大拇指的形象应该不成问题了。“白”在

图 1:雕刻漆绘木瑟

长 167.3 厘米,首宽 42.2 厘米,尾宽 38.5 厘米,中高 13.7 厘米,

战国,公元前 403 至公元前 221 年

周代常作为序列的第一,如周先祖古公亶父的三个儿子,分别为太伯、仲雍、季历。伯在古代就写作“白”。

上图这件文物的部分零件已遗失,但从端部四个可以转动的钮,以及长大的体积看,可以肯定是一组弹奏弦乐的瑟。这件瑟的主体由整块木头雕成,背后有镂空的音箱。通体六面都漆上黑色底漆,在不干扰安弦线的地方,镂刻龙、蛇、凤鸟等图案,并加上红色的彩绘花纹。在古代,这是权贵者才能拥有的高级制品。

早在三四万年前,人们就可能从弓的使用而熟悉弦线震动的声音。弦的音调因材料、张弛、粗细等的差别而有异,古人有机会感觉到不同音调的弦声而加以利用,故认为弦乐的起源甚早,而有庖牺氏作五十弦瑟,或黄帝使素女鼓瑟,哀不自胜,乃破坏而为二十五弦等传说。但出土弦乐器的遗址时代没有早过春秋时代的,或可辩解为木头不能长久保存于地下,但文献确实提到弦乐的也不早于西周时代。

○四二 走，快步走路

步：「以两脚步行的上下位置表达其走路动态。」

走：「作两手上下摆动以促进快速走路之意。」

奔：「作摆动的双手和三个脚步，疾奔于眼前的连续快速脚步状。」

	走	奔
商甲骨文		
两周金文		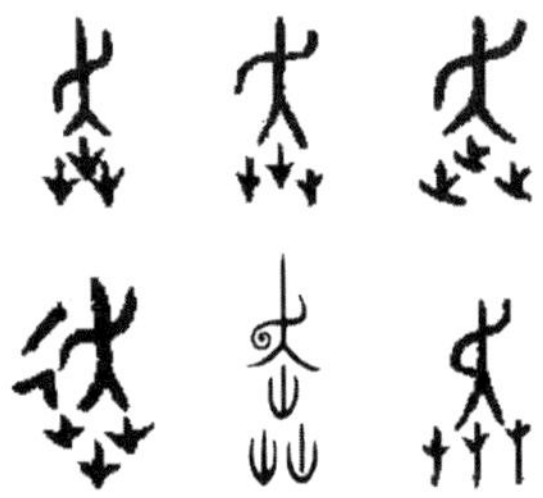
秦小篆		
现代楷书	走	奔

人类最原始的本能交通工具是一双脚。其表现于甲骨文是“步”字，作一前一后的两个脚印，以表示行进中之意(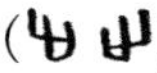)。人的脚趾本有五个，太过繁多，不容易写完整，故减省成三趾。突出之外的是大拇指。两只脚的脚趾一定是相对的，所以都这么书写。在缓慢的步行运动过程中，双手虽然也有摆动，但摆动的幅度总不如脚步的明显，故使用两个脚印就足以表达行走的意思。有时此字又附加行道的偏旁()，使行走于道路的意义更为清楚。如有急事，想要早一点到达目的地的话，就要走得快些。“走”字的创意就是快步行走。想要走得快，就需要两手前后摆动，以促进行走的速度，因此甲骨文就作一个人的两手上下摆动之状()。如此的动作不一定是快走，所以后来加上一只脚()，把走路的意思明显表现出来，或加一个行道()，这样，在路上快走的意思就不会被误解了。如果更要强调快跑的速度，那就是“奔”字，金文作摆动的双手和三个脚步，或多一条行道(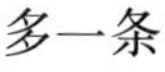)，就好像现代用连续影像的镜头来描写快速的动作一样。

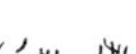

商代的随葬坑，已经出土许多结构颇为精美的二马拉曳马车，商王于从事田猎或旅行时，肯定会经常利用之。有时却会放弃车驾而和部众一起用步行的，有一条卜辞(《合》38177)记载不使用车前去田猎，结果是累坏了商王。有一版的记载更奇怪(《合》17230)，问王武丁有病的身体会不会康复，同一版却又问“走灾”到某地合不合适。快走以免灾，到底与不舒服的身体有什么关系呢？

文献记载，魏晋时代很多名士服食一种所谓寒食散，那是一种用钟乳石、朱砂等矿物炼制的药散。吃了后身体会发热，不但要穿单薄凉快的衣物，吃食属性寒冷的食物，还要快步行走以助身体散热。说这种方式“不惟可以治病，亦觉神情开朗”。生病本来要多加休息的，现在竟然要快走以去病！会不会商代的人也用类似的方法治病呢？

这件陶俑头戴轻便帽子，有宽带罩住两耳，并在下颔处束缚住。里面穿暖而厚的红领而有红宽缘长袖的至膝盖的内衣，外头罩以红边纯而略短的绿色战袍，最外面又加上方领的黑漆皮革鱼鳞甲，而在铠甲下端的腰部用带绑紧。脚穿彩绘的高筒皮鞋。他的姿势，头稍微抬起，两眼直视前方，左臂下垂而袖管卷起，右臂上举，食指与大拇指伸直。好像是甲骨文“走”字所描写的形象。不过我们知道他不是在快走。出土时，他排在整个军阵五百三十八个彩绘骑马俑的最前列，上举的右臂应该是在作指挥之状，在给前进的军队作下一个动作的指令，所以给了这个陶俑以指挥俑的称号。他在一军中的领导地位，帮助我们觉察或感受出他脸上所表现出的坚毅果敢气息。洗练的造型、栩栩如生的神态深深感动了两千年后的我们。

图 1：白衣彩绘灰陶军士俑

高 55 厘米，陕西咸阳杨家湾出土，西汉，公元前 206 至公元 25 年

〇四三　鬼，神灵的扮相

鬼：「作一人戴有巨大的面具之状。」

商甲骨文	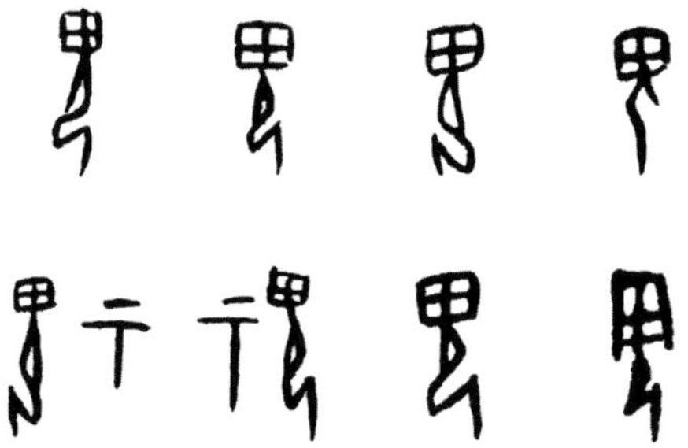
两周金文	
秦小篆	
现代楷书	鬼

畏：「作一人戴有巨大面具，又拿着武器之状。」

商甲骨文	
两周金文	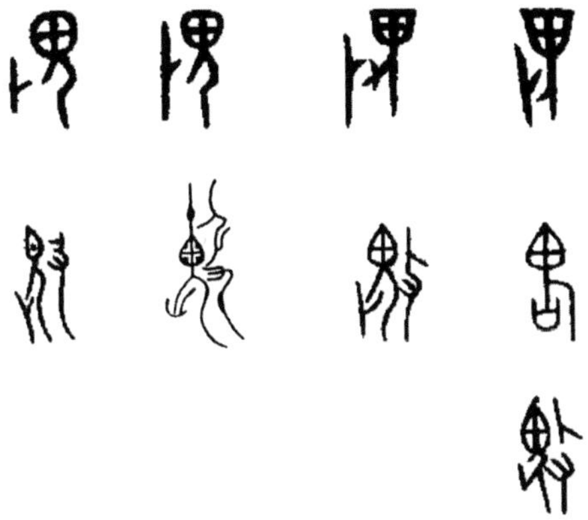
秦小篆	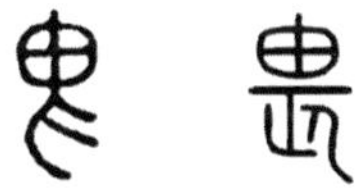
现代楷书	畏

异：「作一人戴着奇异面具而两手上扬挥舞的鬼怪状。」

商甲骨文	
两周金文	
秦小篆	
现代楷书	異

在远古的时代，人们对于生与死之间的生理现象尚不太了解。看到有生有死，就想到有灵魂，可投胎更生。所有早期的社会对于那个不可见到的灵界，都有敬畏和崇拜的行为。原始宗教就是源自人们对不可知灵界的恐惧、惊异、向往与失望等种种心态的混合，需要在心理上获得安慰与寄托。有心的人就渐渐利用这种形势导人向善，或加以控制以图利己。聪明的人就设计了鬼神的扮相和行为，作为鬼神的代理人，以达到控制他人意志的目的。

在商代，友善或不友善的幽灵都叫鬼。神是后来才创造的名词。鬼既然是人们想象出来的，其造型和行为就离不开人们的经验。但为了达到威吓信徒的效果，就得与正常人的形象有所差异。因此就根据某种异常的形象加以夸张，或以怪异胎儿取形，以致有了与正常人形象差别的二头、三脚等各种扮相。甲骨文的“鬼”字作一位戴有巨大面具而跪坐之鬼神状；或加一示，表示与神道有关（）。作为国名的鬼方就无例外地作站立之状（）。《周易》的睽卦上九就有这么一卦，说看到满载一车的鬼方人，先以为有敌意，所以拉开弓箭以为防备，后来知道是来说亲的，就放下了弓箭。卜得此卦时，出门碰到下雨就大为吉利。

从甲骨卜辞知道商人认为自然界的风雨云雷、山川石木、动物以及死去的人都有神灵。其威力虽有差别，但都会给人们带来灾难与福利。赤手空拳的鬼怪已难令人抗拒，若加上有武器，其威力更大，更令人畏惧了。所以“畏”字，除了戴面具之外，手还拿着一把武器之状（）。

图上这件铜器座塑造的鬼神，五官穿着大致和一般人一样，但耳朵特别大，背后有两片大翅膀，膝部也有下垂的羽毛。显然这位仙人可以在天空飞翔，那是人们做不到的。这位仙人的两膝间有半圆的凹穴，双手作捧持的姿势。有可能是灯盘的架子部分。让仙人替我们照明，面子有多大！

图 1:青铜羽人形器座

高 15.3 厘米，陕西西安出土，

西汉,公元前 206 至公元 24 年

鬼神的造型多样化。商王武丁就梦到“多鬼”,害怕将有什么灾难发生。甲骨文“异”字作一位戴着面具而两手上扬挥舞的鬼(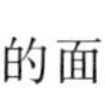)。未开化民族的面具,形状大都恐怖惊人，有异于常人。因为他们认为面容异常者会有精灵寄存其身,故“异”字有奇异、惊异等意义。看来,越神秘的东西越可以让人起惊恐而达到震慑的目的。除了戴恐怖的面具外,古人还知道涂磷发光的方法。

意义为鬼衣的“褮”字,甲骨文作一件衣服有多处火光之状()。磷是脆而软的固体矿物。它存在于骨骼中,埋葬后慢慢会渗到表面来,易于暴露于空气而氧化,在黑暗处发出碧绿闪烁的光。暗黑的坟场最容易见到这种磷光。墓地磷火闪烁的事实,无疑会增加恐怖的联想效果。因此有人把磷涂在衣物上,跳起舞来,碧绿的光点左右前后飘动,就会有坟场鬼影幢幢的气氛。闪烁的磷光易于联想及神灵。新的骨发不出磷光,只有埋葬多年的朽骨,骨中的磷才会暴露出来而发光。故在人们的心目中,魔力更大的老精怪才会发出磷光。故意义为老精怪的“魅”字,在甲骨文就作戴面具的鬼怪身上,又有闪烁的碧绿磷光之状()。

〇四四　先，赤脚干什么？

先：「一足在一人头上，跣之字源？踏在他人头上或身上要跣足。」

商甲骨文	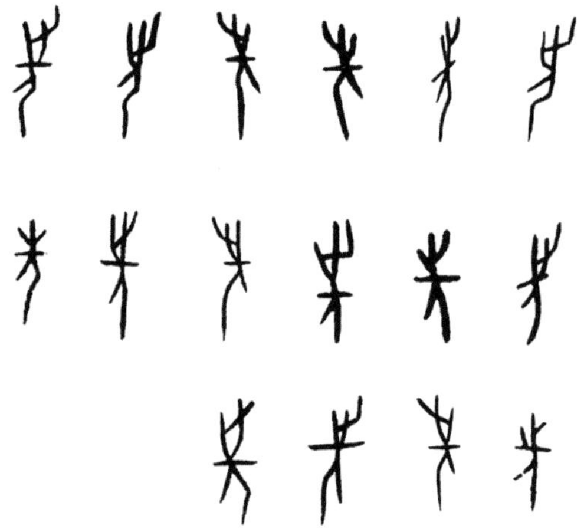
两周金文	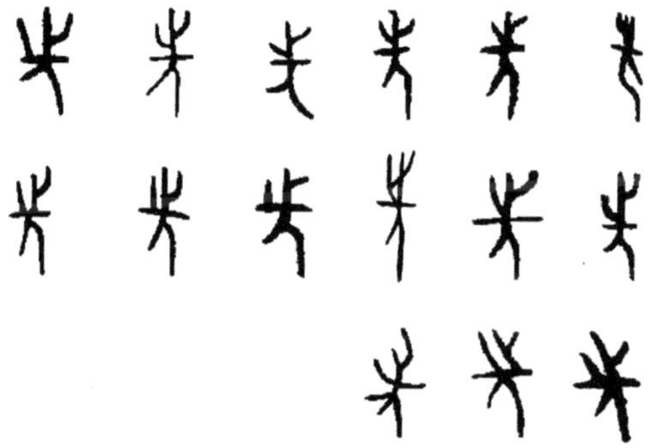
秦小篆	 S
现代楷书	先

前：「洗足于盆中，假借为时间副词。」

商甲骨文	
两周金文	
秦小篆	 S
现代楷书	前

在我们的生活习惯中,表达时间先后的时机是经常存在的,若要创为文字,应该如何让别人容易了解,毋宁是种必要的考量。商代的甲骨文以“先”字表达时间副词的“之前”,作一只脚踏在一个人的头上之状(),后来在脚与人头部之间加一横画(),大概强调脚所踏之处,所以被分析为从人与之两个构件。脚在人的头上到底表达了什么意义,实在不容易理解。先字的初义,有可能是跣,“赤脚,足亲地也”。创造此字的情景有可能是,以肩膀让人踏之以登上高的地方。如果脚上穿有鞋子,肯定就会弄脏此人的身体或衣物。这时候脱下鞋子,以赤脚登上就可以免除这个缺点,所以赤脚(后代只穿袜子也可以叫跣)就用它来表达。

以赤脚表达先前的意思可能来自语言的假借,假借同音的字去表达,但也可能来自赤脚是从事某事之前的必需动作。到底古人的生活中,有什么事需要事先脱掉鞋子的呢?保持庙堂等庄严所在的干净是很多社会都有的习惯。中国古代贵族有跪坐于草席之上的习惯。如果穿鞋子而坐上席子,就会脏污席子,对自己和他人都会带来不便,因此有脱去鞋袜的要求。《礼记·曲礼》:“侍坐于长者,屦不上于堂。解屦不敢当阶。”说明上堂之前要有脱鞋子的情况。

甚至某些场所,若不连袜子也脱去,就被认为是种大不敬的行为。《春秋》哀公二十五年就记载,卫侯在灵台设宴与诸大夫饮酒。褚师声子穿着袜子而登上座席,惹得卫侯大为愤怒。褚师托辞说他的脚有毛病,如果让人看了,有可能使看到的人把吃下的东西给吐了出来。卫侯听了解释后更为发怒,把褚师给赶了下去,还比手势,咬牙切齿声言要砍断褚师声子的脚。可见事态的严重。

穿鞋袜毕竟是时代较迟晚的发展。之前,若要赤脚踏上他人的身体,就不单是脱去鞋子而是要先洗脚了。甲骨文有个“前”字,大都作人地名使用,但也有可能已作时间副词,作一只脚在盆中洗涤之状(),或省去水点()。所以前的本

义是湔，“半澣也”，只洗脚，不洗其他的部分。前之有前进、先前等意义，可能是音的假借，但更可能是作某事之前的前奏，那么也是登上干净的厅堂之前要洗脚的习惯吗？

上厅堂行礼或饮宴毕竟是少数人的行为，一般的民众，洗脚可能是为了另一件事。六千年前的半坡遗址，一般住家的面积已有二十平方米，有足够空间在里头作饭。在屋里烹烧食物，不免会产生烟灰等不洁之物。睡卧的地点就要特意加以拂拭打扫，否则会脏污衣服。因此甲骨文表示睡觉地点的“寝”字，就作房屋之中有一把扫帚之状（）。那么洗脚不就成为睡觉之前必要的动作了吗？

图 1 这件执灯仆佣青铜墓俑身穿交领右衽的单薄长袍，和秦汉陶俑常见的内有厚重内衣的形式很不同，它可能是室内的穿着，或是夏季的服装。图 2 的春秋时期玉雕灯座，此仆佣也一样打赤脚，应该是在宴会中服务的情景。东周时代的人们已普遍穿鞋袜，上厅堂只脱鞋子，但享受饮宴就要连袜子也一并脱去。

图 1：青铜执灯墓俑

高 26.7 厘米，东周，公元前 5 世纪

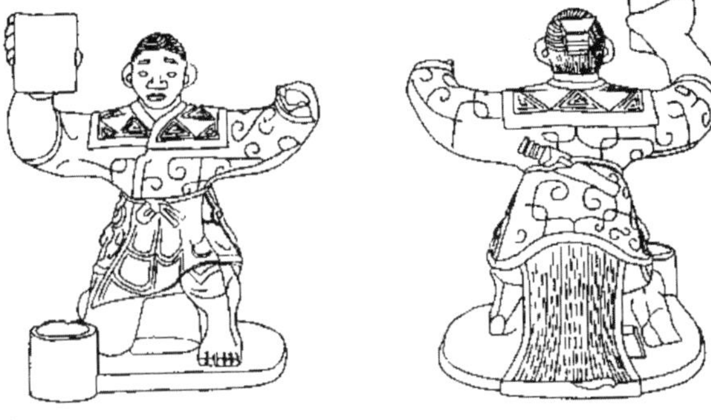

图 2：春秋时期的玉雕灯座

○四五　鼎，八千年烧食器

鼎：「象形，古代最重要之炊器。」

商甲骨文	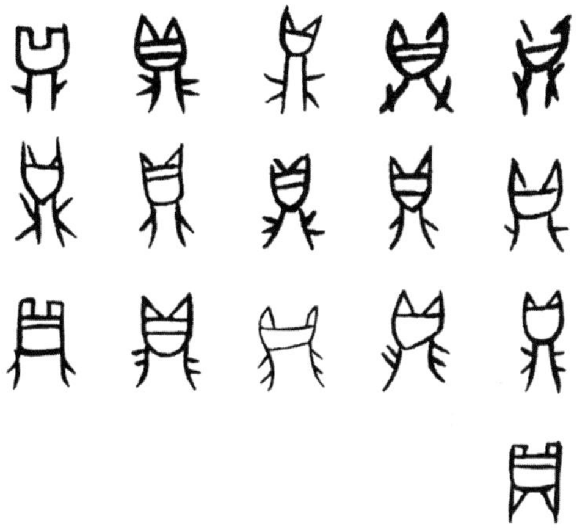
两周金文	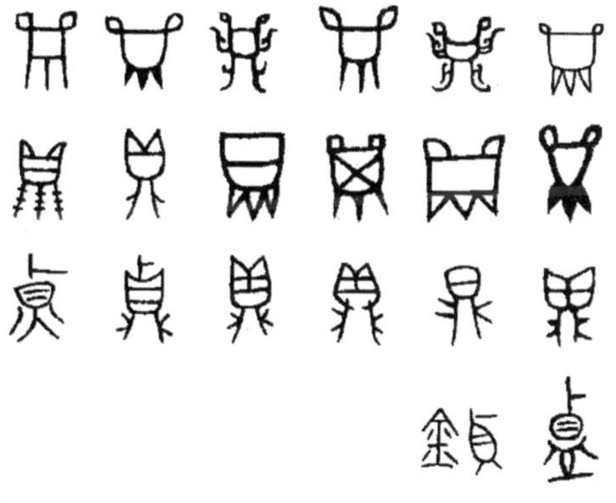
秦小篆	 S
现代楷书	鼎

具：「双手捧鼎，预备炊具以煮食或行礼。鼎为家家户户所备有，一清早就得用它。」

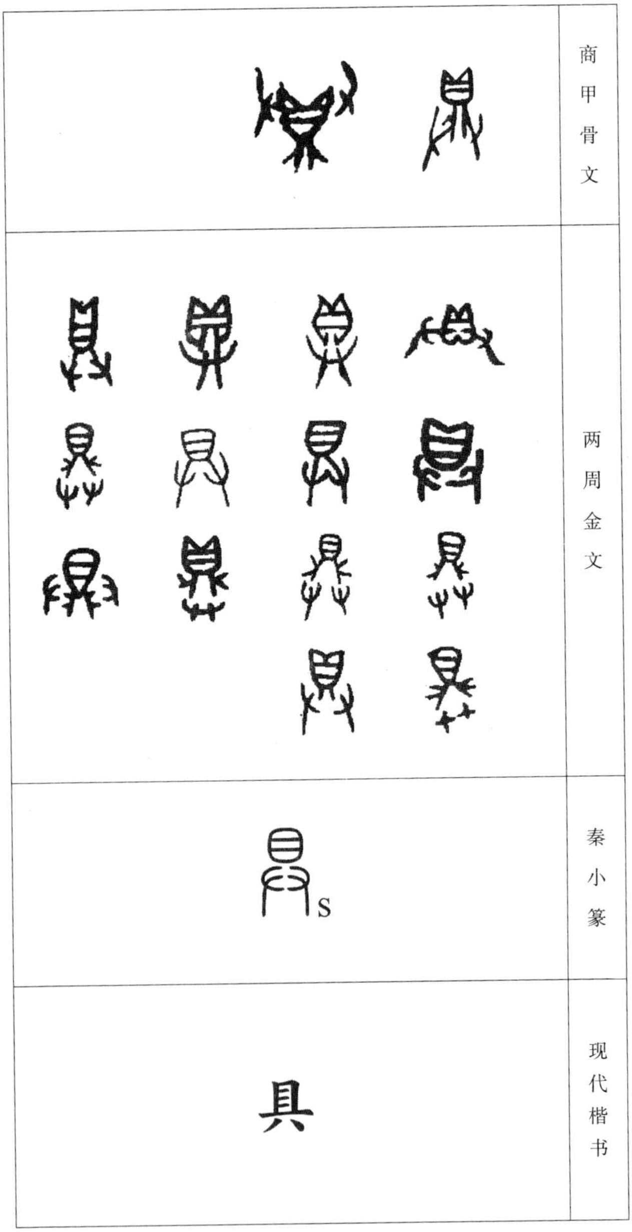

甲骨文的“鼎”，是个象形字，作圆腹或方腹而有耳有足的煮食器形()，不管其制作的材料是陶土、金属或玉石。陶制的鼎早在七八千年前就已在华北出现，是传统兼为烧煮饭与菜的器具。四千多年前别为设计，把实体的脚作成虚空的鬲以烧饭，鼎就成为专门烧菜肴的器具了。鼎本来是家家户户天天都得使用的器具，所以“具”字就以双手持拿鼎表示()。就像裁衣首先要动刀，宴客的开始是备齐煮食的器具，以鼎为代表。鼎本来无象征阶级的意义，但是到了青铜器的时代，就有以铜铸鼎，并作为祭祀鬼神的高贵礼器，就成了贵族才有财力制作的东西而成为权位的象征了。到了周代演变成一种随葬制度，以鼎与簋作为品级的标准，国君是九鼎八簋，诸侯及大夫则依次为七鼎六簋、五鼎四簋、三鼎二簋。

铜由于重量比陶制的重得多，器身也滚烫，不便空手提起，就在口沿上铸一双对称有孔洞的立耳，以便以竹、木的棍子穿过抬起。陶制的较轻，能轻易捧起，不必有提耳。如果要求新奇，也想捏制提耳时，因陶器质料较脆弱，不便设在口沿上，就安置在两旁。有些较轻的鼎也采用此种型式以求变化。对称的提耳大致作方形与圆形两种。讲究的鼎耳还装饰有复杂的图纹或形状。大部分商代的铜鼎器身都装饰有动物形象的图纹，或作侧面的全身形，或作正视的颜面形。但是这件器身(见图 1)的主要部分，却是在细方回纹的背景上施以宽边的联结己字纹。这是商代罕见的形式而后代多见的。口缘下的颈部才装饰晚商典型的侧身龙纹。陶鼎由于成形的方便多作圆形，铜铸的不妨作成方形，故商代也有较少量的方鼎。陶鼎也有受此影响而塑造成方形的。总的来说，各种器类的方形数量较少，而且消失也较早。可能是方形器的四角较易受到碰撞而毁损吧。

铜鼎的尺寸和重量大小相差相当悬殊。迄今所见商代最大的铜鼎，高一百三十三厘米，长一百一十厘米，宽七十八厘米，重八百七十五公斤。但小的才几厘米高，重十几克。这么小的东西应当是非实用性的明器。一般的都有二十到四十几公分高，口沿直径则十几到二十几厘米，腹深十几厘米，重几公斤，可容几升的食物。

早期的鼎绝大多数无盖子，春秋之后附有盖子的铜鼎越来越多，这可能与鼎兼为陈列之器有关，基于卫生与保温的考量。同时有些小鼎还有流与盖，用以盛酱醋，是考究美味的表现。鼎在汉代之后消失，大致是因这个时代大量架设立体灶，鼎的支脚成为多余，故又恢复八千年前的锅子的形状。

鼎在古代还有政治上的作用。传说夏禹治水有功，继舜而为王。以诸侯贡献的青铜铸了九件大鼎，象征当时所管辖的九州。这九件大鼎就成为国家的象征，改朝换代时也由新的帝王来保管。传至周代时，《左传》宣公三年记载楚庄王有意要取代周王而为中国的盟主，就向王室官员王孙满问那些宝鼎的轻重，显示其国力足以取代之。到了汉代又造出秦始皇在泗水打捞这批传国的宝鼎，结果有龙出现，咬断拉曳的绳子，使捞得的宝鼎再度失去，以应秦国传国不久的命运。

图1：联结己字纹青铜圆鼎
高33.9厘米，商代，公元前13至公元前11世纪

〇四六 后，限制行动

后：「脚为绳索所缚，行走后于他人。」

商甲骨文	
两周金文	
秦小篆	
现代楷书	後

迟：「一人背负一人在行道行走，比一般人行走迟缓。」

商甲骨文	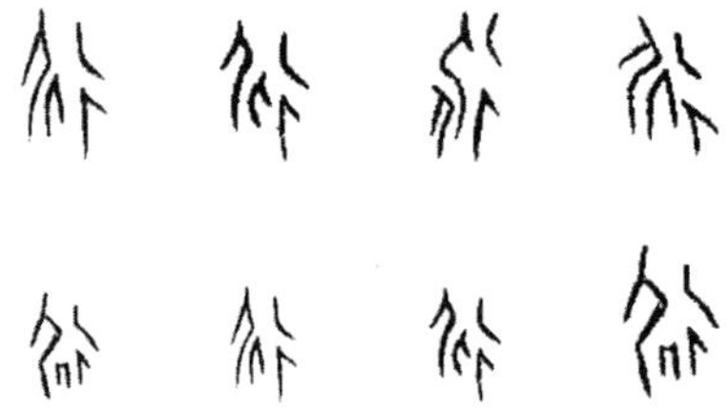
两周金文	
秦小篆	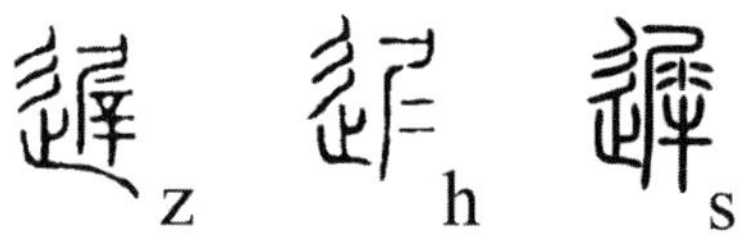
现代楷书	遲

前与先的反面意思是后。前与先的创意与洗脚以便作某些事务有关，那么后呢？甲骨文的“后”(**编者按：“后”字转化回繁体为“後”。**)字，作一只脚上绑有绳索之状()。脚是用来走路的，如果脚被绑住了，行动的幅度受到限制，不能恣意迈开步伐快速走路，当然走起来就比平常人缓慢，落于人后，所以用来创造迟晚、后来的意义。大概觉得走路的意思表达不够清楚，就加上个行道，而成今日的“后”字()。为什么走路的脚要绑上绳子呢，这大概是对付罪犯或俘虏的形象。因为它可以减低反抗的能力，想逃跑也走不快。

在生产效率低的时代，一个人生产的东西除供自己使用外，没有多少的剩余可以提供给他人使用。在那样的社会，战胜者大都只占领土地，掠夺财物。对于敌人，或是杀死，或是驱之远离，并没有想到要把人留下来以充实劳动力。但是一旦生产的方式进步到有余力去供应他人的需要时，就逐渐产生以俘虏或罪犯从事生产的念头。从坟墓殉葬人牲的现象也可以反映出商代使用奴工的事实。商代前期墓葬的人殉多，且多壮男，后期则人殉少，而且多少年和儿童。反映了对人力价值观念的变化，保留青壮男丁以为生产之用。因此，后字的创造，应该是有了奴工以后的事。

与“后”的意义有点关联的是“迟”(**编者按：“迟”字转化回繁体为“遲”。**)字，甲骨文作一人背负一人于行道行走之状()。负重物以行路必较平时的走路缓慢，故费时间久而迟到达目的地。可能这个创意不太好理解，后来就改为形声字的结构，“辵”表示与行路有关，“犀”则标示音读。甲骨文的“迟”字，两人一定相背，而且位置必然一高一低。被背的人一般是小孩或行动不便者。如甲骨文的“保”字，作一个大人背负幼儿之状()。不必使用特殊的背负工具，背与被背的人是同方向的。但是甲骨文“迟”字的二人永远作相异方向。这有可能是特殊的景象吗？

日本有个作家深泽七郎，写了一篇有名的小说《楢山节考》，描述日本古时候把老人送上山等死的习俗。传统是由儿子用特别的背板把父母亲背上山去。不愿被送的人还被用绳子捆绑起来。这种背负的方法平时不使用，背与被背的人面向相反。

中国也流传一则故事，汉代的一个小孩原谷，帮父亲共同把祖父抬到山上去丢弃。当原谷把担架也带下山时，父亲问他为什么要把担架带回来。原谷回答说是要留待将来抬父亲之用。父亲不愿自己将来被送上山，孤零零地等被野兽咬死，因此把祖父又抬回家来奉养，原谷因此获得孝孙的好名声。会不会商代就有了这种习俗，也用背板的方式运送父母上山？

图 1：东汉及北魏画像石上的孝孙原谷故事

○四七 楼，多层建筑

享：「在夯土台基上的建筑物形，为享祭鬼神之所。」

商甲骨文

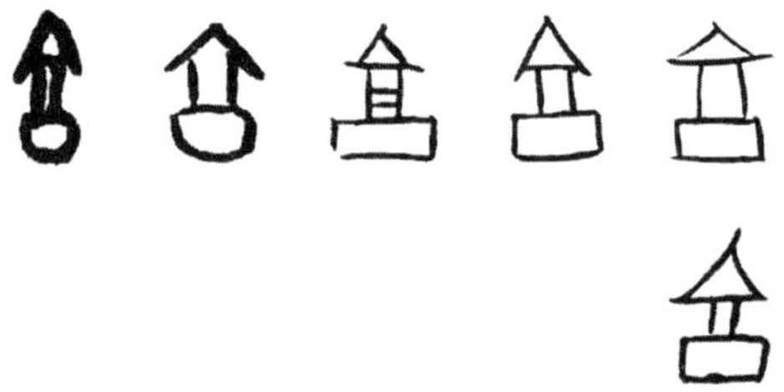

两周金文

秦小篆

现代楷书

享

京：「杆栏上之建筑，高于一般平地或半地下穴居建筑。」

商甲骨文

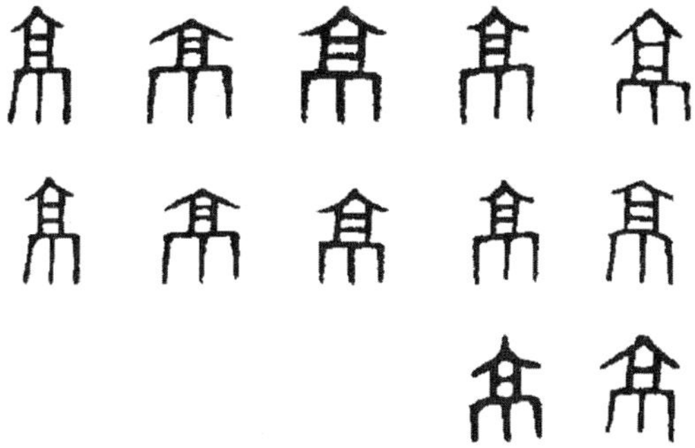

两周金文

秦小篆

京

现代楷书

楼：「在干栏上所建的二层楼房。楼可能假借为数，《大克鼎》『今余唯緟楼乃令』意为重数，重述。」

商甲骨文	
两周金文	
秦小篆	
现代楷书	樓

长江是中国南北的自然分界,江南和江北的气候与土质条件一直都有着显著的差异。古代为适应此种自然条件的差异,就发展了两种住家的基本形式,一是华北的半地下或地面的,一是华南的高于地面的。

就营建技术的观点看,最容易的住所是不必筑墙的地下穴居。就效用说,它也夏天凉爽而冬天可避风刮之苦。因此和其他民族的早期住所一样,华北就发展了半地下穴式的家居,以适应冬天风寒的气候因素。人们所挖地穴的面积越来越大,但深度却越来越浅,终于把地基完全升到地面上而成为有墙壁的构筑了。

华北在古代比今日温湿得多,半地下的穴居不免有潮气,不利长久的居住。因此人们就作种种的防湿设施。仰韶晚期偶有使用费工的夯打方式使房基坚实的例子。商代的贵族就比较常用这种方式建造房子。由于只有贵族才能用夯打的方法修建房屋,而且必是较大型、特别的建筑物才使用。故甲骨文的“享”字,作一座斜檐的建筑物立在高出地面的土台上之状()。享祭的意义来自它是种祭祀鬼神的庙堂建筑而非一般的家屋。

华南在六千到三千年前之间,其年平均温度更比现今高二摄氏度以上,降雨量也超过二千毫米。其地面潮湿,很难采用半地下穴式的住所,故发展高于地面的干栏建筑。干栏建筑是先在地上竖立多排的木桩,然后在木桩上架屋。如以六千多年前的余姚河姆渡遗址为例,在背山面水的地点竖立了十三排的木桩,可以复原为带前廊的干栏式长屋。甲骨文的“京”字,作一座在三排木桩上的斜顶建筑物形(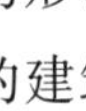)。在华北地区,建于干栏上的房子自然比建在地面上的为高,所以高耸的建筑物就叫做京。政教中心的地方常有高耸的建筑物,故称为京都。

有了建造干栏房子的技术,只要把干栏的支架部分围起墙壁来就是两层的楼房了。华北地区学得华南先进的木构建筑技术,就可以在坚实的地基上建造二层楼房，甚至是多层的楼房以显示统治阶层的威望。商代有二层楼房的建造，不但从柱础排列的痕迹可看出建造的证据。甲骨文有二字，一型作建筑在干栏上的两层建筑物(□)，一形作建筑在坚实地基上的两层建筑物(□)。这两字后来被形声字所取代，可能前者为楼，后者为台。西周的时候□字还见于《大克鼎》《师兑簋》等铜器铭文，“今余唯緟□乃令”。于此，楼假借为从支娄声的数，铭文意思是再次计数其先人的功业而给予职务的任命。

高楼不但可以防湿防水，它居高临下，也便于侦察、防敌，而且远远就可望见，能提高统治者的威势。木构建筑的柱子不能承受多层高楼的压力，就建筑在呈阶梯状的土层上以增高耸的外观。商代已有在高台上盖楼以资纪念及夸耀的风气。东周到汉代的某些君主迷信神仙的存在，为了更接近天上的神仙，楼台就越建越高，《史记·封禅书》记载汉武帝为亲近神仙而大建高台，有达一百米高者。

到了东汉，可能因为陶砖的发明，墙壁也起了支撑的效用，像图示的三楼以上的塔楼就可以建筑了。此塔楼不但有濠沟保护，楼上下还有装甲的武士在巡守着，以确保塔楼里的家人、宾客的安全。在古代有徒众也是种威权的具体表征。与司马相如私奔的卓文君，其父卓王孙就拥有家僮八百人。可以想象，当主人与宾客在顶楼远眺延伸的庄园，享受美酒珍食、歌舞弦乐，冥想永恒的来世时，护卫们谨慎戒备的气氛。

图 1：铅绿釉红陶塔楼

高 120 厘米，公元 2 世纪中期至 3 世纪早期

○四八　舞，祈降甘霖

舞：「一人双手持舞具跳舞之状。后加舛，强调双足的动作。」

甲骨文的“舞”字作一人伸张双手，手上拿着像牛尾一类下垂的跳舞道具（ ）。《吕氏春秋·古乐》说：“昔葛天氏之乐，三人操牛尾，投足，以歌八阕。”“舞”字里的跳舞道具很可能就是取自牛尾或马尾的形象。“舞”字到了西周时代被借用为有无的“无”，所以就在本字加上一对脚以显明跳舞的动作（ ）。手舞足蹈是人们情绪的自然反应，一般是不会预先准备道具的，现在文字表现了执拿特制的跳舞道具，一定是到了有一定表演形式的时代了。

舞与乐可以安慰、欢愉、激励、挑发人们的情感，它是人们劳动以谋取生活之余，顺应生理及心理的需要，帮助恢复疲劳、舒展心情、交欢结好的活动。很多今人看起来是极富娱乐性的活动，但对古人来说，那只是谋求生活的必要行动，其掺杂的娱乐情绪或心理是极少的。譬如打猎，现在是种极为奢侈的体能娱乐，尽管其动作激烈，常弄得身体疲惫。不过其目的却是为了满足心理的情绪，不是为了谋求生活，故欢愉非常。再举歌舞来说，今天很少会被看作是有关生产的劳动。但是其起源可能是生产时为了纾解疲劳，或是为了一齐从事劳动，或移动重物时发出的呼喊声与动作。音乐可能起于用声响诱杀野兽，舞蹈起于向神祈祷或求保佑的宗教仪式。所以就其动机来说，都是为了谋求生活或能得生存的必要措施，非讲求一己或他人精神的欢愉。因此要区别类似的活动，何者是工作，何者是娱乐，就要看其性质是为了欢愉的目的，还是为了生活必须的劳动了。

当生活工具有所改良，逐渐减低人们谋求生活所需劳动的时间，宗教的信仰也慢慢淡化时，人们慢慢有心情假借节庆以娱乐自己，从而发展较丰富的个人娱乐节目。一个国家，古代没有比“祀”与“戎”更为重要的事。古人于从事生产劳动之外，参与祭祀与军事的活动就成为生活上的重要行事。所以与此有关的活动最容易演变成娱乐的项目。基本上说，生产发达、社会安定的时候，人们用于娱乐的时间要较生产不足或动乱不定的时候为多。

图 1：白衣灰陶娱乐俑
最高 21.2 厘米，东汉，
公元 1 世纪中叶至 2
世纪

跳舞的目的，商代以前因无文字的记载，难于考察。商代的甲骨卜辞提到舞时，十次有九次都提到雨。其祭祀的对象也都是商朝的人相信可以帮助降雨的神，如黄河与霍山的神。因此，“舞”字就经常作舞者的头上加有雨点([illegible])，表明其特别的功能，也验证乐舞起于实用的目的。

雨是灌溉水利未大兴前最重要的农业用水来源。降雨是主政者最关心的事，所以商代求雨之卜问很多。祈雨之舞是最富有实用意义的。它本是干旱季节时举行的严肃的宗教仪式，参与者忧心忡忡，唯恐他们的虔诚感动不了神灵，下不了雨。但后来却演变成季节性的例行娱乐活动。就是在雨量充沛，不怕干旱时也要举行，而且参加者还充满欢愉的心情。如《论语·先进》记载孔子问弟子们的志趣，曾皙答：“莫春者，春服既成，冠者五六人，童子六七人，浴乎沂，风乎舞雩，咏而归。”语气明显表示那时的祈雨舞雩，已是娱乐的成分多于祈雨的宗教意味的盛典了。

〇四九 卿，宴飨礼节

卿：「卿士相对跪坐以进食之状。」

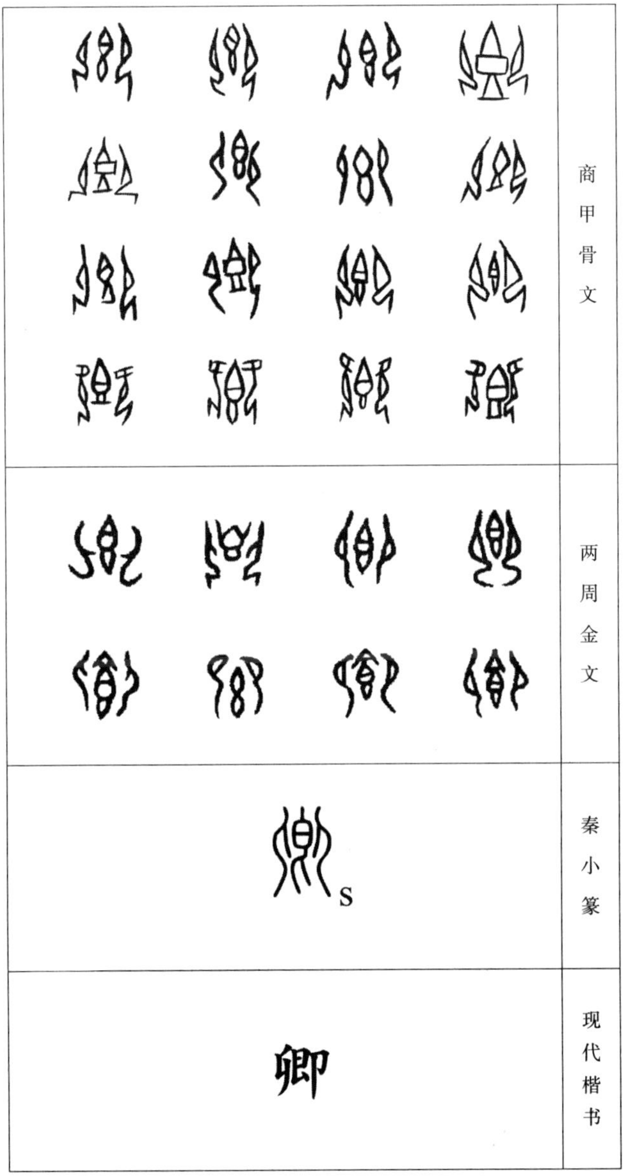

即：「二人跪坐食物之前，即将进食之意。」

商甲骨文	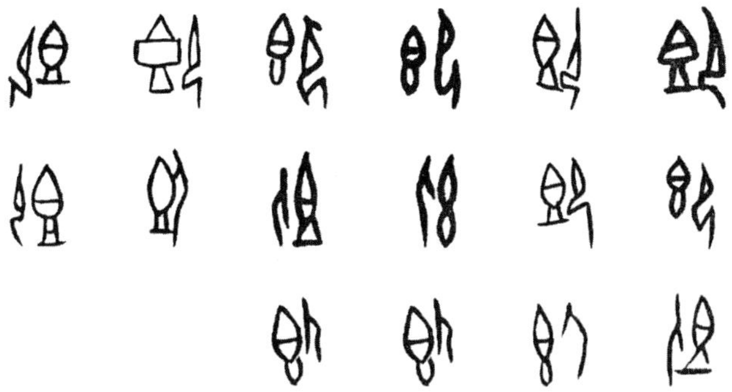
两周金文	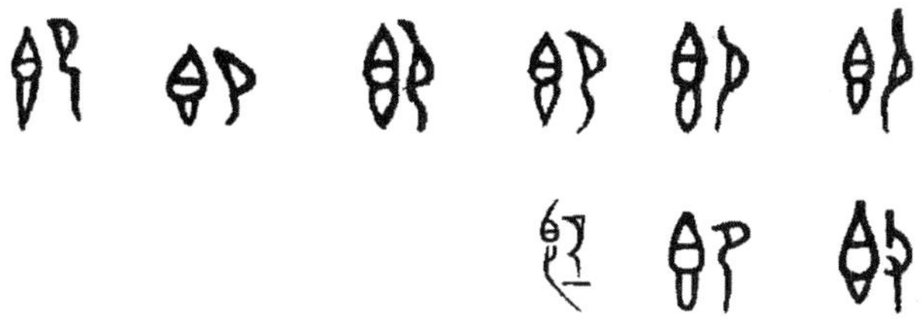
秦小篆	 S
现代楷书	即

既：「已进食完毕，转头表示可撤去食物之意。」

商甲骨文	
两周金文	
秦小篆	 s
现代楷书	既

次：「说话或用食时，口喷出残余物为不良的行为。」

商甲骨文	
两周金文	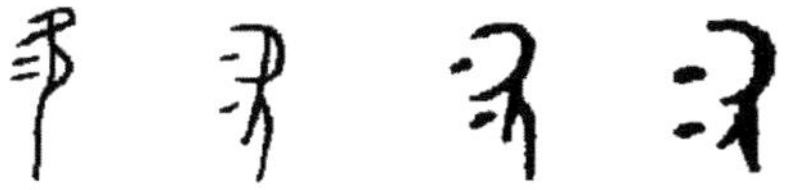 
秦小篆	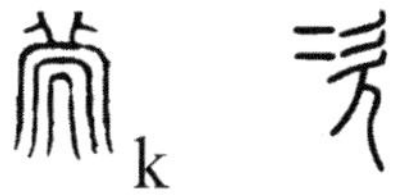 k s
现代楷书	次

物质文明越发达的地区,对于用具的选择就越讲究。果腹这件人生大事,人们起初只担心吃不吃得饱。渐渐就讲究起饮食的气氛,用具包括质量、形制、数量、陈列形式的选择,其他如进食地点的舒适、空气的流通、灯光的明亮,乃至进食的次序、礼仪,以及歌舞的助乐等等,都马虎不得。甚至如在“先、前”的文章所介绍的,在正式的餐宴里,穿鞋袜上堂还是极大不敬的事。

中国对于宴飨的各类器具甚为讲究,各有用途。摆在眼前的进食器具是豆,基本造型是有高圈足的深腹圆盘(豆)。高圈足是为了配合贵族跪坐的习俗而设计的。中国新石器时代的豆,以陶制为主,起码可以追溯到四千年以前。应该还有很多用竹、木等质材制作的,但都腐化不见了。到了商代,开始有以铜铸造,但是数量不多,想来不是大众日常的用具。

图 1:商代进食的用具——豆
(左)白陶,(右)青铜
高 14 厘米,口径 22.5 厘米(左),高 13.4 厘米,口径 15 厘米(右)
商代,公元前 16 至公元前 11 世纪

豆起先不设盖子，到了战国，高级的铜豆就普遍有盖子。豆的盖子可倒置而另成一件容器，钮就成为足。圈足的底部是平的，有些则为透空。有的还在器身近口沿处设有两个环耳，以便提拿。豆之为进食之器是可肯定的，《诗经·小雅·宾之初筵》："宾之初筵，左右秩秩。笾豆有楚，肴核维旅。酒既和旨，饮酒孔偕。"意思是宾客开始就席，左右揖拜很有秩序。笾豆很鲜明，菜肴很丰盛。酒温和而甘醇，饮的人都很尽兴。食器只提及用以进食的豆。春秋、战国铜器上的饮宴图纹，也表现以豆进食。后来的豆配有盖子，其主要功能可能不在于保持食物的温热，而是与当时的饮食礼仪有关。先秦文献谈及宴会时有傲气、不愉气、失位、失坐、失态等等失礼的行为，讲究用食的仪态。

贵族跪坐于席位而进食的情景表现于以下几字。甲骨文"卿"字，作两个贵族相对跪坐以进食之状（）。表明主人与客人相对面坐的正规礼仪。此字有两个引申意义，一是相向、面向；一是宴飨。可想见其意义与用餐时，主与客必须面对而食的习惯有关。

甲骨文的"即"字，作一人跪坐于食物之前即将进食之状（）。"既"字则作一人已进食完毕，转头表示不再进食（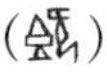），故用以表示已完成的时态。在古代，站立或蹲坐进食会被认为不雅观，是贵族所不为的。若饮酒，则视场所而不妨站立。跪坐的姿势要端正。主客、长幼的坐位方向也有一定的规矩，不能随意，坐席也要安放在适当的位置。故《论语·乡党》中孔子有"席不正不坐"之语。

甲骨文的"次"字，作跪坐的人张口而有东西溅出之状（）。《论语·乡党》有"食不语"之句。想来吃饭时说话，以致唾沫或饭屑喷出口外，不是可嘉许的行为，故有次等的意义。《礼记·曲礼上》提到打算入口的饭不要放回食器、咀嚼时不要发出声响、不要啃骨头、吃过的鱼肉不要放回去、不要把骨头投给狗啃、不要专吃某样东西、不要挑起饭粒以散热气、进食时不要剔牙齿、不要自行调和羹的味道等等很多贵族饮食的礼仪守则。要做到以上礼节，就要有容器暂时放置吃剩的渣余。豆的盖子设计如另一件容器的形式，很可能就是为了放置渣余用的。商代的卿士虽然讲求对坐进食的礼节，铜豆还不见有盖子的设计，想来还没有讲究到这样的地步。

图 2:春秋时代铜壶上的食案与酒器图纹

图 3:战国铜杯上的宴乐图纹

〇五〇　黹，刺绣花边

黹：「对称的刺绣图案形。」

商甲骨文	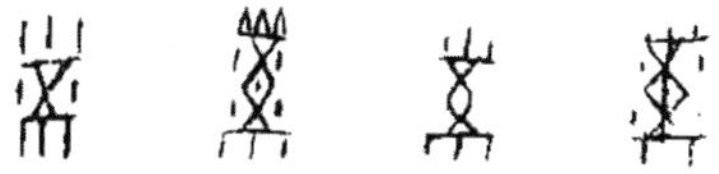
两周金文	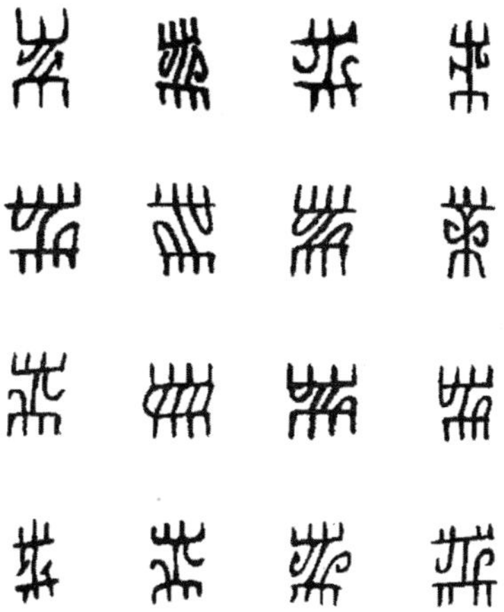
秦小篆	 S
现代楷书	黹

衣服的穿用,最先可能起于工作的需要,后来才演进为遮身或御寒的普遍需要。辽宁海城一个四万至二万年前的遗址发现三根骨针,表明中国人可能那么早就懂得缝制衣物了。当少数个人积聚的财富比他人多,自然就建立起身分差异的社会而有了各种各样突显身份的设施。这时衣服就派上了新的用场,用罕见的或远地交换而来不容易得到的材料,诸如动物的皮毛、骨角、爪牙、羽毛,或金银、珠宝、贝壳等,用以制作或装饰衣物,以之标示或识别渐渐明显的社会地位差别。甚至规定,只有具某种特别身份的人才许服用某种颜色或形式的衣服,包括与衣服配合的各种饰物。传说约四千七百年前的黄帝始创衣制,大致就是指这种分别阶级的作用。

在织机尚无法编织艳丽多彩的繁缛图案之前,使衣服变成美丽的方法不外染色、涂绘与刺绣。首先采用的方式应该是涂绘。地表存在着有色的矿石,研磨成粉而加水后,就可以短时间黏附在衣物上。但这种容易脱掉的涂绘方法不能满足人们的需要,所以改进以植物色素的染色方法。公元前十七八世纪的齐家文化可能就有染布的技术。商代则至少已有红、黄、黑、白等色的布幔痕迹。染色虽可使衣物有不脱色的鲜艳彩色,但不容易染成所希望的图样。再次改进用丝线刺绣的方法,彩色的图案就可以永久保存了。

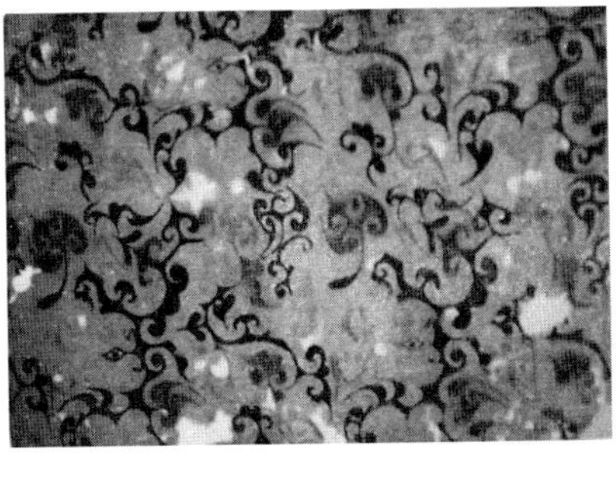

图 1:黄绮地乘云绣残片
汉,约公元前 2 世纪

刺绣是利用不同颜色的丝线，在布上绣出美丽的图样。金文的“肃”，可能是绣字的源头，作一手拿着一支有毛的笔画出复杂的图样()。描图样是刺绣的第一步工作，图样没有打好，刺绣就难完美。可能刺绣时要专心谨慎从事，所以引申有肃敬、严肃等意义。《尚书·皋陶谟》篇说帝舜时代，“日，月，星辰，山，龙，华虫作会；宗彝，藻，火，粉米，黼黻，絺绣，以五彩彰施于五色作服”。帝舜时代是不是这样，现在很难考证，至少商周时代就应该已是如此了。

但是刺绣太过费工，除了很少数的贵族，一般的贵族只能做局部的装饰而已。纺织的布要经过刀剪裁割的手续，才能缝制一定形式的衣物。衣服的边缘如果不缝固，经纬线就会渐渐绽开分散而使衣服不成形状，所以需要把布边缝住。布边的篇幅不大，所以顺势在狭窄长条上刺绣图案，既可以防止布帛丝线的绽散，又可以增加美观。西周的铜器铭文，上级赏赐下级贵族的东西，经常提及的有黹屯。屯的意义是包扎。黹屯就是包扎有刺绣的衣缘。“黹”字甲骨文作两个几何形图案相背或钩连的形状()。衣缘的图案本来是用绣的，后来又改进为纺织的。早期的织机不易编织复杂的图案，故大都织成几何型的对称图案。黹屯是上级赏赐下僚以志荣庆及权威的东西，不是可以随意服用的。《礼记·郊特牲》就说，中衣有丹朱绣黼是中大夫的僭制。

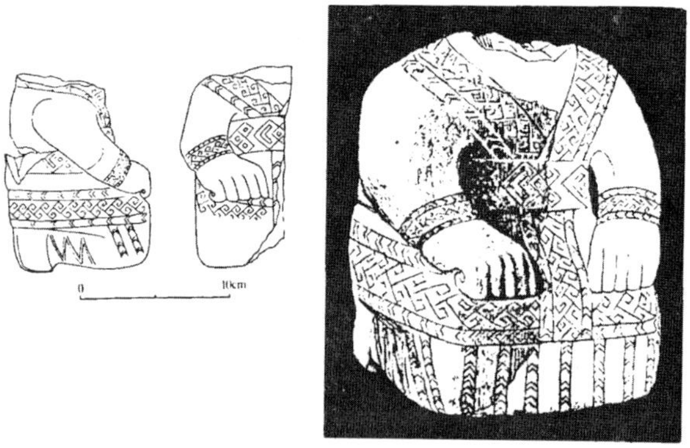

图 2：商代跪坐石雕及复原图

○五一　昔，水灾已成往事

昔：「大水为患之日，已是往昔之事。」

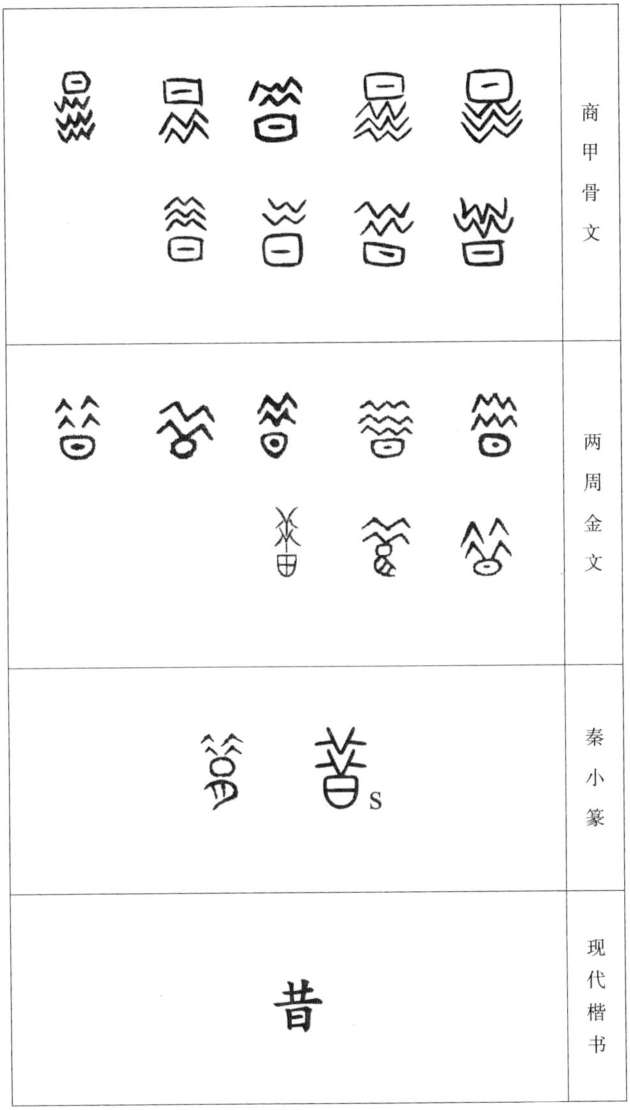

灾：「重叠二或三道水波表达大水为灾的概念。或大川受到阻塞而泛滥之意。」

商甲骨文

两周金文

秦小篆

现代楷书

灾

人需要食物，所以居住地点的选择是易于获得食物及水的地方。河流是取水最容易的地点，但河流水量与季节有密切的关系，落差有时可达二三十米。为了避免雨季水涨的灾难，古人就选择较高亢而可免水灾的地点栖身。但人口的压力迫使人们逐渐往山下搬移，居住地域渐渐扩大，以至要到平地建立村落，发展农业。但移居平地就不免有水患的困扰。

人类从山上迁居平原而要与水奋斗的过程是艰辛而历时久长的。商人建国的过程就是一个好例子。商人栖息的地域是黄河下游的冲积区。其地区很少发现五千年以前的遗址。黄河的某些段落河道浅、泥沙多，密集的雨水常使河道宣泄不及而造成泛滥。黄河小规模的决堤时时有之，以清代乾隆一朝为例，就有河南地区的七次、江淮地区的十一次。

商代的气候比现在温暖，雨量较充沛。那时没有什么水利设施，黄河肯定较后世更易造成灾害。根据《史记·殷本纪》，从商的始祖契到汤建国时（约在公元前一千七百年）共迁徙八次。从商汤到盘庚建都于安阳之前，又迁徙了五次。以他们所栖息的地理环境，迁徙时所作的宣言看，推测商人经常为洪水所苦，大多数的迁移主要是为了避免水灾。

商人提到过去的日子用昔字表示。甲骨文的“昔”字由灾及日两个构件组成（）。“灾”（**编者按：“灾”字转化回繁体为“巛”。**）是大水的灾难，字取象洪水浩荡，波浪重叠翻滚之状（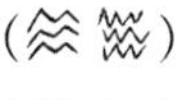）。日为太阳的象形，表示大水为患的时代。大水在目前还是一种难于防范的大灾难，古人更是难于为力。故使用水患来表现灾难的概念。大水为患已是过去的事，所以用以表达过去的日子，表示商王朝后期已不视水患为严重的问题了，故盘庚迁都安阳之后，二百多年不再迁都。因水灾已不是常见的祸害，所以“灾”字就渐渐以新起的灾难取代往昔的水患，如为以兵刃之灾创意，为以火烧房屋表意。

或以为高厚城墙的修建是为了防御敌人的入侵,是有激烈战争后的高度文明产物。这个意见值得挑战。首先是城墙修建的时代。河南郑州北郊西山遗址,发现兴建于仰韶庙底沟类型而废弃于秦王寨类型时代的圆形城墙,年代约在五千三百年至四千八百年前。历史学家认为其时的社会还未进入建立国家的形态。

其次是,有些城墙的内外都筑有斜坡以增强墙的强度。它们的坡度小于四十五度,是防水的堤防常见的形式,因可以有效防止水对墙根的侵蚀而导致崩坏,但非常不利于防守敌人的入侵。有些城墙甚至内侧没有护城斜坡,外侧却有坡度不到四十度角的土石结构的护城坡,很容易让敌人走上去。

还有,河南安阳作为商代后期的王都超过二百年。照理说,应该修筑有周全而坚固的城墙以防御敌人的入侵。但是考古学者几十年来密集的调查和发掘,始终不见城墙的痕迹。商被周的联军一击败溃而亡国,以致纣王火焚自杀,很可能就是因为没有坚固的城墙可拒守,以待援军的到来。安阳的地势高亢,有时附近虽有大水,但都不曾对它构成危害。也许商的王室是因安阳的地势较四周为高,没有严重的水患,故认为没有必要筑城,还看不出筑城有军事上的用途。如何解决河流泛滥才是最初的切要问题,后来因发现它有抗拒敌人的重要作用而广加修筑,甚至在不虞水患的地点也要修建以防御敌人。

○五二　濒，犹疑而皱眉头

濒：「贵族面对涉水，皱眉犹豫之状。」

商甲骨文	
两周金文	
秦小篆	
现代楷书	濒

涉：「两脚步跨越水流之状。」

商甲骨文	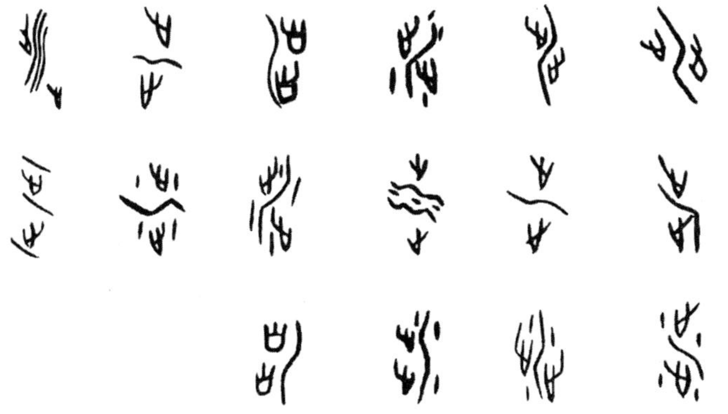
两周金文	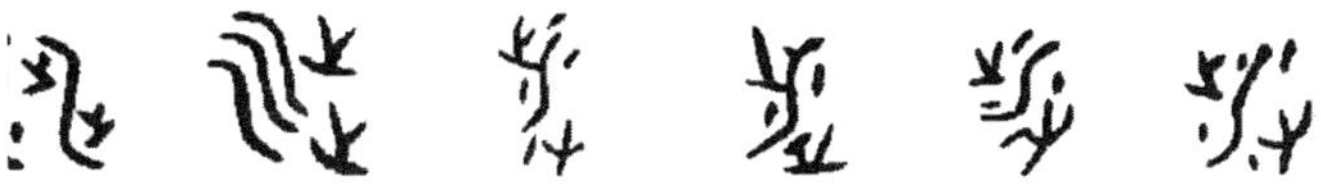
秦小篆	 S
现代楷书	涉

人不能离开水而生活，古人最先选择滨水之山丘居住，生活圈越来越大时，就不能不往山下移而邻近河流。为了寻找生活的素材，或为了联络讯息，自然有不少机会需要渡过水流到对岸去。架桥在古代是个大工程，不是少数人所能完成的。大部分的河流是没有桥梁可渡的。在枯水期，水量不多，人们可以涉水而过。甲骨文的“涉”字，作两个脚步跨越水流之状(   )。绝大多数的涉字，两脚步分别在河流的两边，表现跨过河流的动作。

如果在高水期，河流成为深邃宽广，虽然也可以借助舟楫渡过，但舟楫的建造也不简单，也不是随时停靠在岸边等待着，这时如果有要事，赶时间，不得已也要涉水或游水而过。为了安全起见，最好是藉助漂浮物，凭依浮游而过。常见的漂浮物是木干、树叶。人的体重只有大树干才可以支撑得起，但大树干不易找得到，过于笨重也不能随身携带。怎么办？前有碇，后有舵，船上六人，依人身高比例换算，船长可达十四至十五米，载重约五百斛以上，甲板还布置六组矛与盾的武备。

《易经·泰卦》九二爻辞有“包荒用冯河”，根据先师屈万里教授的考证，这句话的意思是大瓠瓜可以利便渡河。人们发现挖空晒干的瓠瓜，量轻而浮力大。瓠瓜个体越大，浮力也越大而载重多。一般的瓠瓜如果带上两三个就足够浮起人身。挖空的瓠瓜可以装水，水也是旅行者必备的东西。因此远行的人就随身携带挖空的瓠瓜壳，一来可装清水，遇到河流时就可藉之漂浮渡过，一举两得。借用瓠瓜之力渡河看似原始，但在秦汉时代还是行旅常备之物，不少先秦文献都提及以瓠瓜渡水的应用。如《庄子·逍遥游》：“今有五石之瓠，何不虑以为大尊以浮于江湖。”

抱瓠瓜渡水有个缺点，衣服肯定会弄湿。对于一般平民来说，这不是大问题。渡过河岸后把衣服烤干或晒干，又可以上路了。但对于讲究身份的贵族来说，穿着湿漉漉的衣服呈现在他人之前，尽管时间不长，可能也会觉得不体面。金文有个“濒”字，由“页”与“涉”组合而成（ ）。《说文解字》的解释是“水涯人所宾附也，顰戚不前而止”。《说文解字》还收一个“涉水顰蹙”的顰字，创意一致，与涉水有关。

仔细看金文的字型，涉部分的两个脚步都在河流的一边，表现的是还未渡过河的景象。页是把人的头部也画出来的样子，有时连眉毛也描绘出来。在早期的文字，这是贵族的特有形象。一般人用简易的侧面形象就够了。为什么强调贵族的身份？一般人别无形象的考虑，涉水而过就是了。但贵族就会考虑东、考虑西，皱眉头有所顾忌，犹疑不下，难于决定到底要涉水还是不涉水呢。

人在考虑事情难下决定时，常会皱起眉头来。这是人类社会所碰到的情况，有必要以语言文字表达的。而在古代，忧国忧民是贵族的专利，一般人只要有饭吃就很满足了。如果用图画把皱眉毛确实描写出来，对大众来说，可能不是容易的事，因此转而用常皱眉头的贵族或事态去表现。就像忧（**编者按：“忧”字转化回繁体为“憂”。**）字，也是用贵族的心去表达忧虑的情态。

图 1：陶船，高 16 厘米，长 54 厘米，广州出土，公元 1 世纪至公元 3 世纪前有碇，后有舵，船上六人，依人身高比例换算，船长可达 14 至 15 米，载重约五百斛以上，甲板还布置六组矛与盾的武备

○五三 蔑，精神沮丧

蔑：「象贵族受刖刑而致心情沮丧。」

商甲骨文	
两周金文	
秦小篆	
现代楷书	蔑

刖：「一人被锯子截断一脚的刑法。」

商甲骨文	
两周金文	
秦小篆	 S
现代楷书	刖

文字的创造，外形的描绘最容易让人理会其内涵。其次是动作，同样的姿势所能展现的意义虽有所限制，譬如举起脚的图像，所能关联的动作，不外舞蹈、跨举、踢跃等使用脚的场合。而最难的是没有形象的事物，或没有动作的思考、感情等，无从表达起。但这一类意识的传达却是不可避免的，就得想办法去创造。古代经常利用联想的办法，也让我们对古人的生活经验有些想象的空间。

人的体力有限，要靠群众的力量才能与动物、植物争夺自然的资源，因此要过团体的生活才能有效生存。生活的空间也就不容某个人独享，因此也期望大家都遵循一定的生活习惯和准则，维持大家之间的和平和安宁而不生纠纷。此人人遵循而可预期的行为准则就是法律。但总有人会做出背离准则的事务，如果不加以惩罚，法制就难维持而社会就会不安。

处罚本是为自己的族人而设。对每一成员的适用是没有偏差的。因为在远古的时候，社团小，成员以亲属为多。人肯定对自己的亲人比较会给予最大的容忍。因此那时的惩罚可能只是剥夺参加某种活动的权利，或是给予短暂的拘禁、少许肉体的痛苦，最严重的是被逐出社团之外，使面对充满敌意的野兽和异族，难于保障生命的安全。很少想到要伤害身体，留下永不能消失的肉体创伤。

随着社会的进步、组织的扩大，生活在一起的人越多，亲属的关系越来越淡薄，法规也就越繁杂，制裁越严厉。尤其是生产的效率也提高了，还有余力提供他人的需求。于是逐渐产生俘掳他人以从事生产，创造财富的念头。对于俘掳来的异族，当然会期望他们服从某些法则和习惯。如果违犯了，就比较不会慈悲而不加容情地给予最严厉的惩罚。但因人们更重视实际的经济利益，就想出了不太妨害工作能力的永久性肉体创伤以为警戒，并展示于公众之前，以收震慑之效。

《尚书·吕刑》说周代有所谓“五刑”的刑罚三千条例，违犯了在脸上刺墨之

图 1：刖足奴隶守门青铜鬲
高 13.5 厘米，口长 11.2 厘米，宽 9.2 厘米，
西周晚期，公元前 9 世纪至公元前 8 世纪

刑的有一千条，割下鼻子之刑的一千条，斩断脚筋之刑的五百条，割去生殖器之刑的三百条，最严重的死刑有二百条。但从汉代之前的文献看，好像违犯斩断脚筋之刑的最常见。甲骨文的“刖”字，作一手持锯锯掉一人脚胫的样子()。

甲骨文的“刖”字，表现受到刑罚的人是个一般人的形象。如果类似的景象而受刑人换成是一个贵族时，意义会是怎样呢？甲骨文的“蔑”字(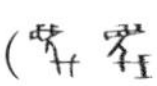)，画一位有眼睛及眉毛的人像，在早期的文字，这是有意表达贵族的形象。这位贵族的脚被一把戈穿过。杀人的戈，砍击的目标是敌人的头部。现在受创的部位既然是脚，就不是在战场。那么，应该是在刑场，接受断脚的刖刑。

“蔑”字的意义，《说文解字》说：“劳目无精也。……人劳则蔑然也。”图画的是贵族受刖刑，意义却是精神不振。可以推想两者的关系。一般受刑人被饶恕生命后，面对的是经济问题，没有太多的余暇去思考遥不可及的辉煌远景。贵族有财产，不必担心经济的问题，但人人需要过团体的社交生活。贵族的身份不容和一般平民混在一起，如果想保持之前的贵族社交圈，一个受刑人，会荣耀地被接受吗？答案大致是否定的。那么，他就被孤立了，面对着无望的前途，可能就此精神颓废，劳目无精了。

○五四　季，最后序列

季：「小儿搬运禾束，最后动用的人力。」

商甲骨文	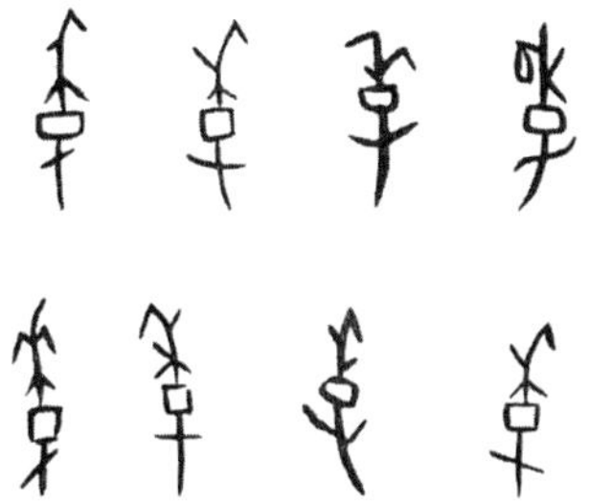
两周金文	
秦小篆	 S
现代楷书	季

年：「男性成人搬运农作物之状。」

委：「女子搬运农作物而不胜负荷之意。」

	年	委
商甲骨文	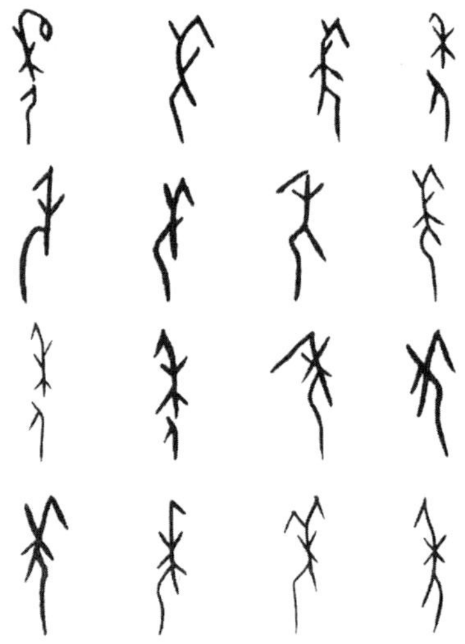	
两周金文	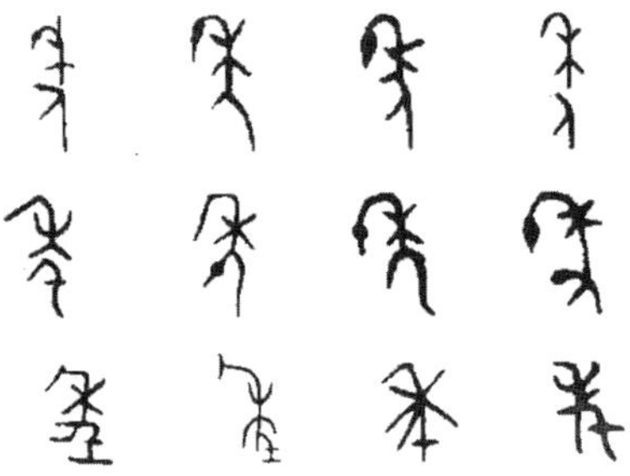	
秦小篆	 S	 S
现代楷书	年	委

人类生活中免不了要对事物作等级的评定，或对序列的前后有所陈述，所以也需要有文字表达此等的状况。相对上，有价值的事物较常被提及，其等第也容易用一二三的数目加以序列。等第比较后段，不容易指出具体序列的，就以季字表达，以下介绍其创意。

甲骨文的“季”字，作禾()在小孩子()头上之状()。这是什么样的情景呢？

甲骨文的“禾”字，描写一株直秆垂穗的植物形。维持生命不能没有食物。早期人类以蔬食为主，后来虽演变为杂食性，因肉类的生产远较植物的量少，而野生谷物的生产也供应不了增加的人口，故而发展了人工栽培的农业。各地区发展了各种适合当地条件的谷类作物。中国文明早期的主要活动区域是华北，在汉代之前，其主要的谷类作物是黍，或叫小米。可以看出禾字就是描绘这种植物的形象。

禾在头上所表现的是怎样的情况呢？可能要和其他二字做比较才可明确了解。甲骨文的“年”字，作一个成年男子()头顶着禾束之状()。此字在商代使用于“受黍年”“受稻年”一类的句子，用以表达黍或稻类谷物的收获季节。虽然不同的谷物有不同的收割季节，在商代，一个地区通常一年只有一次主要粮食的收割。所以年字还被使用以表示一年的时间长度。收获季节常是氏族社会计算年代的依据。

在农业较为发达的社会，谷物收割的主要劳动力由成年男子充当，故以之代表收割的活动。如八千年前裴李岗期的墓葬，男子多随葬石斧、石铲、石镰等生产谷类的用具，女子则多石磨棒、石磨盘等谷类加工用具。知男子已成为从事农业生产的主要劳动力，而女子则主理家务。又有类似结构的“委”字，小篆作一个妇女头顶着禾束的样子()。其表达的意义是不胜体力的委屈、委弱等意思。

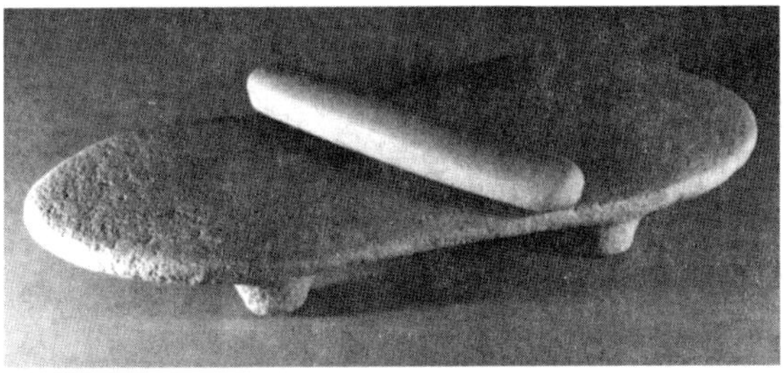

图 1:石磨盘与磨棒

盘长 52.5 厘米，棒长 28.5 厘米,河南舞阳贾湖出土,约 8000 至 7500 年前

大致可归纳“季”“年”“委”的创意都来自搬运禾束的体验。因此季字表现小孩子搬运禾束之状。

谷物的收获是农民一年一度最重要的活动。收割、晒干、储藏等一系列的工作,要尽量在有限的时间内完成,以免终年的辛劳工作为风雨与其他的因素所毁损。一般来说,男子的体力优于女性,所以耗费体力的生产活动由男性充当。在渔猎采集和早期的园艺社会,农艺是属于辅助性的生产,故是妇女的工作。但是到了大规模从事农耕的时代,收割和搬运大捆禾束的劳动工作就都由男性充当。所以用最常见的成年男子头顶着禾束在搬运的情状表达收获与年度的意义。如果文字的结构由其他类的人去从事,就用以表示其他偶发情况的意义。因此女子运禾的“委”字就不表达年获,而表达不胜体力的意思。小孩的体力更比妇女衰弱,根本不应从事收割、搬运等粗重工作,只宜做些收割、搬运后,捡拾遗穗的轻易工作。除非是气候有变,不能不抢时间以提早完成作业时,才会动用到小孩子搬运禾束。由于小孩是收获作业最后动用的人力资源,“季”字就被用以表达次第中最末的意义,如冠亚季、伯仲叔季、孟仲季等。

○五五 农、晨，清早的除草工作

农：「林与辰组合，以蜃制工具在森林从事农业之意。」

晨：「象双手提拿蚌制的农具，一清早就要做的工作。」

商甲骨文	
两周金文	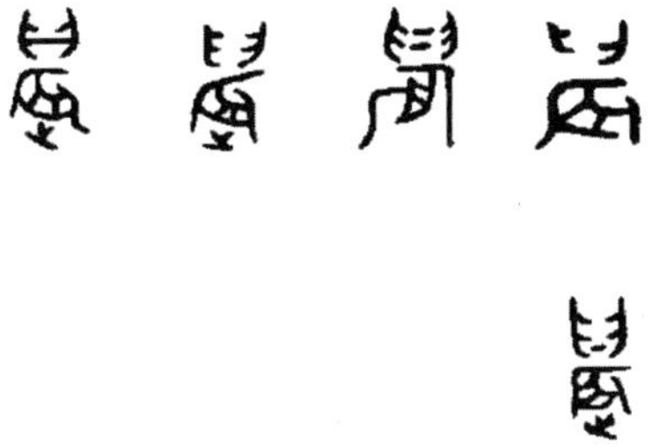
秦小篆	 s
现代楷书	晨

摄取食物是所有生物维持生命的必要行为，人类不能例外，所以寻找和生产食物始终是人类最重要的活动。早期的人类，食物都是采集自天然界的产物，因此要过流动的生活。当某地的资源被利用殆尽时，就得移到其他有资源的地点过活。这样的生活很不方便，而且前往的地点也不一定有足够的食物。经过了几百万年，人们逐渐学会驯养动物成为家畜，改良野生植物成为栽培作物。

过原始生活的人们，不必太劳苦就可以采集到足够热量的食物。但是人口压力，迫使人们要发展比采集更进步而可预期的生产方式——农业。旧石器时代的晚期，一百平方英里的区域约可支持十二个半人的生活。在初级采集、渔猎的社会可支持一百人，高级采集社会则可支持一千五百至两千人。但是发展园艺农业后，同样的面积却可养活两千五百到两千七百人。越进步的农业技术养活更多的人。所以东汉的班固在《白虎通》中说："古之人民皆食禽兽肉，至于神农，人民众多，禽兽不足。于是神农，因天之时，分地之利，□(制)耒耜，教民农作。"

农业的生产远比采集、渔猎与畜牧的生活方式，可以养活更多的人口，因此一般以为畜牧的发生早于农业。所以中国传说的历史，先是开天辟地的盘古氏，经构木巢居时代的有巢氏、钻燧取火时代的燧人氏、网罟渔猎时代的伏牺氏、种植谷物时代的神农氏，终而进到创建帝国的黄帝有熊氏。伏羲氏早于神农氏。但是就目前的考古讯息看，中国在一万多年前已成功栽培稻米，但没有证据可断言之前已驯养家畜。稳定的农业生产才能保证畜产的成功。

人类逐渐依重栽培作物过活，中国人到了有史的阶段，农业已是生活的最重要方式。甲骨文的"农"字由"林"及"辰"组成()。"林"以并排的树()表示有很多树林的地区。"辰"()即"蜃"字的初形，应该侧着来看()，像有硬壳的软体动物附着在某物之上状。河蚌是旧石器时代以来人们捕食的对象，并被

制为装饰物。蚌壳的重量轻，质硬，又不需费太多的加工，其破裂处很锐利，是古人常利用的理想切割工具。蚌壳虽不堪用以砍伐树林，却是理想的除草和割穗的工具。《淮南子·泛论训》就有"古者剡耜而耕，磨蜃而耨"的叙述。农字的原来创意就是，在树木众多的地方，以蚌壳工具去从事除害苗以及收割等农耕必需的工作。江西万年县仙人洞在早期的阶段，就发现数量可观的蚌器了。

较初期的农耕方式是，焚烧山林，清理耕地，并以树灰为肥料。那时候，人们尚无能力开辟草地，农地也没有一定的疆界。看起来，甲骨文"农"字的创意是基于甚为古老的农业技术。后来发展到在规划整齐的平地上操作，不再是无计划、无规整的烧山方式。于是西周的金文就在商代的字形上加一个界画整齐的"田"()，表示已普遍采用比较进步的耕作方式了。到了商代，农业已是一般人主要的生活方式，是一早起来就得去做的事。所以"农"字在商代也与"晨"字一样，是时间副词，有早上的意义。甲骨文的"晨"字(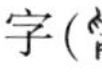)，以双手持拿蜃制的工具以会意，表示收拾蚌刀以便一大清早就去农地从事除草的工作之意。

○五六 旁，犁壁推土到两旁

旁：「犁刀之上装置直板犁壁，作用是把翻起的土块推到两旁。」

商甲骨文	
两周金文	
秦小篆	
现代楷书	旁

耤：「象一堆人推犁或踏犁耕地之意。」

商甲骨文	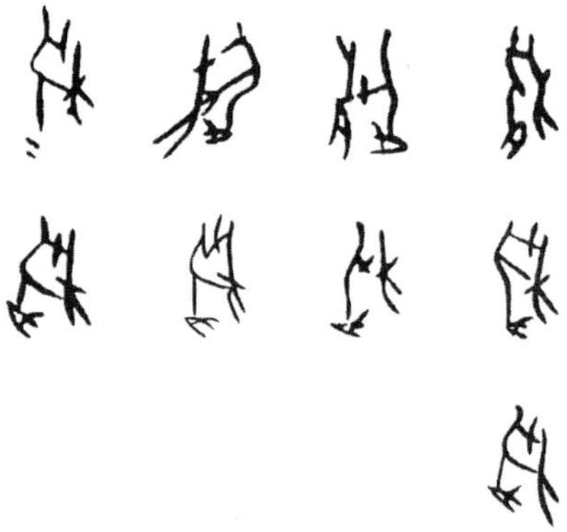
两周金文	
秦小篆	 S
现代楷书	耤

好逸恶劳是人的习性，我们可以想象，如果不太劳苦就可以采集到足够热量的食物，需要劳力的农业就不会发生。是人口的压力，迫使人们发展比采集更有效率的生产方式，因而出现栽培作物的行为。也因同样的原因，耕作的方式和技术都各有所改良。

当人们被迫要有所劳动才能获得谷物时，较初期采用的方式是所谓的刀耕火耨。那是放火焚烧山林，清理出耕地，并以树木的灰烬作为肥料，先在生硬的耕地上洒水使稍微软化，然后播撒种子，利用脚踩的方式把种子踏入土中。由于种子下播于土中的深度不够，产量不高。慢慢发现加大播种的深度可提高产量，就得使用工具才能使更多的表土松软，使种子播得深些，于是发明了挖土的工具。

人们开始时可能用双手持拿石铲、石斧或削尖的木棍挖土，渐渐发现在尖棍的下方缚捆一块踏板，用脚踏踏板使尖刃插入土中，不但省力很多，还可以刺入土中达一定的深度，方便种子的下播。这种原始的挖土工具就是甲骨文“力”字()的象形对象。使用这种工具，脚踏尖刃入土中后，还要双手往内压着柄，才铲上一块土来。一次一小块一小块地慢慢整理出一条浅沟来，然后播种、掩土，静待植物生长。使用这种简单的挖土工具需要相当的力气，所以以之表达力气。力是男子使用的工具，所以之前介绍的“嘉”字，创意是女子产下使用力的男孩是值得赞美的佳事。

图1：铁犁与曲板型犁壁(铧)

西汉，公元前3至公元1世纪

一铲一铲的挖土，工作效率差，花费的时间也长，人们慢慢想出改进的办法。如果刺入土中的刃，可以使之持续前进，不就可以省下一次次的压柄与脚踏尖刃的时间吗？这种持续前进的翻土工具叫犁。甲骨文有耕种意义的“耤”字，作一人以手扶着犁柄，以脚踏方字形之犁头以耕作之状（ ）。后来为方便音读，加上声符“昔”而成 。“耤”的意义是耕作，表现其动作的大致情况就行了，不必把犁头的详细样子给画出来。但此字还不能肯定表现的方式是拉犁之制。

甲骨文有“旁”字，作有歧齿的犁刀（ ）上装有一块横板的犁壁形（ ）。附图是犁把的结构细节，犁壁的作用是把挖起来的土块推到两旁边以方便耕作的作业，因此有了近旁、两旁等意义。犁头上方的犁壁一般有两种形式：平板犁壁多用于生硬的生地，因可减少阻力。曲板犁壁则多用于松软的熟地，因阻力比较小。有位农民告诉我，他们还使用竖板的，将土块只推到一边。

犁壁是拉犁的耕作方式才需要的工具。结合几个人的力量虽然也拉得动耕犁，但不如用单一的力量来得容易协调。商代已知驯服牛马拉车，犁的操作比车子简单，所以商代有应用牛、马拉犁耕作的可能性，理论上应该不成问题。牛耕提高土地的利用率，才足以应付众多的人口。晚商的国都安阳，应该是人口比较集中的城市，应有相当高的土地利用率，使用牛耕才足以应付众多人口的要求。但文献很少具体反映此情况，不少人认为要到春秋时代才有牛耕。不过，商代有牛耕也是可以从甲骨文得到证明的，以后再介绍。

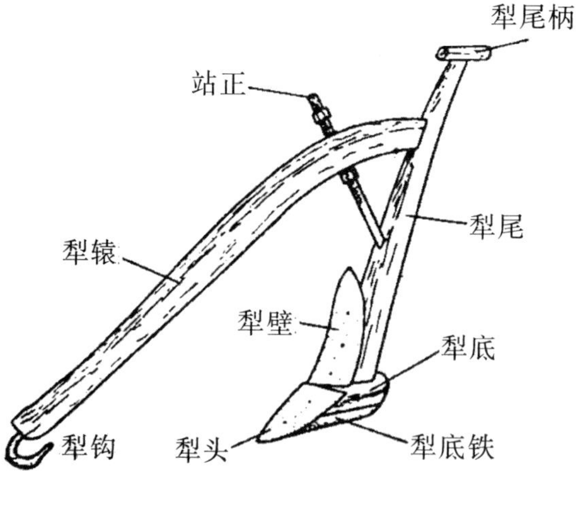

○五七　留，灌溉沟渠

留：「田旁水沟，可蓄水以待灌溉表意。」

商甲骨文	
两周金文	
秦小篆	 S
现代楷书	留

劦：「三把挖土工具协作，或共同挖深坑之状。」

商甲骨文	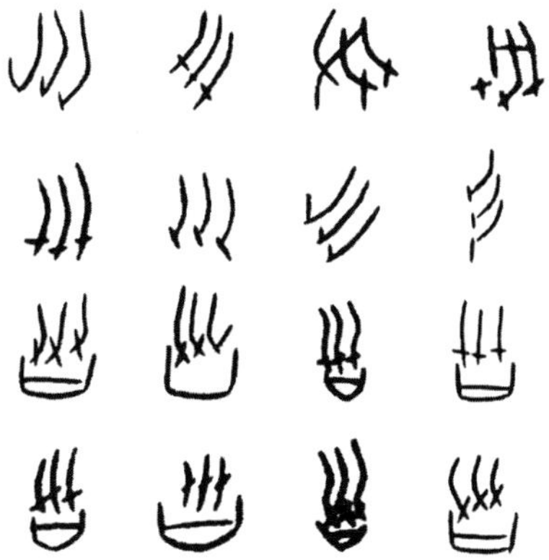
两周金文	
秦小篆	 S
现代楷书	劦

从甲骨卜辞知道，商人最常祭祀的神灵是岳与河。岳在商代指现今的霍山而不是一般山峦的泛称。它坐落在山西省霍县的东南，海拔两千五百米以上，在商人当时所栖息的地域中是最高的山脉。在地形上，高山迎风而容易降雨。雨是古代农业种植的主要水源，岳神大致就因此而受到农耕民族的崇拜。

卜辞的河也是黄河的专称而不是一般的河川。在商人居住的地域，黄河最长，水量最为丰富。黄河常因暴雨而改道，造成很大的灾害。商人不能不忧虑，特意取悦，以防其发怒而造成灾祸。

岳与河既是商人求雨与求年的最重要对象，可能除了希望两位神灵不带来灾难外，因水也是发展农业所不可或缺的，商人之崇拜岳与河神可能更有积极的目的，乃借用水量灌溉农田。

居住华北平原的人经常遭受水、旱的灾难。如果没有有效的防洪、泄洪和蓄水的水利设施，很难在那里建立人口高度集中、长期定居的农业经济和政权。华南的人们从事水稻生产，对于低平地势及纵横交错的水道，至商代已累积了两三千年的经验，应已初步掌握了根据地势高低，开沟引水和做田埂等等的排灌技术。他们比较有堰水开渠的知识而发展到华北平原去谋求生活。

建造水渠需要大量的人力，为使工程进行顺利，又需要良好的组织及号令。考古工作人员在河南郑州发掘到一座早于安阳期的中商城址，有人估计动用一万劳工，要十八年的时间才能完成。从这个工程的规模，知道组织民众建造大工程的能力，早在商代就有了。

甲骨文的“劦”(协)字由三个力组成()。甲骨文的“力”字，是一种原始的挖土工具象形，是缚捆踏板于一根尖木棍的下方，以便踏脚刺土的简单工具。“劦”字以三把挖土工具表示众人协力工作之意。此字常作三力之下有一深坑之形()。只有修建大型宫殿基址，或蓄水、堰水的工程，才需要纠合众力挖掘

深而大的坑洞。此字在甲骨卜辞用于与农田有关的设施。以商代的社会背景看，以挖掘水坝工程为最适当。因为耕地不必挖土太深，深坑既是劦字表达的重点，则目的比较不会是为农耕的松土，应该是为防旱、防涝的水利工程。商王朝从盘庚移都安阳后就不再迁徙，一方面得力于安阳的地形和地势，另一方面也可能是有了堤堰一类的建设。

远在六千多年前，人们已会挖掘深沟，防备野兽的侵袭或排泄雨水。公元前四千至三千年的东海岸马家浜文化也有开凿小渠道，引水进入居住地的设施。河南的龙山文化遗址也有水渠的遗迹。商代更有控制水流量的水闸痕迹。

在安阳发现的商代水沟有不少埋在基址之下，很可能是废弃的灌溉系统而不是住家的排水系统。水沟两旁有木柱护堤(见附图)，这些水沟显然经常流通大量的水，故设计木柱护堤以防崩塌。金文“留”字，作田地之旁有水渠之状()。水渠滞留他处引来的水以备灌溉田地，故有保留、存留等有关的意义。蓄水灌溉是水沟的扩大应用。安阳也发掘到像是蓄水池的长方形水池。从种种迹象推测，商代有蓄水灌溉的设施该不成问题。

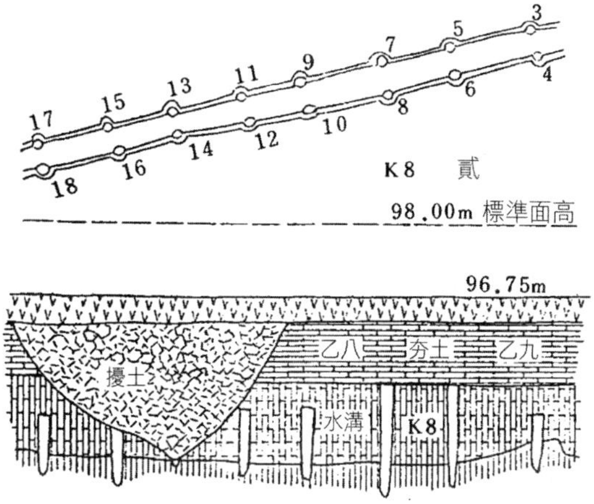

图 1:商代水沟段落的鸟瞰图

○五八 造，造船厂

造：「屋子里有舟，是制造的阶段。」

商甲骨文	
两周金文	
秦小篆	
现代楷书	造

之前介绍过“朕”字，创意来自双手持拿工具弥补船板间的隙缝，故有隙缝的意义，假借为第一人称代名词。现在介绍另一个与造船有关的字。

在古文字中，是常见的构件，画一座房子的外廓形状。建筑物的功能多样，建造的规模与形式也自有不同，因此古人也依此概念创造了好多意义不同的字。“宗”是同宗的人祭祀祖先的所在。“家”是养猪的地方，一般百姓的家。“宰”是执行刑罚的官厅。“寝”是存放扫把，睡觉之前要扫地的房间。“宣”是有雕刻装饰的政治领袖的房间。“库”是停放车子的库房。“安”是妇女要生活在屋内才安全。“冗”是男人不工作时才在家中休息。那么，金文的屋子里放有一只船（），意义该是什么呢？

船是航行水上的交通工具，尺寸很大，不会是屋子里摆设的用具，一般也不会把它保存或停放在屋子内。那么，里头有船的房子是什么所在呢？答案是造船厂，此字是意义为制造的造字。

人与禽兽的最大不同在于能利用材料制造器物。有了文字，当然也要有这个重要的辞汇。制作是种抽象的概念，各种器物使用不同的工具制造，有不同的制作程序、动作、方式。如果采用某种器物制造的特殊景象，很容易和该器物的意义混淆。如何使用一种动作，一种产品而代表所有的制作的概念，不能不说是一种绞尽脑汁的棘手问题。古人想出了办法，船在制造、组装的阶段才会在屋子里。一旦建造成功，就要放到河海上航行。船一般不会储藏或停放在屋内，只有在建造的阶段才会在屋子里见到它的踪影，所以船在屋内就代表制造的意义！后来为了发音的方便，就加上“告”的声符而成、，省减了房子的形相而成，有时强调某种行业，有了从戈的，从金的，从贝的，最后固定以表示交通的意符表达，终成现在的“造”字。

造船是种需要高技术的行业，过程繁琐，需要很长时间，故要在遮盖物下建造，以免受到天候的影响。就目前所知，发掘的古代造船厂以广州的秦汉时代遗址为最早，时代约两千二百多年前。从遗留的造船台，可以测知所造船只的规模。当时一般船的宽度不超过五米，少数的大船可达到八米宽。如果以出土的船模型推算船的实际长度，此遗址所制造一般货运的船当有二十米长，载重二十五到三十吨。它比《越绝书》所说的，可乘坐包括五十人为擢手的九十名军士，宽约十五米，长三十米的战船还小，推知建造的大船的载重量还不止如此。这个造船厂所建造的大概是沿海航行而不是内江的船。发展到三世纪的三国时代，依《晋书·王浚传》，晋攻打东吴的主力战舰可容两千战士。《水经注》则说东吴的大船坐三千人。而《汉书·食货志》记载其前的汉武帝攻打南粤时，使用楼船士竟达二十余万人，《史记·货殖列传》说商家的船队连接起来有千丈之长，都可以看出两汉时代船运发展的规模和快速。

图 1：战国铜鉴上的水战图纹，以及战船和武器装备示意图

○五九　虹，双首大虫，吉祥象征

虹：「双头穹身的神话动物形。」

商甲骨文	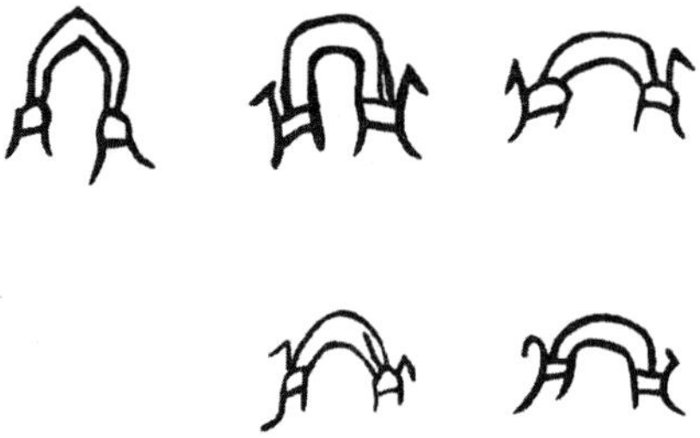
两周金文	
秦小篆	 Z　S
现代楷书	虹

有形可描绘的东西最容易制作成为象形文字。商代有关天体与气候的文字中，“虹”字属于象形，后来为了方便书写的笔画规范，才成为从虫工声或从雨儿声的形声字了。甲骨文有一个字()，描写一条首尾都有头的穹身动物形。比对后世的传说，这是个“虹”字该不成问题。甲骨的刻辞有：“……昃亦有出虹自北，饮于河。”(《合集》10405)、“虹惟年、虹不惟年。”(《合集》13443)。虹是水蒸气受阳光的折射及反射而形成的自然景象，常在雨后出现，甲骨也有雨后出现虹的记录，故此动物形必是虹字。雨后七色彩虹是人们不能忽略的天象，但它是只能远看的虚像，一接近就看不到它了。看到远方的虹好像在饮大河里的水，古人不明白其物理，以为与降雨有关，故想象虹有头有口可以吸水，有致雨的魔力。雨是古代农业用水的重要来源，所以也占问彩虹对一年的收获有无影响。

彩虹致雨的信仰至迟东汉的时代犹存。山东嘉祥武氏祠左石室屋顶前坡的西段有雷神出行施威图，图上有雷神、风伯、电母、雨师等神，还有雷公拿着锤与钻，弯身在双龙头的穹身神物下打击某人的景象。这可能表达遭受雷击的现象。图上的穹身双首形象不正是和甲骨文所描写的“虹”字一模一样吗？连头上的触角也忠实地表现了出来。所以学者对甲骨文“虹”字的辨识是无可怀疑的。《明堂月令·季春》有“虹始见”，说明古人对于雨后彩虹出现时机的重视。

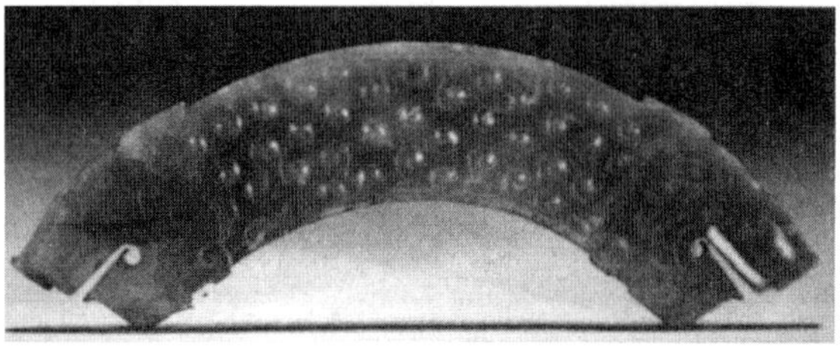

图1：双头虹形淡绿玉璜

长11.6厘米，战国，约公元前475至公元前221年

文章所附的这件玉器，主体作弧曲的带状，在上头装饰多列平行的斜排蝌蚪纹，两端则雕成微微张口的龙头形，可肯定整体就是一条头尾都是头的彩虹形。玉器中间的上方穿有一孔，作为穿系绳索之用。两端龙口的内部雕成小圆圈状，也具有同样的作用。这种文物称之为璜，是一组腰佩饰的重要零件。

这类弧形的玉器，在东南沿海地区，是六千年前以后的新石器遗址常见到的。两端也大都有钻孔，用途应该都是一样的，作为身上的佩饰，只是西周以前的造型简单，没有繁缛的花纹，而且使用的习惯也稍有不同。从在墓中的位置判断，早期的璜，两端向上，被悬吊着。西周开始增加花纹，也转变两端向下，两端有两孔可以系挂其他若冲牙、流苏等零件，意味着整组的玉佩更为繁复多样。

学者观察到，良渚文化的玉璜很少和表现男性政治权位的玉琮、玉钺共出，表明它比较可能是女性的用品。女性较男性喜爱装饰物应是合理的推测。不过，成组玉佩要求佩戴者步调缓慢而有节奏，以免玉佩相互撞击的声音紊乱。其谨慎的态度被贵族采用以表现其不事生产，雍容肃穆、高人一等的形象，就成为男女通用的服饰了。

新石器时代的璜，不但两端都是平齐的，而且向上弯曲，绝不会取形于彩虹。但西周以来的双头龙形璜，不但形状，位置也与彩虹一致，则其取象于彩虹应无疑义。西周时代可能因彩虹有致雨的信仰，为吉祥的象征，才取以为服饰的形象。

图 2：嘉祥武氏祠画像石的雷神出行施威图部分，彩虹的形象与甲骨文的虹字同

〇六〇 咸，仪仗队伍，喊口号整齐划一

咸：「戌戚皆为仪仗兵器之形，仪仗队的喊叫有训练，整齐而洪亮。」

商甲骨文

两周金文

秦小篆

现代楷书

咸

替：「两人站立不齐，或并立于深坑而不合作脱险，表达败坏的情势。」

商甲骨文	
两周金文	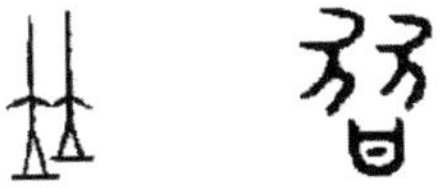
秦小篆	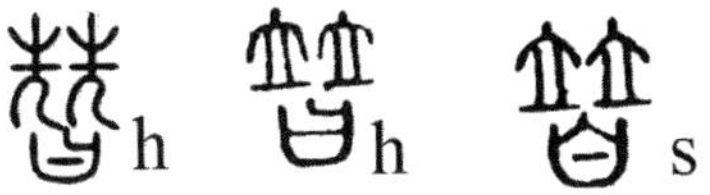
现代楷书	替

"咸"是自古以来常用的副词，表示全部、一起的意思，到底此字是基于什么情况创造的呢？这个字的甲骨文是由两个字组成：戌()与口()。是人的嘴巴象形，是一种武器的象形，《说文》没有说明白为什么一把武器和一张嘴巴会产生全部的意义。

首先要知道戌是何种作用的武器，才容易理解咸字的创意。古代的兵器约可依使用的目的分为两类：一是以杀人为目的，一是主要表现贵族的威仪。第一类有戈，那是装在柄上的细长刃器，利用挥舞的力量，以刀尖砍劈敌人的头部，或以锐利的刃拉割脆弱的颈部以达杀敌的目的。它是利用铜材的坚韧、锐利特性而发展出来的武器。是铜材普遍使用之前所未见的形式。另一类作为权位象征的仪杖，不是实用的杀人武器。形式多种，有自斧头发展而来的宽刃斧钺，有自戈发展而来的细长直刃的戚。干支的戊、戌字就是其象形。有些更把刃的部分做成波浪形，如"我"与"义"字。

戈是针对人类弱点的设计，是战争升级、国家兴起的一种象征。为了达到更大的杀伤能力，戈的形状不断被改良。最初的铜戈只有下边的刃锐利，可以勾劈敌人。逐渐改良将刃部分加长而弯到柄的一边，使刃的长度、攻击角度都适当增加，以颈与肩部为目标，对付保护头部的头盔穿戴。从出土的铜戈形制就可约略看出一个遗址的大致年代，因为戈是实用性的，每个时代都使用其最进步的形式。反观源自工具的钺、戚、斧等类，因是非实用性的，只要好看、多样化就可以，所以器形没有显明的时代性变化。所以在商代，由于戈是作战的主要装备，故很多与作战有关的字就以戈为组成的部分，如武、戍、伐、戒等。而取形自斧钺的字，就用以表达它种与战斗无关的意义。

戌既然是为了表现贵族的威仪而制作的，则"咸"字的创意就可能与仪仗队的行为有关。仪仗的训练重在表现使用者的威严，不在杀人，所以经常嵌镶贵重

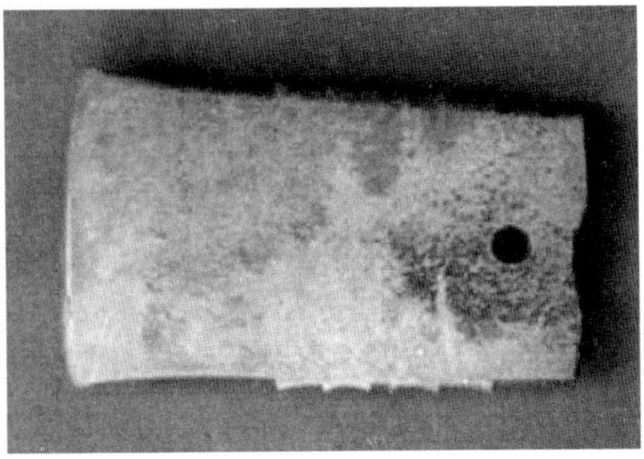

图1:玉戚

长11.3厘米,宽7厘米,约公元前21至公元前17世纪

的宝石或美玉,甚至全体用不足杀人的玉材加以制作。仪仗队不但步伐整齐,经常发声宏亮,整齐划一,吸引目光。由于仪仗队执勤的口号响亮而划一,所以就利用其全体发出一致而同样的声响来表达全部与一起的意义。“呐喊”的“喊”字使用咸与口组合,应该是有所关联的。

仪仗的仪容最重整齐与划一,如果队伍出现不整齐的现象,当就是严重的失误与不当。金文的“替”字有两个字形、,《说文解字》的解释:“废也。一偏下也。从并白声。”“一偏下也”,应该指第一个字形,“从并白声”指第二个字形。第一个字作一高一低的两个“立”,“立”是一人站立的形象,表达在行列之中不整齐而有碍观瞻,所以有败坏的意义,实在再找不到更贴切的解释了。替起初以两立不在一直线表达,其重点容易被忽略而误会成为并立的“并”字(),因此改变以两人于坑陷之中站立张口大叫,无补于脱离险境。不如相互合作,让他人踏上自己的肩膀或可能脱困。

○六一　誖，队伍凌乱

誖：「慌乱排列而致两盾相撞之状。」

商甲骨文	
两周金文	
秦小篆	
现代楷书	誖

远古时候的人们过着采集的生活。自然界提供足够的食物资源,饿了就向自然摘取食物,过着无忧无虑无争的生活。但是人口的压力使食物不够分配,人民被逼一方面发展农业与畜牧,生产自己所需的粮食,一方面又采用武力的手段,掠夺别人的辛劳成果。

由于经济的掠夺常是引起战争的主要动机。经营农耕的人们,有必要组织武装力量以占有温暖的地域、肥沃的土地,获取充分的水源以生产粮食。为了要保护辛劳的成果不被侵夺及毁损,也有必要武装起来保护自己。小的武装集团在强有力者的领导下,逐渐扩张成为大集团及部落。这种争夺自然资源的战争促成产业发达,组织能力提高。同时,水源是发展农业的重要条件,为了要有效控制水源,开凿渠道、蓄水库以弥补降雨量的不足,或为了维护渠道及合理的分配用水。不但要有众多的人力去修建,更需要有效的组织及统一的号令去执行。这些因素都会激起人们建立中央集权政府的需要和愿望。所以,以农业维生的社会,比较容易从氏族社会的性质发展成为国家的组织。

竞争是所有自然界生物为求生存所不能不采取的手段,战争又是进化到农业社会时所必经的过程之一,战争的规模也因战术的灵活和工艺的精良而跟着扩大。

从地下考古所见的新石器时代村落和其生产效率来看,其时战争的规模必定很小。传说黄帝的时代约是四千七百年前新石器时代的晚期,经过五十二次的争战才令天下的人服从。那必是经历长期间的小战斗,逐渐掠夺、扩充而强大的。商汤"十一征而无敌于天下",次数已减少很多。后来周联军攻打商人,只一场大战就决定了命运。战争既然规模更大、更激烈,为了提高作战的效率,就出现指挥作战的王者。

卜辞反映,商代召集兵士一次以三千人为常,有时五千,甚至一万三千人,也提及杀敌两千六百五十人。杀馘一般是俘获人数的三分之一，推测该次战役俘获敌人可达七八千人，则双方动员的人数当会超过一万。看来商代大规模的战斗，双方动员一万人以上是不成问题的。到了西周时代，其规模又有所增大。譬如西元前十一世纪康王时，盂受命征伐鬼方，第一次交上战俘一万三千八十一人。显然规模较之商代又扩大很多。

小规模的冲突不必有人指挥战斗。但大规模的战争，不但有人统筹指挥战斗，参与者更要讲求战斗技巧，才能有效发挥战斗力。甲骨卜辞有“大学”的名称，教学内容有“教戍”“学马”“王学众伐于免方”，应是有关军事的训练。负责教学的人自周代以来已名之为师，师在商周时代都是一种军衔。《周礼·地官·师氏》掌教育贵族子弟及王家侍卫，不但渊源自商代，也表明军事为古代教育的重要内容。

军事训练的内容，借用今日的情况，首先是队伍的集合与编排，然后是战斗技巧的锻炼。队伍不整齐就是训练不严、军纪不律的具体表现。甲骨文的“替”字，作站立的二人一高一低( )，把队伍的整齐性破坏了，故有废替、败坏的意义。“誖”字也有类似创意。甲骨文作两个相向成。是一种附有戈的攻击性盾牌，如下附图。从誖的意义为乱也，可以推测表达队伍不但凌乱，而且还有相互面对的情形。戈是会伤害人的武器，排队时要全体面对同一方向才是。现今竟然凌乱到可能伤到同侪的局面，当然是非常的糟糕，誖乱非常。这不是很好的有违常规的示范吗？这个字的演变，首先是把盾牌析出(甲骨)、(金文)、(籀文)，再进一步成形声字的“誖”与“悖”。

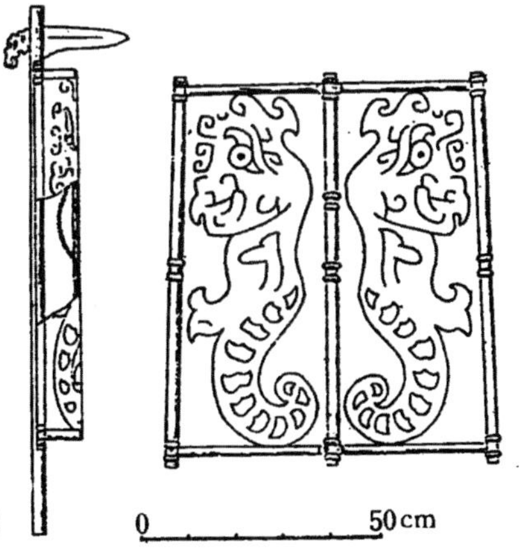

附图

○六二 中，旗号发令

中：「插旗于一范围之中心点，后来省略旗游的部分。」

中国自古以来就有宇宙是由水、火、木、金、土五种物质所构成的想法。这种对自然界的粗浅观察,虽无新奇之处,但当时又有阴阳学说,以为宇宙的变化是由阴阳两种动力相互消长所致。到了战国时代晚期,这两种学说被结合起来,以为宇宙很有规律地依阴阳和五种元素的消长作有规律性的变化。五行的理论越来越流行,汉代达到最高潮,以之与颜色、方向、季节、时辰、地理、器用、数目、音律、教令等各种事物作有意的配合和附会,使得整个社会都浸泡在迷信的浪潮中。对于颜色的配合,东方青木,南方赤火,西方白金,北方黑水,中央黄土。中央是控制四方的关键所在,最为重要,所以政治的最高领袖皇帝,就要坐镇中央,使用黄色的衣物。那么,中是基于什么概念创造的呢?

中国人自商代就把自己居住的地域看作是被四周方国所围绕的世界中心。甲骨卜辞显示商人向四方致祭,希望东南西北各方向所管辖的地域和盟国,都会得到上天的眷顾,获得好收成。这种思想起码可上溯六千年前的仰韶时代。

陕西临潼姜寨是半坡类型的典型代表遗址。规模相当大,约有五万平方千米。大致是为了防御敌人的入侵,把村落建成一个由河流与濠沟围绕的圆形社区。一百多座房子分为五群,每群以一大房子为主体,大门均朝中心的广场,中心的广场会有什么呢?

甲骨文的"中"字异体甚多,作等形状,看起来跟旗帜有关。卜辞多次占问"立中"的事,知是一种和军事有关的设施。还问及立中时会不会遭遇大风,可见有大风时不利于立中。其中一立中的中只做一个圆圈,可能就是"中"字的最早字形。

旗帜在古代社会是个很重要的东西。旗所插之处即该部族驻地。旗所向之处即部族行动的目标。高举的旗帜易为众人所见,战争时旗帜就掌握在指挥官的手中以作指挥之用。所以甲骨文的"族"字,作旌旗之下有一枝箭之形(

),表示在同一旗帜下的战斗单位之意。古代的军队组织初以血族为单位。商代的男子都受军事训练。同属一血族的人居住于同一区域,平日协力生产,战时共同御敌,荣辱与共,作战的效率比较高。平日,旗也是整族人聚集生活的中心,为了强调血缘集团的牢固和集体生活的性质,也是为了防御敌人的入侵,所以才把村落建成一个圈子的形式。

村落是经营农耕生活的生活居住区，是农民费了很多心血所建立起来的。为了要保护辛劳的成果不被侵夺及毁损,不但要有武装的力量,也要建立起预警的机制,能即时将敌人侵犯的讯息迅速告知村民有所应变。

中央既然是制临四方的最佳地点,可以想象传达讯息的旗子应该竖立在中心处,这是竖立旗帜的一贯地点,以之创造中心的意义应该非常理想。古代没有扩声器,只有利用旗号才能让远方工作的人见到,了解其意义。平常只见一根光溜溜的旗杆,但有事时,就分别升上不同颜色或形状的旗子让远方的人也能见到,一如海军用旗语联络讯息,所以“中”字有时作没有旗游,有时有两条或四条旗游飘扬。

〇六三 疾，赶快就医

疾："一人有箭伤之病痛。"

商甲骨文	
两周金文	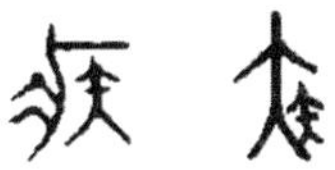
秦小篆	
现代楷书	疾

疒：「一人病危，睡卧于床上，预备接受死亡仪式。」

商甲骨文	
两周金文	
秦小篆	
现代楷书	疒

	商甲骨文
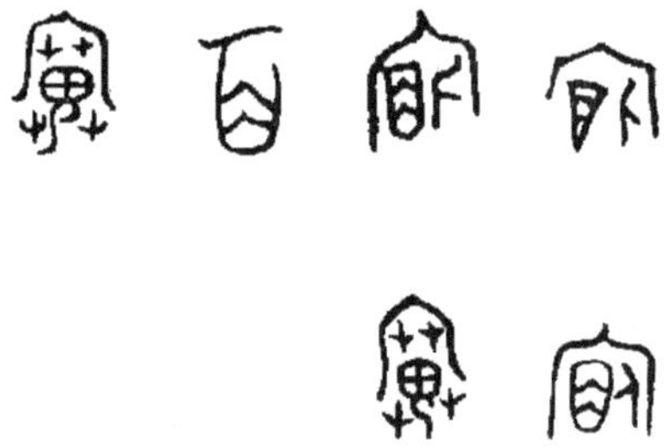	两周金文
 S	秦小篆
宿	现代楷书

宿：「作一人睡卧于屋中席上之意。」

甲骨文的“疾”字有两种写法，一作一个人被箭矢所伤()，另一作一个人生病而睡在床上，身上还流汗水或血液的样子()【应侧视】。不同的表现手法似乎表现不同的病痛原因。前者明显是由于外来可知的事故，后者则可能起于内在不可见的因素。但是从卜辞使用两字的内涵看，似乎并无外科与内科的分别。这两个字形合并就成了今日的“疾”字。疾病是人人所厌恶的，一旦得病就要赶快加以医治，故有厌恶及疾快的引申意义。表明商代已讲求对策，积极医治疾病，不是处于等待死亡，或放任它自然病愈的时代了。

疾病是人人不可避免的痛苦，古人尤甚。古代治病的方式不外求神与用药。一般人以为用药较为先进，是文明之后才发展起来的。其实恐非如此。菲律宾的丛林中，发现有还过着旧石器生活方式的山洞野人，他们没有神的观念，生病时任由病势发展，辗转呻吟，除依靠体内自身的防疫本能外，并不知道向鬼神求救。但一旦被毒蛇咬到时，却知道用某特定的草药加以治疗。某些动物也有天然的本能，知道食用某些东西治病，所以远古的人们能对某些外伤使用药物并不意外。要到相当有智慧的时代，人们才能想象有神灵，并向神灵求救。但一个社会要能对内科的疾病有了认识，并遵循一定治疗的方策时，才可以声称某时代已经有了医学。

商代的人平常并不睡在床上，甲骨文的“宿”字，作一人于席上睡觉之状()【应侧视】，后来加上一个房子的符号，表示睡觉的场所()。创造文字时，睡眠用席子，卧病在床上的表现方式，原来和古代的信仰有关。

台湾以前的习俗：“病重临危，则将病人由床房移至正厅中临时铺设之板床，称徙铺或搬铺。凡男女成人，中年以上有配偶子嗣而死，谓之寿终，而依古礼，男徙正寝，女徙内寝。惟徙铺为男移正厅正旁(右侧)，女移倒旁(左侧)。如是，徙移正厅，认为死者能在家屋中最好地方死得安定。俗以死者在睡床上死，冥魂将被吊床中,不能超度。因此未成年者夭折,虽不移正厅,亦移床前地上。家有长辈,亦不移正厅而移护龙(侧室)。凡被徙铺者,已知将离此世,招唤家人留遗言,分配遗物,此谓分手尾钱,嘱家人预备丧事。”

生病并不一定会导致死亡,何以古代文字会反映人一生了病,就要考虑到丧事而让病人睡在板床上呢?我想它与古代的医疗水平有关。对于致病原因不明的内科疾病,商代还无有效的办法。主要对策是向神祈祷或祭祀以求解救,病死的机会很大。因此一旦得病,就得作最坏的打算,把病人放到可以移动的床,搬到适当的地点,以备万一不幸时刻的来临,可以死得其所。

春秋之后,药物已发展到可延长病期,甚至痊愈的时候。病人既然习惯长期睡眠于病床,不再忌讳木床本是死亡时停尸的器具,渐被接受而为日常的坐息家具。床板高于地面,不但避免潮湿,也避灰尘。也许人们因之利用以坐息,在其上铺席子。战国时候的病床已发展到附设有屏风、凭几、承尘的帐,成为可以坐卧、进食、书写、会客的多功能家具,为大厅最有用的常设家具。但是如此的床可能过于笨重,不便在客厅被移来移去作为其他的用途,后来就被搬到寝室专供睡眠之用,而客厅就改放置桌椅了。

图 1:贴金浮雕彩绘承棺石屏

长 229 厘米,宽 103 厘米,高 117 厘米

北周大象元年,公元 579 年

○六四 梦，神的启示

梦：「作一人睡眠于床上，却睁眼好像有所见之状。」

商甲骨文	
两周金文	
秦小篆	
现代楷书	夢

梦是入睡后脑中出现的表象活动，是人人都曾经有过的奇妙经验。对于做梦之科学研究，是从二十世纪才开始的。古人对于做梦没有深刻的了解，如果一个民族对梦的起因和后果有好像迷信的看法和应对，是不值得大惊小怪的。有人认为梦是现实的反映，有人则认为梦是事情将发生的前兆，应该尽快去做梦到的事。由于各种不可思议的情景都可以入梦，尤其是已过世的人在梦中宛如生人一般，故古人普遍认为做梦是精灵的感召，鬼神在给人们作某些启示，所以普遍有重视梦境的现象。

中国对于做梦的记载，至少可以追溯到三千多年前的商代甲骨卜辞，其梦中出现的有祖先和自然的神灵，以及死老虎、白牛、活着的人等不一而足。

甲骨文的“梦”字，作一人在床上睡眠，眼睛却睁得大大的，好像有所见之状(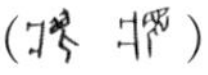)。另一形的眼睛部分被省略，床上的人只剩下眉毛及身子(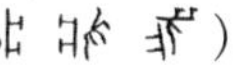)。上文“疾”字介绍，商代或之前，一般人睡眠于地上所铺设的草席，床是为临死的人预备的停尸之所，并不是日常睡眠或生活起居的地方。因为古时生病很容易导致死亡，所以一生病就要作最坏的打算，让病人睡在特制的床上，以便死得其所，可以让灵魂顺利地往生。梦既是人人平日皆可能有的经验，为什么文字的创意，要以躺卧在停尸的床上，而不是席上表达呢？

也许病危的人比较容易做梦，如《论衡·死伪》：“人病，多或梦见先祖死人来立其侧。”《晏子春秋·内篇》：“景公病水，卧十数日，夜梦与二日斗，不胜。”《礼记·檀弓上》：“子曰：‘……予畴昔之夜，梦坐奠于两楹之间，……予殆将死也。’盖寝疾七日而没。”在戏剧里，我们也常看到临死的人会托梦给远地的亲人交代一些未了的事情，或向有关的官员申冤。所以古人很可能有意以病床去创造做梦的字。

做梦在古代恐怕也不是常有之事。《庄子·大宗师》有“古之真人，其寝不梦，其觉无忧,其食不甘,其息深深”。心理有压抑时比较容易做梦,所以俗话说“日有所思,夜有所梦”。我们虽然天天做梦,但很多人都记不得做梦的内容。古代的社会较单纯,少烦忧,因此所记得的梦境恐怕要比现代的人少得多。庄子谓圣人无虑,故也不做梦。当古人遇有重大事情需要决定时,如出猎、迁移等,有些民族,就会用占卜的方法向神灵请示。但如果该民族有梦境是鬼神向人们有所指示的信仰时,也就会乞求神灵于梦境的指示。

做梦并不一定能在某段需要的时候发生，故有些部族以挨饿或吃药物,让身体虚弱或精神恍惚而强制起有如做梦的幻觉。吃药或绝食都可能导致死亡，所以要睡在床上,万一死亡时也不违反死亡的礼仪。死不足惜,怕的是不能转生。由于梦被视为精神的感召,作为一个部族领导人的巫师或酋长,他们负有一族安危的重任,他们的梦就被认为对大众的福利有密切的关系,自然他们所做的梦受到重视。早期的文字,为了强调贵族的身份,常把眼睛与眉毛也画出来，“梦”字特地把做梦者的眉毛也画出来,就是要表达做梦者是巫师或酋长。

〇六五　葬，睡在棺中床上

葬：「二人躺卧在棺内的床上之状。」

商甲骨文	
两周金文	
秦小篆	 S
现代楷书	葬

死：「一人跪拜于腐朽骨之旁，头低垂有哀悼意。尸体以不同的姿态放置在棺中之状。」

	商甲骨文
	两周金文
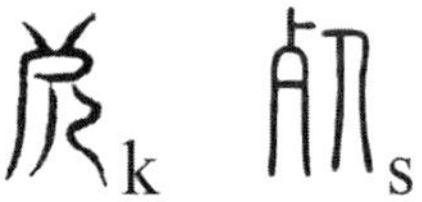	秦小篆
死	现代楷书

之前已介绍过，中国古代，因为有种信仰，要在病床上往生，灵魂才能前往投生，重新出世做人。所以有习俗，一生了病就要作最坏的打算，让病人躺卧在特制的床上，以免错失死亡的礼仪。所以，如果要强迫做梦以求得神的指示，也要躺卧在床上做梦，就算处理不当而意外死亡时，也能合于礼仪死亡，没有遗憾。那么，死亡的遗体如何处理呢？

甲骨文的“葬”字，就作一个人躺卧在棺内的床上之状(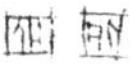)。显然，不但病危时要睡在床上准备接受合于礼仪的死亡时刻，埋葬时也要采取同样的措施。考古发掘，汉代之前的棺材式样，如图 1 所示，就作木棺之内有悬空的床架之状。南北朝的时代就把床架下移至木棺外而成为承棺架或石屏的形式。之后又省去床架而呈现今日常见的棺木形式。

图 1：湖北江陵县九店东周墓，木棺内架设床的样子

人死亡时要睡在床上，埋葬时也要躺卧在棺内的床上。如果有意外发生，没能死在床上，那要如何处理呢？甲骨文的"死"字有两个字形，一作、等形，表现一个人跪坐在已腐朽的白骨之旁，有哀悼的意味。此字形有时加有"朱"(鼄)的声符，或以为是"殊"字，殊有不得好死的意义。一作、等形，表现一个死人埋在棺中之形。这两个死字的意涵在商代似乎有点分别。前者罕见，属不正常的情况。后者常见，为正常的情况。

甲骨卜辞有："……王占曰：有祟，其亦有来艰。五日丁卯子某，不。"因为有了外敌来侵犯的灾难，导致某人殊而不死。从字形看，是埋在棺内，是尸体已化成白骨。从卜辞的情境看，是正常的死亡，用棺材埋葬。却是死在外地，可能要等尸体化为白骨之后再加以处理。有卜辞问不就地埋葬而以驿传的方式运回安阳来的例子。

死是人生不可避免的归宿，若能死得正常，合礼仪地加以安葬，就没有什么遗憾了。如果死的不得其所，不是时候，似乎就让亲人有点悔恨的感觉了。《礼记·檀弓上》，曾子曾经顾虑死时不合睡在床上的礼仪。甲骨文有"吝"字，作一个文形的人在一个坑陷上之状()。甲骨文的"文"作一个人的胸上有各种形状的刺纹之状()。它可能是古代葬仪的一种形式，用刀在尸体胸上刺画花纹，让血流出来，代表放血出魂以便前往投生的观念。它被用于赞美施行过释放魂仪式的高贵死者，如金文铭文常见的前文人、文父、文母、文祖、文妣等。"文"从不使用于形容活人的称呼，后来才引申至有文彩的事务，如文才、文章、文学等。很可能"吝"字的创意在于表达某人因某种缘故，不能正常地躺在棺内床上加以安葬，只能以刺纹的尸体埋在坑中的方式加以安葬，故觉得惋惜。

(图2) 此盆出土时覆盖在一位女性孩童骨骼上，是种二次葬的现象，是尸体埋于地下若干年后，收捡白骨而安置于一容器，再次埋入土中。这种习俗常见于新石器的遗址，不久前台湾还保留此种习俗。或叫洗骨葬，因为骨头可能还附有未腐烂干净的肉，要加以清理才再次埋葬。

图2：红衣黑彩人面鱼纹细泥红陶盆

口径44厘米，高19.3厘米，半坡类型，六千多年前

○六六 尸，祖先蹲坐的形象

尸：「夷人坐姿，蹲坐，亦为屈肢葬之姿势。」

商甲骨文	
两周金文	
秦小篆	 S
现代楷书	尸

中国古代有一种习惯，有以年幼晚辈蹲坐在上位，象征祖先接受子孙的拜祭。这位象征性的祖先称为尸。《仪礼》有多篇章述及迎尸的事，其原因，注解说："尸，主也。孝子之祭，不见亲之形象，心无所系，立尸而主意焉。"甲骨文的"尸"字作一个人蹲坐的姿势（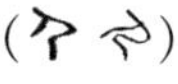），意义是夷族。因为中国古代在室内采跪坐的方式，蹲踞是东方夷人的坐姿。《论语·宪问》有"原壤夷俟"，即原壤以蹲踞的姿势等候孔子，这是不礼貌的行为，所以孔子很不高兴。为什么祖先要以异族的行为去表达呢？这应该与中国人对死亡的定义有关系。

现在我们以没有呼吸或脑死为死亡的定义。但是《汉书·南粤列传》中，南粤王说了这么一段话："老夫身定百邑之地，东西南北数千万里，带甲百万有余，然北面而臣事汉，何也？不敢背先人之故。老夫处粤四十九年，于今抱孙焉。然夙兴夜寐，寝不安席，食不甘味，目不视靡曼之色，耳不听钟鼓之音者，以不得事汉也。今陛下幸哀怜，复故号，通使汉如故，老夫死骨不腐，改号不敢为帝矣！"表明人要等到肉身腐烂成白骨的阶段才算是死。在这个阶段之前，即活着的时候，南粤王不敢再称帝号而与汉朝抗衡。

起码从六千多年前的仰韶文化起，就行所谓的二次葬。那是将尸体埋在土中若干年后，等尸体完全腐化成白骨，然后整理尸骨再埋葬一次，故名之为二次葬。因要把腐肉清除，故也称为洗骨葬。人死后身体很快就僵硬，但等到化成白骨时，就有可能将骨头安排成蹲坐的样子以减轻体积，以便放进陶罐中再次埋葬。从上文引用的《南粤列传》，这时候才算真正的死。由于蹲坐也是屈肢葬（二次葬）的姿势，有可能以这样的姿势去代表祖先的神灵。它表示人生道路的真正结束，即死亡的仪式才真正完成，真正成为神灵。否则的话，为什么要以异族的蹲坐去代表祖先的形象呢？

古代于父母死亡时要为之守三年之丧期。孔子以为子女出生后要接受父母三年的拥抱或背负，故要以同样的时间报答父母。观察时下一般抚育子女的经验，大致一岁多就任由孩子们在地面自由行动了，所以这种解释可能不得其实。很可能于举行二次葬之后丧事才算完毕，才能视之为祖先而祭拜之。（有父母亲坚持土葬，就是为了继续护佑子女。）

尸体化成白骨的时间，如果暴露于空气，肉体很快就被分解掉，要埋葬在地下才能保持较长的时间。但所需要的时间，依埋葬的方式、棺材的材料，以及土地性质的条件，差别非常大。古时在华北，如果有葬具，其期间可能一般为三年。所以屈原的《天问》有“鸱龟曳衔，鲧何听焉？顺欲成功，帝何刑焉？永遏在羽山，夫何三年不施？”注解说鲧虽长绝于羽山，何以经过三年而其尸体犹不腐化？明白表达腐化为白骨的时间一般为三年。可以想象，要等到化成白骨的三年，丧事才算完成。后世不详其由来，才解释为三年不离父母之怀。离父母之怀的时间是有弹性的，但等待尸体化成白骨的时间确有其物理的必然性，因此比较可能是三年之丧的源头。

〇六七 市，市场标识

市：「标明市场所在的标识形。」

商甲骨文	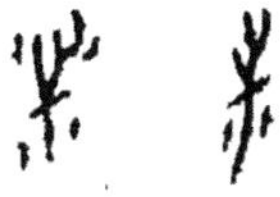
两周金文	
秦小篆	 S
现代楷书	市

制造工具以适应生活的便利，在远古的时候本是人人的业余工作。但随着要求工具精良的愿望提高，就有越来越多的人专门从事精选材料，研习制造技术，制造特定的器物以与他人交换所需之物，而为谋生之道。其变化首先是在本族内的分工，因材料取得难易等等因素，慢慢演变为一个部族专门某样工作。譬如说有些部族专心种植稻、黍等农产品，有些则专门制造石斧等手工艺品。分工则生产不平衡，为了适应生活的需要，就得部族与部族之间相互交换多余的产品，这种物品交换就是初期的商业行为。

商业的行为使人们接触的领域扩大，器用精良，文明的程度也跟着提高。从旧石器时代就有石器制造场，很可能也就有了商业性的行为。不用说，开始的时候社会分工不细，交换的种类只限于生活需要的，而自己不能制作的少数东西，或附近没有生产的材料及装饰物。石材是远古最有用的材料，故成为古代最常见的交换物资。

初期的交易通常是偶然、不定期的，可能有时候约定一个暂时的地点，在有限的时间内做完交易，就各自回到自己的地方。远古时候没有私人财产，交易原先是部族之间的事。家族之间也可能交换礼物以巩固友谊。一旦演进到有私人财产的时代，当然交易就会推广到个人之间了。同时，商品的制作也越来越专门。

一般说，定居的生活比之游牧更需要从事交易。游牧的活动范围广，比较易于采集到所需要的材料。交易的地点宜在人们经常聚会之处。后世建有村邑时，井为众人取水、洗涤的场所，是大众经常见面聚会的地方，成立市场的好地点。很多地方的水井处就发展成为市场，故有“市井”之词。在未聚集成村邑的时代，人人取水的河滨大概就是交换物品的所在。传说首创市场交易制度的人是神农氏。《周易·系辞下》有“神农氏……日中为市，致天下之民，聚天下之货，交易而退。”

神农氏的时代，如不取传统的公元前二千七百年，而以其时的社会背景估计，应有七八千年以上的历史了。那是农业刚发展不久，生活简单，社会分工尚粗陋的时候。不但交易的数量及种类不多，那时活动的范围也有限，难于从遥远的地方交换到稀罕的物品。所以难从考古遗物看出交易的痕迹。但是从遗址发现邻近地域不出产的某些石材或海产贝壳，就可确定那是交换得来的。

东周时代的市场已与居住区域分开，有专人管理，宣示开市与收市的时间，不到指定的市场进行交易就要受到处罚。《周礼·司市》有“凡市，入则胥执鞭度守门，……上旌于思次以令市”。注释说：“上旌者以为众望见也。见旌则知当市也。思次若今市亭也。”要高高升起某种标识让远方的人知道已开市，甲骨文的“市”字大概就是标明市场所在的一种标识（），高竿两旁的小点大致是后来添加的无意义装饰符号。开市有一定的时间，传说神农氏时代以日中为市，这时大家都已工作回来而吃完早饭了，有闲暇可以购物。甲骨卜辞的时间副词“市日”，大概就是中午前后的时间吧。

○六八 虎，幼儿保护神

虎：「整只老虎的形状。」

字体	字形
商甲骨文	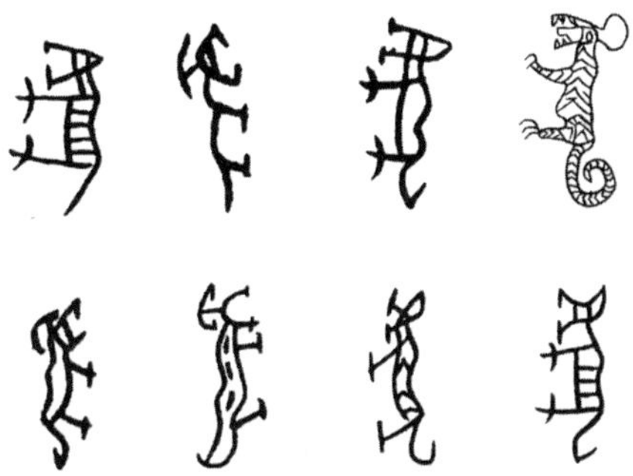
两周金文	
秦小篆	 k s k
现代楷书	虎

虎属猫科，不计尾巴，身长可达两米，重二百公斤以上。虎凶猛，有强壮的身躯、锐利的爪牙、敏捷的动作，是亚洲野兽之王。虎很能适应环境，分布地区广大，是中国古代常见的动物。虎的生活环境杂草丛生，潮湿而软，逐渐被人们开发为田地而失去生活的天地，所以也几乎在中国境内绝迹。在野生的动物中，虎可算是人们最熟悉而常见于装饰的题材。

甲骨文的“虎”字，是一只躯体修长、张口咆哮、两耳竖起的动物象形（）。捕猎老虎具危险性，如果不靠陷阱、毒药，古时候想要用武器猎获它是很不容易的。所以对古代的猎人来说，虎是可以夸示勇力的猎物。商王捕到老虎的地域虽有多处，但在大量的猎获物中，只能捉到一两只而已。譬如在一次大规模的狩猎，捕得鹿四十、狼一百六十四、麑一百五十九等，但老虎才一只（《合集》10198）。比起皮坚甲厚的犀牛动辄十只以上，即可见老虎难于捕获的程度。

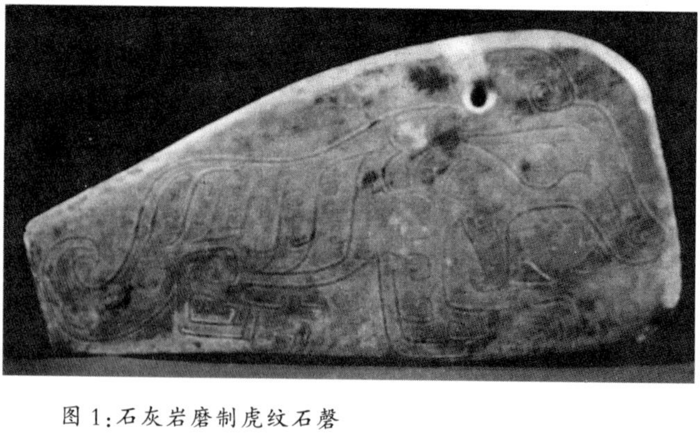

图1：石灰岩磨制虎纹石磬

长84厘米，河南安阳出土，晚商，公元前14至11世纪

由于老虎不易捕捉，最后的商王纣，在鸡麓捕获一只大烈虎，就特地取下其前膊骨，正面还雕刻很繁缛的花纹，两面的花纹和铭辞都用贵重的绿松石嵌镶(图 2)。显然在炫耀其打猎的成果，作为赏玩展示之用。战利品的装饰在古代也有表示地位的作用，因为只有拥有徒众的贵族们才有办法捕猎到大型的野兽。

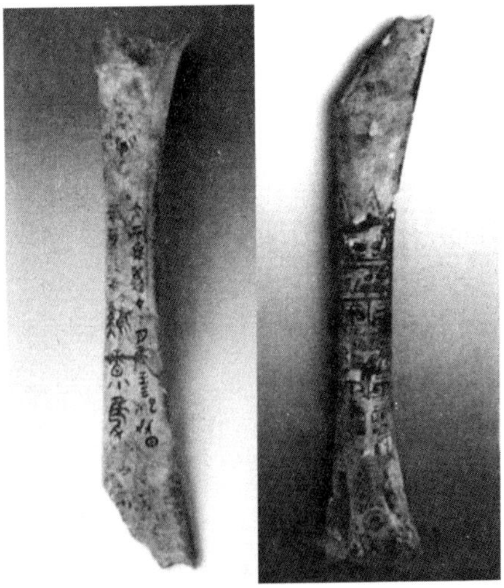

图 2

老虎对人们的生命和家畜都构成威胁。中国人不但对之没有恶感，甚至还相当的崇敬。古代铜器上常见的饕餮纹，有大半是取材自凶猛的老虎。虎大概被视为有毛动物中最具神威者，有避邪的魔力。因此与鳞虫之龙、羽鸟之凤、介甲之龟蛇等神灵动物合称四灵，分别代表四个方向及季节。后来更与五行说配合而有东青龙、南朱雀、西白虎、北玄武之称。其实，虎的肤色最常见的是黄色，五行论者把虎的肤色说成白的，不知是偶然的配合还是有意的安排。虎的平均寿命才十一岁，就附会说虎五百岁毛色变白，在王者不暴虐，恩及行苇时才出现。

老虎被中国人视为农业的保护神。在农作物漫长的生长过程中，破坏大约来自两方面。一是田苗受野兽的践踏及啮食，故古时有以孟夏驱野兽以保护田苗的积极措施。虎以鹿、田鼠等弱小野生动物为食，间接帮助农业的生产，故农民欢迎它。农业的另一破坏因素是供水不足。在水利不发达的古代，农作的收成常取决于适时的降雨与否。水量不足的时候常多于降水过多。旱魃是传说降下旱灾的祸首，《风俗通》说虎能噬食鬼魅，这不也是帮了人们一个大忙吗？

古人认为威力越大者其魔力也越高。还认为与某样东西有了关系，就会感染其魔力。后世的人对于这种原始的信仰虽已淡薄，但多少还有些遗留。故武士喜以虎头或虎皮来装饰戎服，希望借其魔力降服敌人，至少也可避邪。民众大概觉得凶猛的老虎有足够的力量保护幼儿不受到妖邪之气的侵害，或是希望男儿长得勇猛如虎，就把男孩的帽子缝制成老虎的样子，所以老虎也就成为幼儿的保护神。甚至成年人也购买老虎造型的枕头，希望避邪。

○六九 戏，斗虎表演

戏：「以兵戈戏弄老虎的娱乐性节目。」

商甲骨文	
两周金文	
秦小篆	 S
现代楷书	戲

对于一个国家来说，在古代没有比祀（祭祀）与戎（军事）更为重要的事。古人于生产劳动之外，参与祭祀与军事的活动是生活上的重要行事。祭祀时以乐奏与歌舞助兴。军事则要加强体能的各种训练。很多娱乐的项目就是由相关的活动演变而成。

狩猎本是渔猎时代的工作，那些跳跃、奔跑、射击的动作，都是为了谋取食物所必需的，所掺杂的娱乐情绪或心理是极少的。但是后来，尽管其动作激烈，常弄得身体疲惫。不过其根本目的，却是为了满足心理情绪，不是为了谋求生活，故欢愉非常而成奢侈的体能娱乐。

老虎是种对人类生命具有威胁而难于捕捉的大型动物。如果有人想夸示其胆力及勇气，在上古恐怕没有比跟老虎搏斗更刺激的场面了。所以扮演搏斗老虎的故事剧，甚至与老虎真的搏斗，就成了古代一种很有号召力的娱乐节目。汉代张衡的《西京赋》："东海黄公，赤刀粤祝，冀厌白虎，卒不能救。"说的是东海黄公年轻的时候以表演徒手搏斗老虎为职业，到了年老的时候不知自己身体已经衰弱，有一次带了刀子上山，要去捕捉老虎，反而被老虎吃掉了。人们也因之编成有科白、化装、舞蹈的逗笑戏剧。

图 1：绣球戏狮的头陀象牙圆雕

高 8 厘米，宽 6.9 厘米，明代，约公元 16 世纪

"戏"字的意义好像和军事有关。西周中期的《厘簋》有任命某人为辅戏的官职,赏赐甚丰。《说文解字》解释"戏"为形声字,说是军队所驻在的一面。至于何以"戏"有戏谑的意义,段玉裁注解,因为兵杖可以玩弄。我想这个说法很牵强。金文的"戏"字由老虎、戈及凳子组成(𢧌 𢧌),凳子的部分不成字,故"戏"比较可能是表意字而非形声字,想是表达一个人持戈表演刺杀高踞的老虎的游戏之意。戏有戏耍的意思,故比较可能是种游戏,不是真的刺杀老虎。若以武器猎杀老虎,就带有相当的危险性。甲骨文的"虣"字,由一戈与一虎合成,意义是不设陷阱而以戈搏杀老虎,是种鲁莽粗暴的行为(虣)。此字后来被代以"暴"字,《诗经·小雅·小旻》有"不敢暴虎,不敢冯河"之句。意思是不敢冒然与老虎搏斗,不敢不带漂浮物而渡河。

古代的人称皇帝为陛下,因为皇帝高高坐在厅上,臣属则在台阶之下听命。戏下是军队驻扎所在的某个重要设施。《史记》的《项羽本纪》与《高帝本纪》都有"诸侯罢戏下,各就国"。《汉书·窦田灌韩传》则说:"灌夫率壮士两人,及从奴十余骑,驰入吴军。至戏下,所杀伤数十人。"颜师古注:"戏,军之旌旗也。"或"戏,大将之麾也"。看起来,军营之中有个司令台,是发号施令的地方,建有指挥的大旗,听令的兵将都在台下,所以才有戏下的用语。演戏与下军令的共同特点是在台上施行。《厘簋》的辅戏官职,是(在台上)下达命令的师长的副手。

商人认为捕猎老虎是勇武、值得夸耀的事。它可能原来是扮演某勇士的壮举,后来渐成一种固定形式的表演。商代不但有械斗老虎,还有比之更惊险的徒手搏斗老虎的节目。甲骨文的"虢"字(虢),作两手扭斗老虎的情状。这无疑是更刺激,更能吸引观众,表现英雄威风的节目。也许虢地在商代是以此节目见长的地方。

〇七〇　美，高耸羽毛头饰

美：「大人头上的美丽头饰。」

商甲骨文	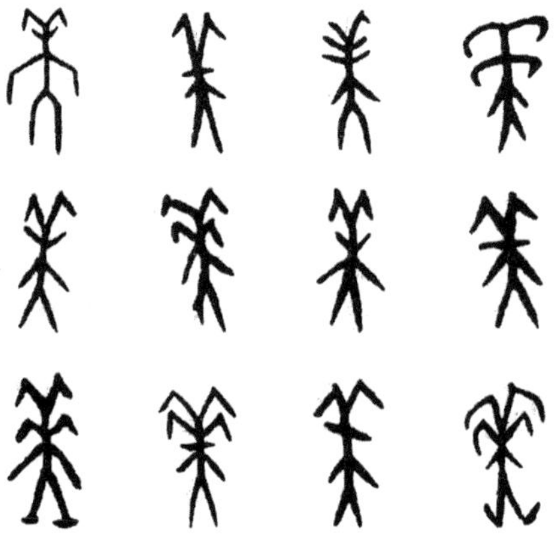
两周金文	
秦小篆	 S
现代楷书	美

美是个抽象的概念，见仁见智，没有一定的标准。同一件事，一种形貌，在某个社会被认为是好事，是美；在另一个社会，可能被认为是蠢事，是丑。爱美是头脑的思考表现，表示有空闲可以谋求寻找食物之外的精神活动，是进入一个新时代的进步表现。甲骨文的“美”字，作一人(大)的头上装饰着高耸弯曲的羽毛或类似的头饰状(美 美)。显然那是被认作美丽的形象，所以才拿来创造美丽、美好等意义。

自旧石器晚期以来，人们就晓得借用东西来装扮自己，时代越晚花样也越多。在未穿用衣服之前，人们就晓得装饰自己的身体。最简易的方法大概是把东西串连起来，绕着颈项悬挂在胸前。我国山顶洞一万八千年前遗址，发现一百三十多件穿孔饰物，显然就是挂在胸前使用的。在习惯穿衣服之后，可能不便再在颈项悬挂颈饰，中国就渐渐发展在腰带上悬挂成组玉佩，用以表现贵族的不从事生产的高人一等的身份。

不断生长的人类的繁密头发，对于没有良好裁剪工具的远古人们来说，毋宁是种累赘。让头发无限制地生长，就会妨害工作的进行，就要想办法改善。因此当人们要追逐奔跑，捕捉野兽时，就会有紧束或剪短头发使不妨碍工作的需要。一旦社会有了阶级的差异，自然对于最容易被看到的头发加以利用。

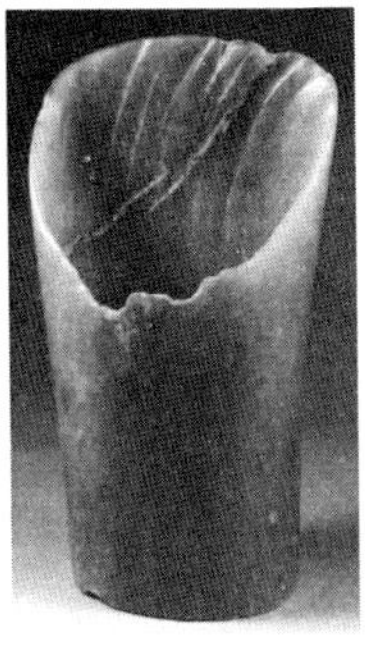

图1：马蹄形淡绿玉器

高18.6厘米，红山类型，约5500至4200年前

要把头发盘到头上才能装饰东西。盘发就要利用箍或笄贯穿，才能紧密地固定发型并插上装饰物。或以为中国自燧人氏起就有髻发。因木、竹制作的笄难于保存地下，所以这个传说难证实。若求之不腐败的材料，约八千多年前裴李岗文化遗址就发现了很多骨笄。那时阶级尚未形成，因此骨笄的使用除方便工作，或爱美的追求外，不太会有社会地位的象征作用。

五千年前的红山文化遗址，常在头部发现马蹄形的玉管箍，下端平齐，两侧有小孔，可能是穿绳子套在头顶上，把头发竖立起来穿过管箍的束发器。这时代已有阶级之分，把头发竖立起来不但美丽，也很显目，就有显示个人崇高地位的可能。不少初民的社会，作为领导阶级的人有插骨骼、羽毛等物以炫耀受其统治的身份。从中国云南沧源少数民族的崖画中，发现成员的头饰与甲骨美字的形状一模一样。身子越大，其头上的羽毛装饰也越丰盛。绝大多数身子小的人，就没有任何头饰。头饰显然在古代是种很重要的社会地位表征。北美的印第安人，其酋长的羽毛头饰也比其他的成员丰盛。

竞争是自然界为求生存所不能不采取的手段。小规模的冲突不必有人指挥战斗。但是有成千上万的人参与的战争，就需要有人作全盘性的统筹指挥，才能获得最佳的效果。指挥者如希望他的指示能及时被部下知晓，他就有必要让部下容易见到他所下号令和指示的措施。而同族人的身材大都相差不多，如果没有特别显眼的标志，就很难在人群中被辨识。指挥者只有站在较高的地点，穿着特殊的服饰，其举动才易被人注意到。所以在古代，头饰是获得领袖地位的重要象征。它不但在族群中，也很容易被外族人识别与其他成员不同的特殊地位。

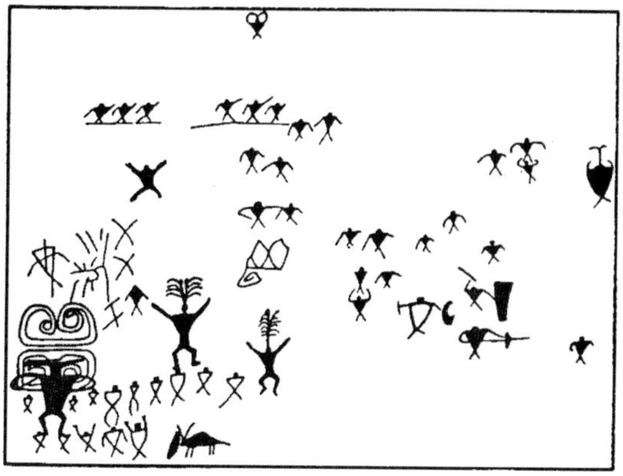

图 2：中国云南沧源少数民族崖画

○七一 改，驱邪改运

改：「表现对畸形儿或死胎切割扑打以驱邪的风俗。改改分别文。」

商甲骨文	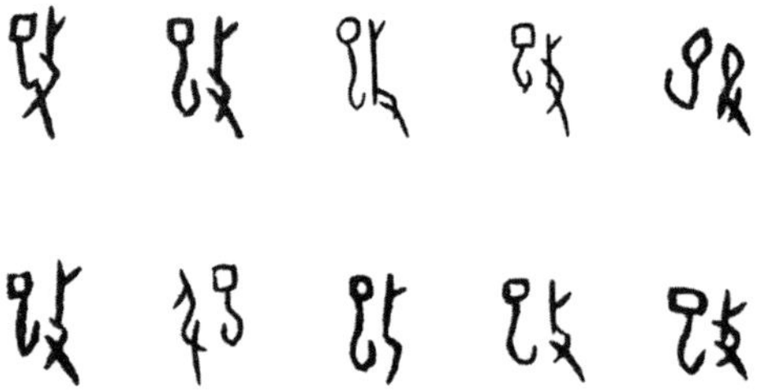
两周金文	
秦小篆	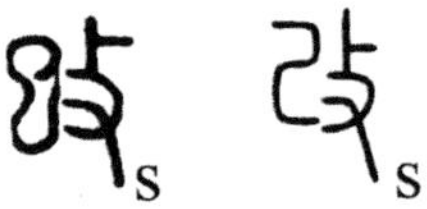
现代楷书	改

弃：「双手捧箕丢弃新出生之婴孩，或加双手持绳索示绞杀之动作。」

商甲骨文	
两周金文	
秦小篆	 z k s
现代楷书	棄

在生物界，繁殖是最紧要的事。如果体力比不过其他的物种，除了善于逃遁，能够大量繁殖也是维持种族不灭绝的另一种方式。所以，体能越是衰弱者越需要有旺盛的繁殖力，才能维持种族的存活。人类不能例外，所以《孟子·离娄》有“不孝有三，无后为大”的话语，充分表现没有子孙在人类的社会中也是件很严重的缺憾。

繁殖不但讲求量多，还需要产下体格健康、精神聪慧的后代，能与其他的物种或甚至同族的人竞争而出人头地，才算有意义。因此出产健康的孩童毋宁是作为父母亲的最大愿望。

古代的人口稀少，地域隔绝，常常作近亲之间的交配，以致常有畸形的婴儿出产。中国好多地方，如贵州、湖南、台湾等地，都有类似的创生神话。他们的祖先屡屡生下畸形的婴儿，因此向天神祈祷，希望赐给健全的后代。于是神告诉人们的祖先，要把生下不成形的死胎切成数块，埋在人们常走动的地下，这样就会产下健康完整的婴孩。人们依照神的指示做了之后，终于产下健康的婴儿，这些民族才得以繁殖壮大。台湾在几十年前，如果产下的婴儿是畸形的或死亡时，往往有用火烧炙死胎，或切割成多块而埋在人人行走的道路下的虐待行为。解释为这类异常的生产是因为邪气进入母体所造成，所以要切割之、烧炙之以驱逐邪气。邪气一走后，下一胎就可以顺利产下正常的婴儿。我想，上述的创生神话才是这类习俗的源头。

甲骨文有个字作、等形。是胎儿还未产下时的形象。“包”字原先的意义是胞胎，表现胎儿在人体内之形状。所以表现一手拿着棍棒扑打胎儿之状。胎儿会被扑打，一定是已经出了体外，所以是个死胎。此字后来演变成两个字，“攺”与“改”，意义分别是“大刚卯以逐鬼魅也”和“更也”。可以了解此字表现扑打、切割死胎以驱逐隐藏其中之鬼魅邪气，希望导致改变死胎，使下一胎成为正

常的婴儿。通过甲骨文可以了解至少三千年前已有这种习俗。

能有后代延续虽是人人希望的可庆贺的事。但有时因种种原因，如多胞胎，是因奶汁不够喂饱多个婴儿；非婚生子则是使家族不名誉，或因某种宗教信仰，不但女婴，有时连男婴也被抛弃或绞死。甲骨文的“弃”字作两手拿着簸箕（）抛弃尚带有血水的新生婴儿（）之状（）。有时更包括两手持一段绳索（），明白表现对婴儿加以绞杀的动作。从此字形知所抛弃的不全是死婴。人们既然以此习俗来表达废弃的概念，就不会是太偶然的现象。可能古代婴儿的夭折率高，故抛弃事件多。

汉代王莽禁止人民佩带刚卯，因为汉朝皇帝姓刘，刚卯暗含刘氏刚强的意义。据颜师古引服虔注，刚卯用玉、金或桃木在正月卯日制作，长三寸，广一寸，四方，上头刻避疫疠的铭文，穿系丝革用以佩带。这件灰黑色晕斑的青玉器作十二面的棱柱形，下部中心有穿孔可以穿绳佩带。铭文：“行气天，天则畜。畜则神，神则下。下则定，定则固。固则明，明则长。长则退，退则天。天其本在上，地其本在下。从则生，逆则死。”是有关行气健身的纲要，功能与刚卯相似，可能发展自同一习俗。

图 1：行气铭玉刚卯

高 5.2 厘米，直径 3.4 厘米，战国，公元前 475 至公元前 221 年

○七二　龙，降雨灵兽

龙很受中国人尊崇，盛见于各种传说与美术题材中。形象虽有些凶恶，却被选作吉祥及高贵的象征。不像中世纪的西欧把龙描写成喷吐火焰的凶恶动物。

河南濮阳一座六千多年前的墓葬，发现在尸体东西两旁用蚌壳排列龙与虎的图案，肯定寓有宗教的信仰。其形象写实，颜面窄长，头无角、长身、短腿、尾巴粗长。发展至商代，“龙”字已是个头上有角冠，上颔长而上翘、下颔短而下曲，身子卷曲，尾巴与头向相反的动物形象（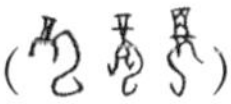）。中国文字为了适合窄长的竹简，常将动物的身子转向，四足悬空，使龙字像是个可直立而飞翔的动物。其实它应横着看，描写短足的爬虫动物形。

现在的“龙”（**编者按：“龙”字转化回繁体为“龍”。**）字，是字形的讹误，把身子与头部分开了。商代的甲骨刻辞证实上举的字形确是现今的“龙”字。卜辞有“其作龙于凡田，有雨？”（《合集》29990），卜问是否建造土龙以祈雨的仪式。西汉的董仲舒于《春秋繁露》中，详载建造土龙以祈雨时，如何依五行学说的原则，在不同的季节，建造不同数量、不同大小的土龙，面对不同的方向，以不同的颜色，并以不同的人数去舞蹈。向龙祈雨的传统延续到近代，水是农作物收成好坏的关键，中国是农业的社会，所以龙受到特别的尊敬。不过，商代对于龙降雨的信念还刚萌芽，所以商代很少向龙祈雨。那时最常见的方式是向神供奉乐舞及焚烧巫师。

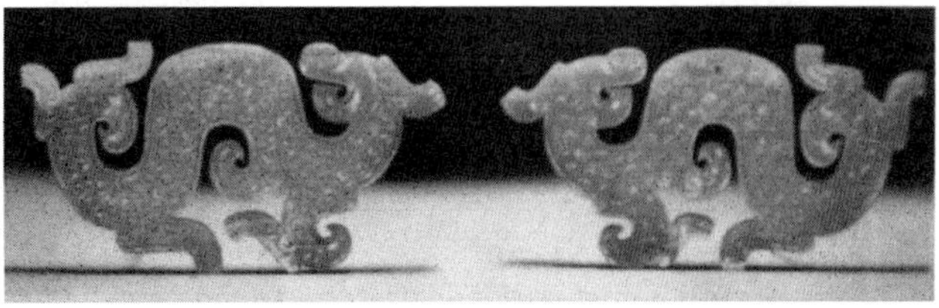

图 1：青绿玉勾连云纹龙形玉佩一对
长 11.4 厘米，战国晚期，约公元前 475 至公元前 221 年

龙的早期形象较为写实，后来为了夸张其神奇，就选择九种不同动物的特征加以修饰：角似鹿，头似驼，眼似兔，项似蛇，腹似蜃，鳞似鱼，爪似鹰，掌似虎，耳似牛。当然就不可能在现实的世界找到它的形象了。

龙是古代的图腾。图腾大多取自然界中实有其物的东西。西周早期的《周易》，把龙描写成能潜藏于深渊，飞跃于天空，争斗于地面，流出的血是玄黄的颜色。从古文物所遗留下来的图形，可以推测龙原是种两栖类爬虫动物的总称，能生息于陆地及水中，有些还能跳跃甚高，像是能飞翔的样子。龙因为罕见，形像才慢慢起变化，后又被神化，才脱离了实际，成为虚构的动物。

爬虫种类多，习性各有不同。也许人们把不同形状及种属的爬虫化石都当作龙看待，导致产生龙能变化形状的传说。唐代《感应经》描写："按山阜岗岫，能兴云雨者皆有龙骨。或深或浅，多在土中。齿角尾足，宛然皆具。大者数十丈，或盈十围。小者才一二尺，或三四寸，体皆具焉。尝因采取见之。"一到自然历史博物馆参观，就会了解所称的或大或小的龙，其实就是各种脊椎动物的化石。古人见化石大小悬殊，故而有龙能变化的见解。

至于认为龙有致雨的魔力，可能和栖息于长江两岸的扬子鳄的生活习性有关。濮阳的龙是无角的，龙的特征，脸部粗糙不平，嘴巴扁长，且有利齿。在中国地区，除鳄鱼外，是他种动物所无的特征，可能就是龙形象取材的根源。扬子鳄每每在雷雨之前出现，有秋天隐匿，春天复醒的冬眠习惯。古人常见扬子鳄与雷雨同时出现，雨下自空中，因此想象它能飞翔，是威力无边的神物。（写完此文，发现于〇二九已介绍）

图 2：扬子鳄

○七三 木，木材的利用

木：「象一株树形。」

商甲骨文	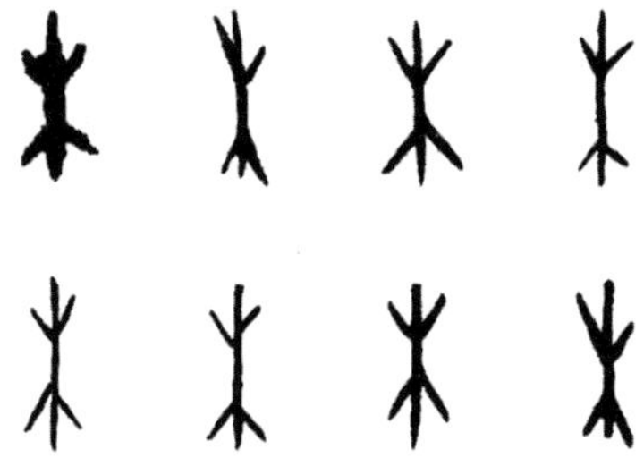
两周金文	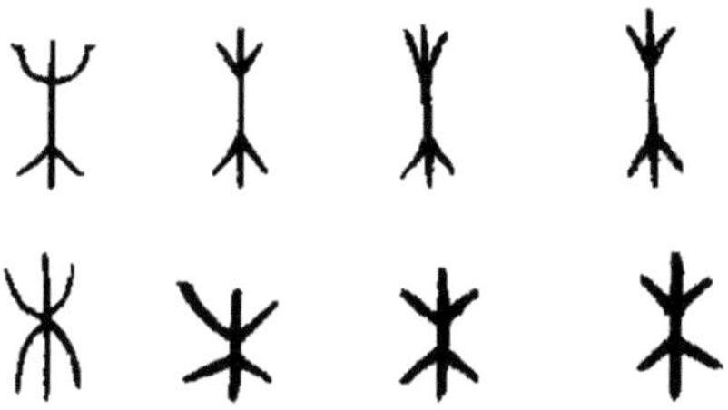
秦小篆	
现代楷书	木

折：「以斧头横截树木成为二段之状。」

商甲骨文	
两周金文	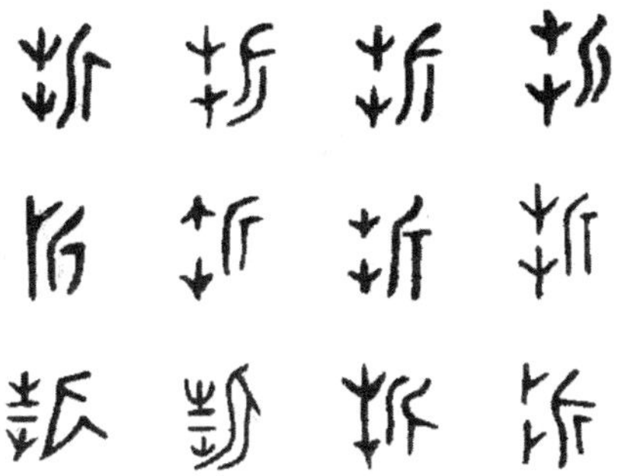
秦小篆	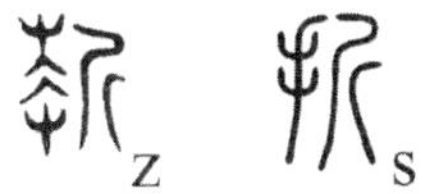
现代楷书	折

析：「以斧头直截树干分析成板之意。」

商甲骨文	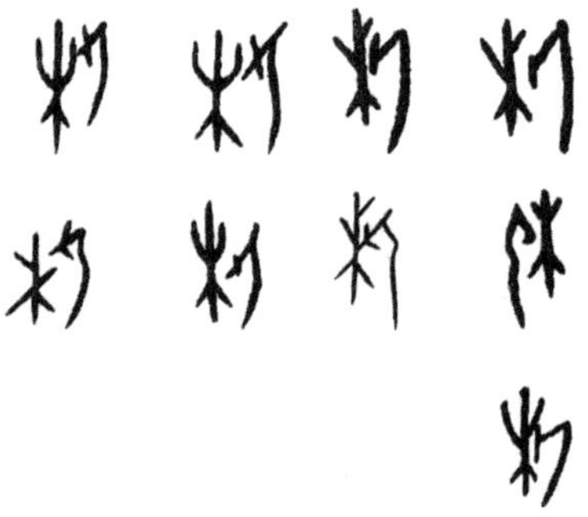
两周金文	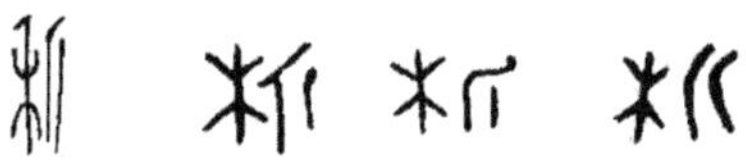
秦小篆	 S
现代楷书	析

甲骨文的“木”字,作一株有根、干及枝枒的树形()。对于远古的人来说,除了摘取其果子或叶子之外,没有太大的利用价值。到了新石器时代就开始有了新的用途。人类制作石器,最先都是拿在手里使用的。石块表面粗糙不平且有棱角,打击时的反弹力容易使手掌受伤。如果绑在一根木棍上使用,不但可以增加挥动的砍击力量,也减少反弹受伤的缺点,大大增加了使用的价值。甲骨文的“斤”字,就作一把捆缚在木柄上的石或青铜伐木工具形状()。

利用树木的枝枒作工具的握柄之后,接着就利用树干制造器物。独木舟是居住于河畔水涯者所需,可以利用火与斧头简单地制作。如要作更进一步的应用,就要想办法把木干截断成一定的长度、宽度与厚度。在甲骨文中,“折”字表现用斧头把树木砍断成二截之状( )。这种操作方式可以截取合适的长度与宽度。“析”字则作表现以斧头将树干作纵向的切割( )。这个方法可以切出不同厚薄的木板。有了这两种技术,大部分的箱、柜、几、床等器物都可以做得了。

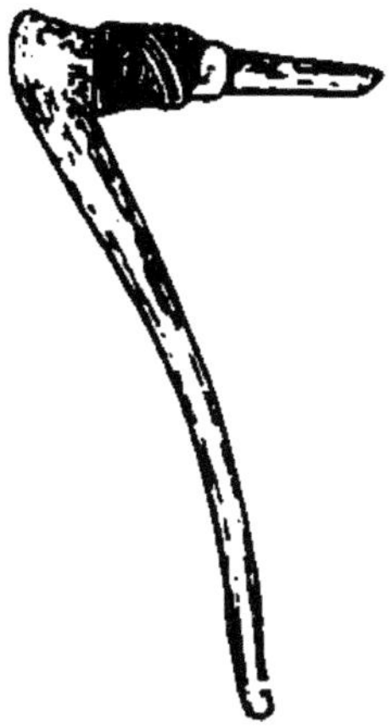

图 1:新石器时代的木柄石斤

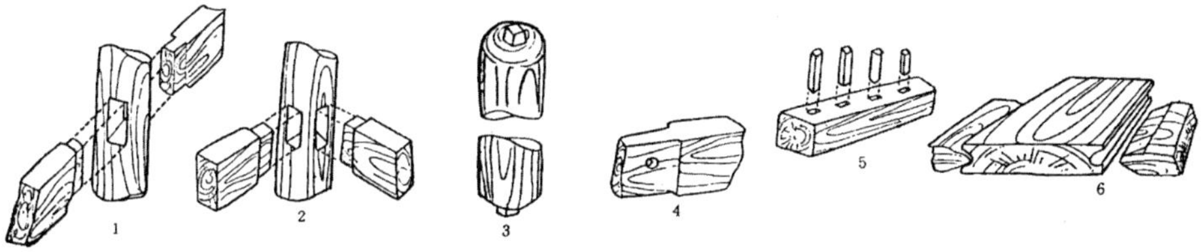

图 2:河姆渡遗址出土的具有榫卯的木构件

浙江余姚河姆渡六千三百年前的遗址,发现了木器的残件,不但已裁制成薄板,且进步到带有榫卯以及企口板。榫是木板一端作凸出状,卯是挖出方、圆等不同形式的孔洞以套接另一构件凸出的榫头,使两块材料连接成有规律而牢固的形状。在新石器时代,这是非常进步的木材连接方式。其他的遗址发现的,一般是用绳索把两段木头捆绑起来,使表面不平,有碍观瞻。企口板则是在木板两侧凿出企口来,以容纳另一块有梯形截面的木板,紧密衔接后成不见隙缝的平面,技术更是高超。

树的种类多而性质多样。虽然各种性质的木料都可以利用制造适当的器物,一般来说,坚硬的木料比较耐用而美观。坚硬的木料需要锐利的工具,商代的青铜工具还不易加工木料,但要等到普遍使用铁器的东周时代,才能迅速大量制作,便于作商品性的推广,举凡食具、家具、武器、乐器、墓葬、日常用具,应有尽有。

同时,木材大半朴素无花纹,或纹理不显目,上了漆之后,才显得出其令人喜爱的色彩和光泽。中国利用生漆应有五千年以上的历史。在浙江余姚河姆渡和江苏常州圩墩的五千五百年前遗址,都出土了涂有保护料的木器。经红外光谱分析,证实是生漆彩绘。甲骨文不见“桼”字,从东周时代的字形可看出其创意是一株树的外皮被割破而汁液流出之状(※)。

漆液取自漆科木本植物的树干,主要成分是漆醇,经过脱水加工提炼成深色黏稠状的液体。漆层的溶剂蒸发后成为薄膜。空气越潮湿越容易凝固,凝固后具有高度抗热和抗酸的效果。打磨后更能映照光线。漆干燥后呈黑色,如果加入丹朱则成红色。调和其他矿物或植物的染料和油,更能调出各种浓淡的色彩。早期的漆常见涂于陶器、石器、皮革、青铜等不太需要保护的器物。想见古人利用漆,最初是借重其光泽,后来才发现有增加木器耐用性的性能。

〇七四 陶，盛水的大用

匋：「一人蹲坐而以陶拍制作陶器之状。」

商甲骨文	
两周金文	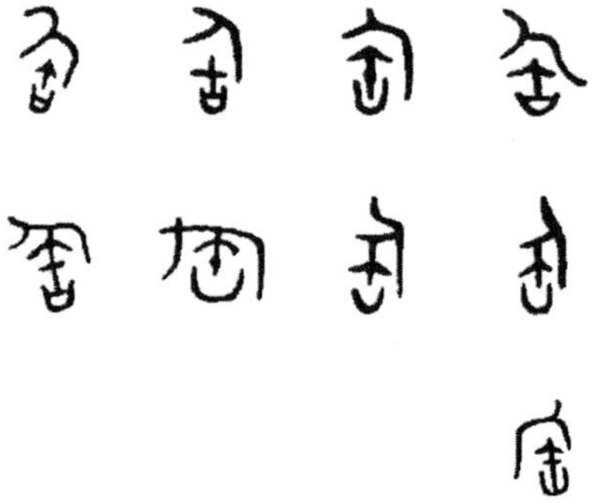
秦小篆	 S
现代楷书	匋

土：「作一块可塑造的黏土形。」

	商甲骨文
	两周金文
 S	秦小篆
土	现代楷书

泥土经火高温烧结而硬化的东西叫陶。泥土遍地都是，且能脏污他物，但一经过火的洗礼，却巧妙地变成可以盛食物、装饰空间，令人喜爱的东西。人类虽然在几十万年前就能控制火，但是根据目前的资讯，中国人最早知道烧造陶器。江西万年仙人洞的陶片，碳十四年代测定距今一万六千四百四十加减一百九十年，校正后的年代为公元前一万八千零五十至一万七千二百五十年。所以有一万五千年以上的烧造历史应不成问题。

陶器初以盛水为目的，后来才推广到煮食、盛食、储藏、装饰、展示等其他广泛的用途。陶器的储水功能使人们不必太靠近河流居住。人们发现低洼的地点有泉水涌出，可以提供生活必需的水，终于能在广阔的大地建立村落与都市，使人类文明进一步提高。故有人以陶器的使用，标示告别旧石器时代而进入新石器时代。

烧造陶器的必要材料是黏土。甲骨文的“土”字作一土堆状()，土堆常作上下尖小而中腰肥大，有的还加上几点水滴。松散的土堆一定是呈上小下大的锥形。只有黏土才能作中腰粗大的形状，故知“土”字的创意取材于黏土，黏性的土才能捏塑陶器。“土”字的黏土创意是基于其可捏塑而烧结成器具的价值。商代的“陶”字，作一个蹲踞的人，手拿着陶拍一类的工具，在黏土上造形的样子(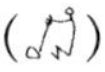)，金文演变成，就容易辨识是“匋”字了。

虽然泥土皆可烧造陶器，但质量好坏大有差别。从半坡、河姆渡等新石器时代以来的人们，就有意识地精选材料，用淘洗的方法除去泥中的砂粒、草根、石灰等杂质。万年仙人洞遗址的陶器已有含砂的，陶器发明后不久人们就以之烹煮食物，领会掺杂细砂于泥中以帮助陶器传热，防止因骤热骤冷而导致收缩过快而破裂的缺点。陶器最先是在露天烧制。因烧成的温度低，陶器常烧结不完全，质地松而易脆。八千年前的新郑裴李岗遗址，就有横穴式的陶窑。但火焰要

图 1:两面刻纹木制陶拍

面长 6 至 7 厘米，宽 5 至 6 厘米,厚 1 至 2 厘米,把长约 13 厘米,商代中到晚期,公元前 15 至公元前 11 世纪

经过一段上升的火道才接触陶坯,使热量在传导中散失。后来改良成竖直式的陶窑,火焰可直接透过火眼接触陶坯,提高烧成的质量。商代早期的红陶已提高到摄氏一千摄氏度。稍后改良成有烟道的圆形窑,烧结温度更提高到可以熔化铁汁的一千一百到一千二百摄氏度。这种高温的陶窑对于金属业的发展提供有利的条件。

商代以前的陶器呈色有红、灰、黑三种。红陶是氧化焰烧成,灰陶是还原焰烧成的。黑陶则是于烧焙的后期,用烟熏法进行渗碳的结果。一般说,时代越晚,陶窑的构筑越进步,红陶的烧造就越少,商代灰陶已占陶器生产总量的百分之九十了。

商代还烧造硬陶,其中有少数又涂上石灰釉,或草灰掉落在陶胎上烧成薄层的釉,使粗糙的表面润滑并有光泽。商代硬陶的质量已提高到含氧化亚铁少于百分之三,薄层的釉彩加上高温,使胎骨呈较深的灰白色,含有一定量的玻璃质,胎骨比较坚实,吸水率很低,叩之声音悦耳,成为汉代青釉硬陶及青瓷的雏形。只要陶土淘洗更精细,并提高烧结的温度,就可以达到瓷的标准了。中国在陶艺上的造诣,为之博来瓷器国的称号。

○七五　金，金属的利用

金：「已组合之立体多片泥模范及溅出之金属液。」

字体	字形
商甲骨文	
两周金文	
秦小篆	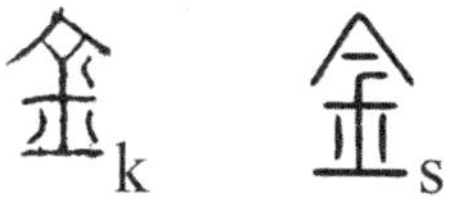
现代楷书	金

铸：「双手倾倒坩锅进行熔铸之意。」

	商甲骨文
	两周金文
 S	秦小篆
鑄	现代楷书

人类制造工具的材料，约经过三个发展的阶段，由石而青铜而铁。在提高生产力，改变社会面貌的程度上，金属使用对社会的影响，是石器所不能望其项背的，奠基了今日的辉煌文明。当人们对石器制作的要求越来越高时，自然会有意寻求优良的石材。自然界存在着金、银、铜等金属状态的矿物，这些材料与一般的石块有非常不同的性质，带有光泽，可以捶打成薄片，拉成长条，耐用而且不易断折，还可以黏合及改造，因此留意找寻而发现冶金术似乎是理所当然的。

发现冶金术的契机一定是火对矿石所起的变化。起码要八百摄氏度以上的高热才能把同时含有铜、锡、铅的矿石熔解成青铜。这样的高热并不是在正常的情况下能办得到的。好几种假说都没有合理地解释高温与矿石接触的契机。从实际理论看，要利用能产生高温的陶窑才能熔解铜矿。关键就在，何以古代的人们会想到使用陶窑来烧烤成堆的石块？也许发明冶金术的契机是个永远不能解答的谜。

青铜依其合金成分的不同，可以铸成不同颜色、硬度、韧度的东西，以适应不同的需要。对古人来说，青铜的锐利可以铸造战斗用的武器，美丽的色彩及富有光泽的特性又可以铸造供神的祭器，对“国之大事，在祀与戎”的古代社会具有极大的价值。以商代青铜成品的精美及数量之多看，当时一定使用相当数量的语言描述它，但是甲骨文迄今还见不到“金”字。原因可能是镕铸器物不是国家大事，不必劳动商王去占问，或是商代对于镕铸已甚有把握，不必向鬼神祈求福佑以保证铸造的成功。

“金”字首见于西周早期的金文（），对于此字创意的解释虽多，尚无令人满意者。或以为表现矿石生于土中并附有声符，或以为金块埋于土堆下，或以为表现坩锅倾倒铜的溶液进入型范之状，或为金属锭的形状，或挖矿的斧头以及砍下之金属粒等等。

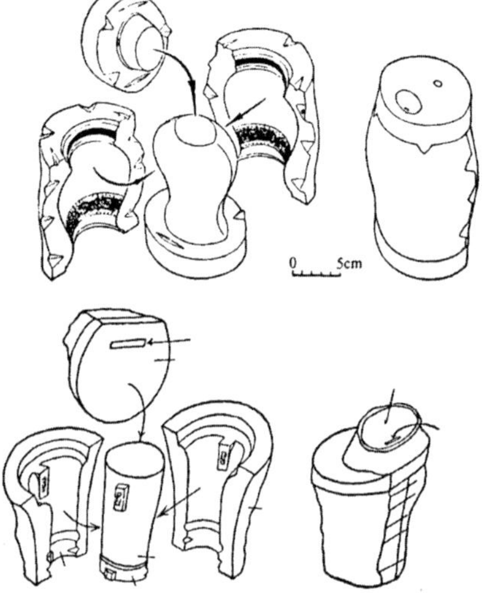

图 1:青铜铸造的多片范合范的示意图

要通过与其他的字形作比较研究才能猜测金字的创意。甲骨文的“铸”字有两种写法,一作双手拿倒皿覆盖于一个土型上之状(□),一作双手持倒皿倾倒铜液于另一皿中之状(□)。两种写法都取意于倾倒铜液于范型中的操作过程。西周铜器常说明铸器的原因,“铸”为常见之字。其书写的异形甚多,演变的过程是在甲骨文的基本字形上,加上意符金、火,或声符□而成。最值得注意的字形是由□所发展的□字,□是由□演变而来。□于铸字是接受铜液的模范型,那么“金”就是以铸器模型创意的了。金文“铜”(□)字部分的“金”,更生动地表现出型与模已套好、捆绑牢固,等待浇灌铜液的样态。看来,代表金属的字是来自以范型镕铸铜器的概念。

中国因为缺少自然状态存在的金属,只有通过镕铸才能取得金属,故用范型作为表达金属的意义。从商代铜器铸造方法的考察,发现在铜器各种加工的方法中,不但铸器,甚至对于花纹、零件等的加工,几乎也只用套铸的块范法。这与其他文明古国主要用失蜡法铸造,用铆钉、熔焊等种种加工的方法,显然有基本上的隔阂,强烈反映中国金属铸造技术的自发性与独特性。

〇七六　雝（雍），休闲家居

雍：「养有鸟，有水池的宫苑。」

商甲骨文	两周金文	秦小篆	现代楷书
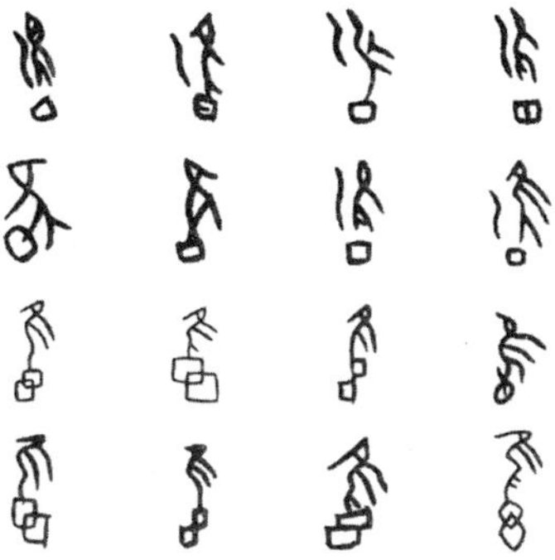	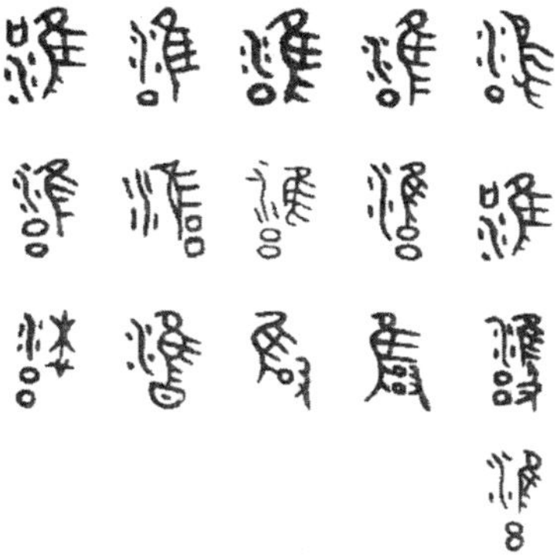		雍

囿：「栽培观赏类植物的游乐场地。」

商甲骨文	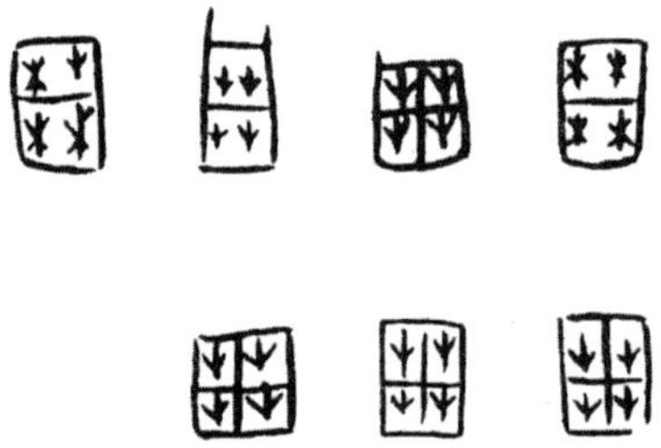
两周金文	
秦小篆	 Z  S
现代楷书	囿

中国文字有“邕”与“雝”(雍)两字,《说文解字》的解释,“邕”是四面有水环绕的区域,“雝”是一种鸟的名字。这两字的创意有所关联,“邕”字应该是“雍”的简化。甲骨文有“雍”字,繁写时由水、宫、隹组成、,简写则由宫与隹组成。是现今的“宫”字,作有分室的地基或有多块方整形状的地基状。强调在一个屋顶之下有隔间,故有些字形作多个隔间之上有屋顶之状( )。有不同用途隔间的房子在后代虽是很普遍的,但在早期,那种建筑是主持政教大事的所在,被视为是富丽堂皇的宫殿,故“宫”有宫殿、宫庙、宫廷的意义。所以“雍”字的创意是表达一处居住区有水有鸟。在古代,这是特大的贵族才有办法建造的大房子,建筑群里有提供工作后回家休息的休闲生活设计,所以“辟雍”为皇帝的起居处。金文的“雍”字还保留甲骨文的字型( ),小篆则把宫改为邑,水换成川()。

人们的活动离不开家。当经济的情况有了改善,人们首先要改善的就是住家的条件。华北在七八千年前,住的是比人身还高的地穴,慢慢改进到在地面上建房子,然后是屋子里有隔间,区分隐密的私生活与公开的生活空间,再进一步,就是装饰屋子使更为美观,照明设备增加夜间的活动,焚香使空气舒适。最高级的则是,不必旅行出外,在家里就可享受山林野趣之乐。

图1:三彩釉瓦陶假山水池

高18厘米,唐,约公元700至750年

商代的宫殿遗址已有几处被发掘出来，规模已相当大，台基有达到八十五乘十四米半的，可想见其建筑规模的宏伟。从“雍”字的宫殿有水及鸟，可想见表达了建筑群里有流水，有鸟鸣，让枯燥的建筑有活力，居住起来舒服些，是住家有休闲空间的设计。可是从发掘的现象看，都不像里头有流水经过的样子。商王在处理国事之后，不免也需要纾解烦劳，从雍的字形也肯定当时必有提供商王纾解心情的建筑。甲骨文还有“囿”字，作在一处规划的范围内有分区种植众多树木花草之状( )。卜辞有占问商王前往某个囿苑，囿内所特意栽植的黍是否香。有可能商代还没有想到让住家有山林之乐的设施，如果王想让心情轻松一下，就要旅行到另外一处地点。

到了西周初期，情况就有了变化。陕西岐山发现一群不晚于西周早期的大型建筑遗存，是目前所知最早有严格对称布局的实例，是华北地区四合院设计的直接前身。大门是两扇式，门前树碑用以遮挡门外的视线，保持院内的隐蔽，两侧则是守卫的两塾。进门后为中庭，然后是办公事的厅堂。厅堂之后的院子有流水通过，然后是寝室房间的住家部分。可以推测，此流水是台榭、花草、鸟虫的幽雅休闲生活的住家生活设计的一环。

就像下面这一组唐代的三彩建筑明器，文章前头的插图是这座建筑的后院中的假山水池。背景为数峰并立的高山，山峦层层叠嶂，怪石嶙峋，山峰间则青松挺拔。主峰上一小鸟，俯视山下，作展翅欲飞之状。两边的侧峰则各立一鸟，相向若对歌一般。山脚下有一池碧水，池底则数尾游鱼。池畔又有两鸟，一上一下引颈畅饮。好一幅人间休闲的仙境美景。这岂不是甲骨文“雍”字所描写的景象吗？

附图

○七七 害，破坏型范

害：「铸造器物之型范已被破坏剖开之状。」

商甲骨文	
两周金文	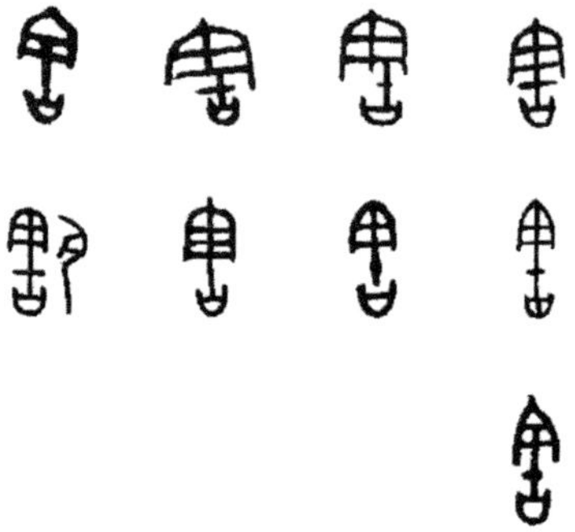
秦小篆	 S
现代楷书	害

能了解中国冶铸技术的复杂性，肯定就会对中国青铜器的精美有更深一层的欣赏与感动。在"〇七五 金"的文章里已解释过，中国因为缺少金、银、铜等自然状态存在的金属，只有通过溶铸的方式才能取得金属。因为以块范法铸造金属器物是中国早期利用金属的唯一方法，所以金字的创意，采取铸造器物时陶模型与范已经套合的样子表达金属这种物质。用块范法铸造铜器，其制造的程序约为：首先是塑造模型，即以泥土塑造一个所要铸造的器物同大小的形象，然后在其上雕刻花纹或文字以便翻范做成型范。翻范的方法是把过滤过的细泥调和湿润，拍为平片，按捺在模子的外部，用力压紧使花纹细节反印在泥片上。等待泥片半干，再用刀分割成数片，加以阴干或烧烤，每片就是一个型。器形简单的只需割成两半，稍微复杂的就需要八九块或更多。最后手续是套合。乃在模子上刮下所要铸造器物的厚度，然后把外范和内模套合在一起。两者的空间即为器物的厚度。内外模型的榫眼要扣合，并以绳子捆缚，再抹上泥土加以强固，以防备灌浇时范片走位，导致失败，然后就可把镕解的铜液自浇口灌入了。等待热铜液完全冷却后，就可以把外面的泥土和绳子割开而取出里头的铜铸件了。

图 1：鬲陶范

高 23 厘米，宽 24 厘米，商早期，公元前 16 至公元前 14 世纪

这种复杂费时的范铸法是中国早期铸造金属器物的唯一方法。甚至连零件和修补也用同样的方法，这是中国冶铸技术的特色，由于需要多块泥范套合，故称之为块范铸造法。西洋虽也使用块范法，但主要的是使用失蜡法，以及铆钉、熔焊、锡焊等等加工。方式与中国非常不同，所以很多学者认为它们强烈反映各自独立的创发性。所谓失蜡法，就是先用蜡一类遇热会熔化的东西，塑造想铸造的器形，然后用陶土包覆起来，留下一个出口。烧烤后蜡熔解掉，就留下空隙而把热铜液灌进空隙，也是冷却后就可把外边的陶土剥掉而得到铸成的器物了。这种铸造法，没有型范套合的问题，复杂的器型比较容易设计，铸出来的器物也因没有接缝而比较容易完美。中国要到春秋中期才使用失蜡法铸造器物，但也不成为主要的铸器方法。由于中国这种对铸器法的执着，连碰到高温才能熔化的铁，也想尽办法提高炼炉温度加以熔化以之铸器，故比西洋发展生铁早一千五百年以上。中国用笨拙的方式却能铸造不输于失蜡法的复杂而精美的铜器，其巧思更值得我们的钦佩。以失蜡法铸造的都是个别造型，故每一件都不同。但使用块范法，如果用比青铜熔点更高的东西作范，如铁，就可以用同一组的范无限制地翻铸，减轻成本。很多农具就是用这种方法铸造的。

“害”字的创意，《说文解字》的解释：“害，伤也。从宀、口。言从家起也。丰声。”许慎没有看到更早的字形，也解不透其创意，把它看成是形声字，又因部分字形看起来像家屋，所以解说伤害从家中而起。现在从更早的金文字形看，“害”并无屋子的形象（ ）。它与“金”的字形有点像。“害”的中线部分经常被写成中断而分两部分。可能表达型范与模型没套好以致铸件走样，或浇注而冷却之后，模范已被剔坏而取出铸物的样子，故而形成中断的现象。这样也可以理解“全”字，原来是表现铸型尚完好，没有被剔坏的状态。

图2：铜钟的舞部完整陶范
高16.7厘米至17.9厘米，公元前5至公元前4世纪

图2是铸造铜钟的多片泥范中，属于舞部的完整陶范。此范的纹饰可看出是只一头两身的动物，脚爪各抓着一只身躯扭转的虫或蛇。战国时代常见尾巴分歧的龙纹，看起来像是自可分析为两只面对面夔龙的饕餮纹（兽面纹）变化出来的。

○七八 殷，作乐殷盛

殷：「手持棒槌击鼓一类的乐器，为大规模乐奏才使用的乐器。」

商甲骨文	
两周金文	
秦小篆	 S
现代楷书	殷

根据历史的记载，商朝被周联军灭亡后，其首都，就是现今的河南安阳，就被破坏了，以致有很长的一段期间成了无人居住的废墟，因此被称为殷墟。根据《逸周书·世俘》的记载，这次战役，周的联军前后共杀馘（杀死）十万七千七百七十九人，俘虏（活捉）三十万二百三十人。除外，还俘获了旧宝玉一万四千件以及身上的佩玉十八万件。依常理推论，战士是不会把宝玉戴在身上而上战场打战的，所以所获得的宝玉必是从住家抢夺搜括来的。这次的破坏必是非常彻底，以致于没有人愿意在这里定居。说不定，当时因被杀的人太多，又没有好好加以埋葬，导致瘟疫或病疾流行，所以这块长期经营的肥沃土地才没有人愿意去居住。

西周的人提到商王朝时，好几件铜器的铭文都以商称呼商朝，如西周早期的《利簋》："武王征商，唯甲子朝岁贞，克闻（昏）夙有商。辛未王在阑堆，赐右史利金，用作檀公宝尊彝。"（翻译成白话：武王征讨商国时，于甲子日的早上占问一年的运势，答案是早晚之间就可以拥有商国。辛未日武王来到阑堆，以铜料赏赐右史利，利用它铸造纪念檀公的宝贵祭祀彝器。）可是很快的就以殷来称呼商朝与商族，如《利簋》："王令保及殷东国五侯。"《大盂鼎》："我闻殷坠命，唯因边侯甸与殷正百辟，率肆于酒，故丧师祀。"为什么有这种改变呢？

甲骨文还未见"殷"字，金文的"殷"字，作一手拿着工具在敲击某器物的样子（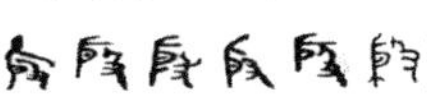）。创意是什么呢？《说文解字》给予"殷"字的解释是"作乐之盛"。经籍的"殷"字也大多有盛、大、多一类的意义。综合字形与字义，"殷"字看来是表现敲打钟鼓一类的乐器，大大作乐而欢乐之状了。《史记·殷本纪》对商王帝纣的朝廷有如下的描写："好酒淫乐，……使师涓作新淫声，北里之舞，靡靡之乐，……大聚乐，戏于沙丘，以酒为池，县（悬）肉为林，使男女倮（裸），相逐其间，为长夜之饮。"《吕氏春秋·侈乐》也说商王纣"作为侈乐，大鼓钟、磬、管、箫之音，以钜为美，以众为观"。

一般说，音乐在文明较高的社会较发达而且也较高雅细致。歌舞酒色有相得益彰之性质。宴飨如不配以歌舞，是相当扫兴的事。宴飨是各个时代不从事劳动的贵族们所喜好的事。商王既然喜欢大规模的演奏，大量的人员参与，尤其是群饮酗酒。大概因此，有太多的高官耽迷其中而不拔，导致士气低落，并因而忽略了武备，以致为周联军所乘，不到一日之间，就被一举击溃而遭灭国的悲运。《尚书·酒诰》中周公告诫新封国的康叔，要严厉禁酒以免步商人酗酒而致亡国的后尘。对于群聚饮酒的人要给予最严厉的处罚，不必怜悯。连放置酒壶的几案也叫“禁”，提醒人们不要饮酒过量。或许周人因为商人酗酒丧国，就鄙视之，揶揄之，把他们叫做殷人。

图 1：曾侯乙墓出土的编钟与木架

高 273 厘米，长 1079 厘米

〇七九　乐，弦乐定音

乐：「作一木上安装有两条弦之状。」

商甲骨文	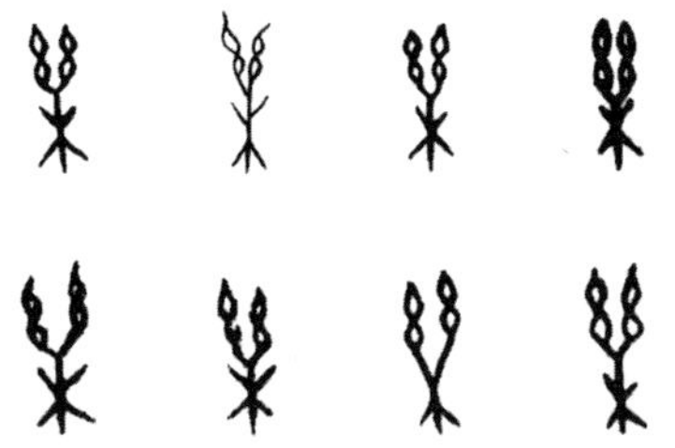
两周金文	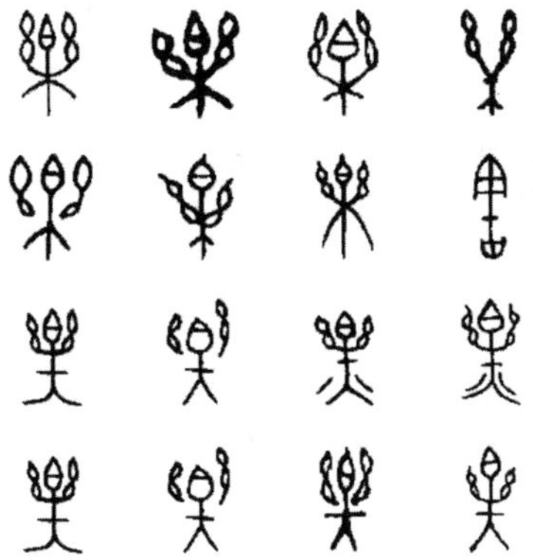
秦小篆	 S
现代楷书	樂

“音乐”两字的创意,“音”可以确定是种长管的乐器形。“乐”字,甲骨文作木头上安装有两条弦线之状()。似乎是表现某种弦乐器的样子,但在甲骨卜辞里,“乐”字还不见有使用于有关音乐的场合,故其创意仍有争议。西周的金文在两弦之间多了个“白”()。“白”是大拇指的形象,或以为是琴拨之形,表示用手弹奏的方式。如果弓是弦乐的前身,以手拨弹演奏应是最自然的。但早期文献以“鼓”字描写弦乐演奏的动作,如《诗经·常棣》:“妻子好合,如鼓瑟琴。”如果“乐”字确实是以弦乐器创意,则金文的字形,大半就表现以拇指按弦,声响由另一手敲打出来。以手指或用琴拨拨弹弦乐是较迟才发展的技法。吹气和敲打是乐器演奏的主要方法,管乐和弦乐是乐章的主调,故代表此两种乐器之字,就被合成一词以代表音乐之事。音乐使人心情舒爽,故“乐”字也引申为快乐的意义。

弦乐是利用弦线震动而发出声响的乐器。早在三四万年前,人们就已熟悉弓弦线震动的声音。弦的音调因材料、张弛、粗细等的差别而有异,古人有机会感觉到不同音调的弦声而加以利用,故认为弦乐的起源甚早,而有庖牺氏作五十弦瑟,或黄帝使素女鼓瑟,哀不自胜,乃破坏而为二十五弦等等传说。可能因为木头与弦线不能长久保存于地下, 出土弦乐器的遗址时代没有早过春秋时代的。

文献几次提到商王纣喜欢大规模、合众乐的演奏,应该就会要求绝对音高的一致,才能取得音调的合谐。早期的乐器只有管乐与弦乐能够由一件乐器发出多音程的乐音来。管乐的发音与管的长度、直径有直接关系。要经过复杂管径校正的计算,才能得出一定间隔而定出有规律的音阶。对古人来说,比较难通过管乐的长度去制定音调。弦线的长度与音高之间的关系明显,才容易被人观察到。弦乐有可能因为以弦乐来校正他种乐器的音高,才在乐团中具有领导的地位,从而也产生三分损益律。它是以一常数为基音,通过增减三分之一的长度以求得规律谐合的音阶。如以宫调的基数为计算,则增宫调为征调而长 108 ,损征调而为商调而长 72,增商调为羽调而长 96,损羽调而为角调则长64。其他音调的常数都可依此法增减而得。

在较早时期,作乐的时机不常,且限于庙堂聚会的有限庆会,陈设乐器之任尚可应付。随着阶级界线的模糊,作为阶级表征的笨重礼乐器亦因之不振。后来演变,甚至连士族之间的相会、宴飨都要以音乐助庆。音乐既作为私人叙情交欢之用,演奏场所就不再限定于庙堂。有笨重架子的乐器也难于移动、陈设到各个不同的地方去。于是音程完备,可以谱出高山流水,抒发个人情性的管与弦乐就开始兴盛,成为庆会演奏的主调,而钟鼓磬之乐曲就大为衰落。琴瑟不但音程易校正,易于制作和携带,虽深山幽谷,或穷乡陋巷,都可以即兴演奏,而演奏也不费力,尤其是弦乐声较为欢愉悦耳,终占优势,成为最大众化的乐器。尤其是文士,视之为修心养性必学习的乐器。故《礼记·曲礼下》有“君无故玉不去身,大夫无故不彻悬,士无故不彻琴瑟”。弦乐终成八音的领导。

图 1:雕刻漆绘木瑟

长 167.3 厘米,宽 42.2 至 38.5 厘米,中高 13.7 厘米,战国,公元前 403 至公元前 221 年

〇八〇 盗，偷尝美食

盗：「一人见食物于皿中，馋涎下滴，想偷偷尝食。」

商甲骨文	
两周金文	
秦小篆	 S
现代楷书	盗

在讲解“盗”字的创意之前要先叙述一个故事，出自《春秋左氏传》宣公四年的记载。楚人向郑灵公进贡鼋鳖，当时贵族的子弟子公与子家将要去晋见郑灵公。子公的食指突然颤动起来，子公将颤动的食指举给子家看，并说：“以前我的手指头这样颤动的话，就表示会尝到有特别滋味的食物。”两人将要进入宫殿的时候，看到厨师正在处理鼋鳖，就相视而会心大笑。郑灵公询问这两个人嬉笑的原因，子家就报告刚才的情景。到了要大夫们品尝鼋羹的时候，郑灵公存心开个玩笑，竟然故意不招待子公吃鼋羹。子公大为生气，就用手指伸进煮鼋羹的鼎锅里，沾点汤汁往口里尝了一下，然后气冲冲地急走出去。

地下文物出现过“盗”字的，目前最早的见于春秋时代的铜器铭文，由次及皿组成（）。《说文解字》的解释：意义是私利物也。创意是欲皿为盗。重点在于偷盗的人喜欢上这件器皿。这种解释可能有点偏离真正的创意。“次”是现在的“涎”字，“羡”的字源，表现一个人张口而口水向下直流之状（）。另一个相似的“次”字（），作开口说话时把唾沫或饭屑喷出口外，不是可嘉许的行为，故有次等的意义。如果“盗”的创意只是来自想要偷取盛放食品的皿，实在没有必要把流口水的重点表现出来。“盗”字的重点是私下地，或在不为人知的情况下做某件事。在我们生活当中，常常有见到美食时，口中不自禁地分泌出唾沫的经验。如果偷尝一口还不会影响整道美食的内容或形象时，有些人就会做出偷尝一口的解馋行为。我想这才是要把流口水表现在“盗”字创意的原因了。

子公赴宴时，不知已坐定了没有，史书没有写得那么详细。古代设宴，一向也摆设筷子与汤匙，但那是作为从羹汤中把菜蔬拿出来的工具，所以《礼记·曲礼》说“羹之有菜者用梜”。梜是木制而可挟物的器具，即今天的筷子。古代的很多匙匕在底部有多个小孔洞，就是用以滤干菜蔬、鱼肉，使不多带汤汁设计的。中国虽然重视食物温热的味道，但不是很烫，习惯用手指取食，所以说“饭黍毋以箸”。因此饭前与饭后都要洗手。殷勤的主人还会亲自倒水给客人洗,《礼记·内则》就有叙述:“进盥,少者举盘,长者奉水,请沃盥,盥授巾。”所以就算子公已坐定了,筷子和汤匙也不是提供取食与喝汤用的,所以子公才用手指伸进鼎里,沾取一点鼋羹的汁液,尝试其美味。

中国古时以小米为主粮,饭的颗粒小而松散,如用筷子挟取,很难不会掉落的。只有捧碗就口,用筷子扫进口里,才会吃得干净利落。但若要用单手捧饭碗就口,容器就得作得轻而小。但商周的时代,送食进入口的豆都做得颇重而大,难于单手捧着。而且豆有高长的独脚,显然也不是作为捧在手中而设计的。到了西汉初期,才大量出现没有支脚的,或短圈足的平底小圆碗。显然是配合以筷子吃饭的新风气而设计的新形式。我们大概可以肯定西汉习惯使用筷子吃饭了。

图 1:阳信家铭青铜染炉,用以温热耳杯里的蘸酱汁
高 103 厘米,西汉中,公元前 206 年至公元 24 年

○八一 车，地位象征

车：「作车子整体的形象。常简省部分。」

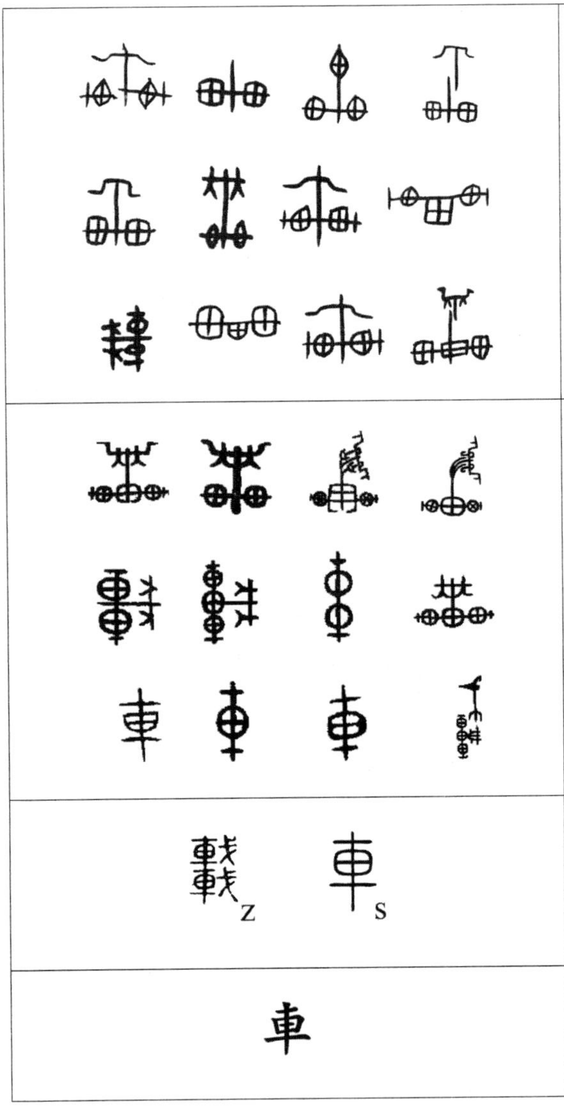

商甲骨文

两周金文

秦小篆

现代楷书

车子能载重行远，速度或不如水运的快捷，费用也不如水运的便宜，但能适应绝大部分的地理环境，可深入各个角落，不像水道的线路有限，所以仍然是古代与远地交通的最重要工具。

“车”是个象形字，作或繁或简的车子形象。最详细的是金文的族徽（ ），包括两个轮子、一个舆架、一条辀、一支衡、两个轭、两条缰绳。这样繁杂的字写起来太费劲，所以甲骨文就省略比较不重要的部分（ ）。又因为轮子是车子的最基本零件，省略不得，故小篆的字形就省略至只剩轮子的形状（車）。

考古证据，近东大致在五千年前就有了车子。但在中国，发现车子的可靠遗址都属于商代后期，结构已非常进步。西洋的学者就因中国的马车不见从简陋到精美的发展过程，因此就说中国的造车技术传自西洋。

中国把车子的发明归功于传说中的四千七百年前的黄帝。车子的拉曳动力改进过程是由人而后牛而后马。如果以商代马车的精美情况去推测其发展所需的时日，则传说的四千年前的夏禹时代以马代牛拉车，可能是接近事实的。马的家养时间很晚，可能也与马被驯养的最初目的就是拉车而不是肉食有关。马车的应用恐怕也有时机上的原因。其发展的主要目的在中国可能不是货物的输送而是军事的需要。四千多年前是战争规模扩大，接近建立国家的阶段。早期的车舆很小，装不了多少东西。路况不佳，不宜作快速奔跑，再加上重心高，易翻车。君王冒险乘坐它，很可能是为了取得高度机动性的高台，一如戴高帽，以利指挥大规模的战争，让战士易于接受指令，并因而发展展示身份的目的。

中国与西洋马车使用的目的很不一样。西洋的重视其速度，舆架的重心低，驾驭者用站立的方式以避免翻覆。所以尽量减轻车架的重量，不多加装饰以减轻马的拉曳负担。但是商代的贵族们为了炫耀的目的，却加上很多不必要的，甚至妨害快跑的繁多装饰。如以安阳一个商代的随葬马车的墓坑作为例子，其中一车装饰各样的铜饰件约有一百七十件之多，超过十三公斤。甚至马的身上也要加上不必要的铜饰件好几公斤。其实强固车子性能所必须的铜零件可以不超过一公斤。到了春秋晚期，为了减轻其重量，连强固车毂的铜輨也被取消，改用涂漆和皮筋加固。

中国古代马车的辕较直，它架在比车轮半径还高的马颈上，使得车舆的重心高(超过七十厘米)而不稳。商代的甲骨卜辞就曾提到王武丁的两次翻车事故。对于如此高的车轮，驾驭时就要尽量压低重心，才可以减少颠覆的危险。因此理想的驾驭方式是采取跪坐的姿势。商代舆架底部常使用编缀的皮条，它具有弹性，虽不利站立的稳定，却能保护跪坐者的膝盖。甲骨文驾御的字作，虽然难猜测其创意，但明显与跪坐的姿势有关。大概乘者在展示时才站立起来。

车子的结构复杂，要求的技巧高，造价昂贵，非一般人所能拥有。马也需要专门人才经过精选良种及长期训练才能胜任，要高级贵族才能有此财力。《左传》鲁襄公卅一年还记载郑国子产以驾驭马车比喻为政之道。“若未尝登车射御，则破绩厌覆是惧，何暇息获。”要想安然在马车上作战射箭，显然需要相当的训练。所以牛车虽缓慢，先为老弱妇女所乐于使用，汉代晚期以后就取代马车，成为包括贵族的全民交通工具。

图 1：临潼秦陵出土，铜四匹马安车模型，通长 317 厘米，高 106 厘米

〇八二　登，优雅上车

登：「双手扶持矮凳让他人上登之状。」

商甲骨文	
两周金文	
秦小篆	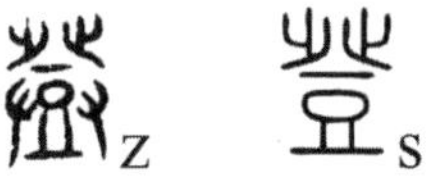 Z S
现代楷书	登

乘：「一人站立在树上之状。」

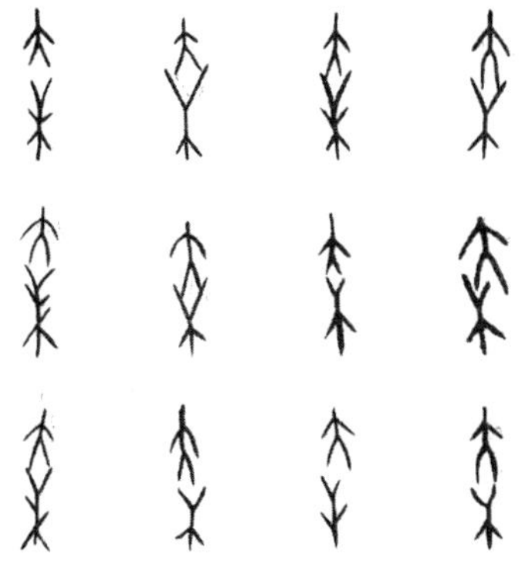	商甲骨文
	两周金文
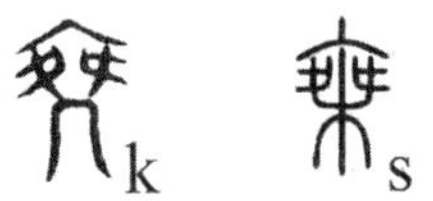	秦小篆
乘	现代楷书

古代的交通，水运的费用比陆运便宜得多，也经常快捷得多。但是水运的路线有限，不能随心所欲到任何的地区去。有些河流有时也不深或太过湍急，不易航行。在河川不到的地方修建运河更是耗费财力，所以陆运终归是比较普及的交通方式。陆运需要依靠畜生的力量，牛温顺有力，行步缓慢，宜于载重，是平日或战时载重的主力。但马奔跑的速度快，宜于快速传递消息或追逐猎物，虽然训练的费用高，但经济不是贵族顾虑的首要，后来又直接参与战斗任务，更是贵族游乐及打战所乐于依赖的工具。牛车是一般人民谋生的工具，舍不得放进坟墓中，故商代随葬的都是贵族炫耀身份的马车。

商代的马车因为采用的系驾方式，车舆高挂在车轴上，离地有七十到八十五厘米高，容易翻覆。如此高的舆架，连劳动的人士都无法跨步而上，更不用说讲求行动优雅的贵族，因此要有相当程度的高垫脚物，贵族才能雍容地上车。甲骨文的“登”字，作两手按着一把矮凳，让他人的双脚登上之状()，有时省略了扶住的两只手()。“登”本是上车的动作，后来引申为一切上升的动作和形势。

用以登车的东西，较低级的贵族可能只是普通的矮木凳子。明代的一组陶俑，有一名文士装扮的骑马者和一位伺候的仆人。仆人的肩上套着一把矮凳，显然不是准备给自己休息的，而是让主人兼为上下马骑之用。马背的高度与商代的舆架相当。想来这位文士不娴习马术，不会借用马蹬，而要靠凳子才能上下马背。

高级的贵族就更为讲究上车的器具了。安阳侯家庄的商代贵族大墓曾经出土一件专为登车的低矮石凳。那是一块形状扁平，上面密布雕刻花纹的石头，如下面的图1。花纹表现的是一对相背的老虎。不雕刻花纹的一面钻刻有凹槽及孔洞，可穿过绳索以便搬动这块石头。《诗经·白华》：“有扁斯石，履之卑兮，之子之

图 1:商代的乘石,侯家庄 1001 墓出土,公元前 14 至前 11 世纪

远,俾我底兮。”即是描写这种上下车的工具——乘石。

越高贵的人行动越要求优雅。从商代乘石的形制看,使用时两位下人拉着乘石两端的绳子,使乘石平放在地上,让贵族走上这块石头后,两人就拉高乘石,有如乘坐升降机,高度到了舆架后的出入口,贵族就像走路一样,踏进舆架里,连抬高脚步的麻烦都不必要,姿态是多么的优雅。大贵族上车一定要有如此制作讲究的石制践踏物,故“乘石”一词在一些文学作品就成了最高统治者的代名词。如《淮南子·齐俗》:“武王既没,殷民叛之,周公践东宫,履乘石,摄天子之位,负扆而朝诸侯。”

商代的马车只用二马拉曳,西周早期很可能已注意到快速的重要性,所以就发展了用四匹马拉曳的车子,也开始称呼一辆马车为一乘。甲骨文的“乘”字,作一个人站在一棵树上之状()。后来大概人的形状已经不太容易被了解,所以金文时代就加上两只脚()。

○八三　来，外来谷物

来：「麦禾形。假借为往来。」

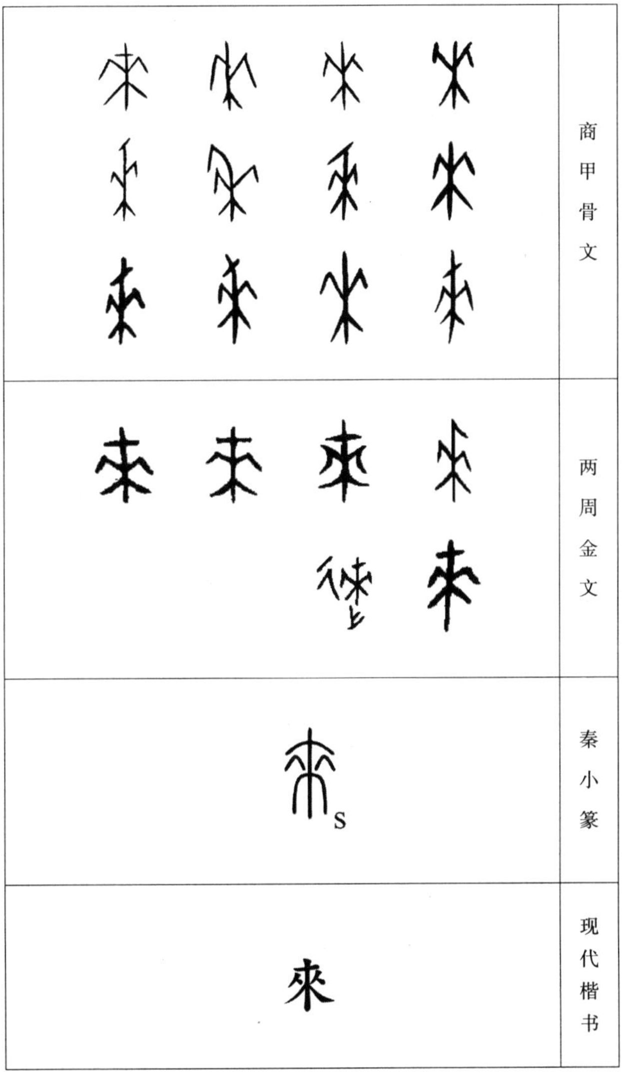

麦：「麦根特长，可能表示有长根须的禾类。」

商甲骨文	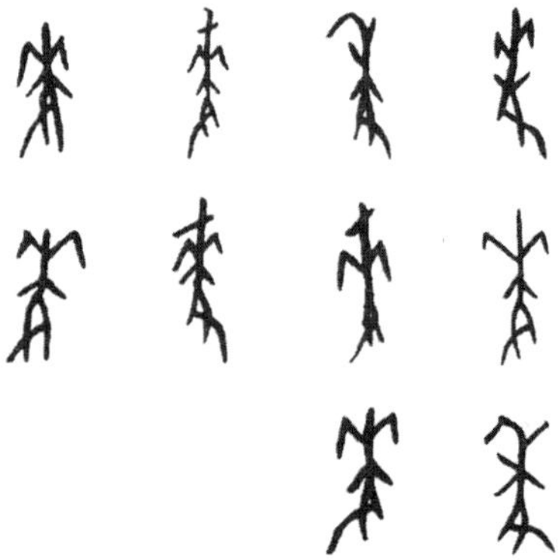
两周金文	
秦小篆	
现代楷书	麥

甲骨文的“来”字(),作一株直茎、垂叶、直穗的植物形状,有时还加上成熟时垂穗的样子()。但是此字的意义,除偶尔用于表达某种谷物的名称外,大都使用为来往、来日等意义。为什么要利用植物的形象去表达,其间有何种的关联呢?

甲骨文没有留下来到底”来”是何种谷类的具体描述。甲骨文还有“麦”字,与“来”字形象类似,大致也作直茎、垂叶、直穗或垂穗的形状,但根部有特异的形象()。甲骨文的“麦”字使用为本义的谷类或地名,学者认为即后代的小麦,为今日北方的主要食粮。小麦的根部很长,有时长达一丈多,深入土中吸取水分,与他种谷类作物的根部有很不一样的外观,可能古人就以此特征来造字。

商代主要的谷类作物,从甲骨文常见“受黍年”“受稻年”而没有“受麦年”“受来年”的记载,知道商代的主要谷类作物,北方是小米,南方是稻米,麦与来还不是主要的栽培对象。来的字形既然与麦字相似,又同是当时较罕见的品种,有可能指同类的植物。地下的考古发掘,反映小麦在商代是稀罕的,很可能是才发展不久的谷物。比较早期的新石器遗址都不见小麦的痕迹,只有远离中原的新疆和甘肃民乐发现过。虽然还报告见于安徽亳县钓鱼台,但此遗址的地层不会早于公元前三千到两千年间的龙山时代,甚至有以为发现小麦的地层是属于西周的。

麦不像其他谷物作物常见于六七千年前的遗址,因此不会是中国的原生植物,大半是外来的。或以为青藏高原也是大、小麦发源地之一,不必远从近东引进,但小麦绝不是从远古就见于华北地区的谷物,是不可否认的事实。《春秋》鲁庄公廿八年记载“大无麦禾”,以麦与其他谷物黍、稷、稻等的“禾”别为不同类别,可能就是因为麦子为外来的品种,而黍、稷、稻等为中国的原生品种。甲骨卜辞提及“正月食麦”(《合集》24440),想是时节性的时令嘉食,不是日常的食品。《逸周书·尝麦解》:“维四月孟夏,王初祈祷于宗庙,乃尝麦于大祖。”谷物的祭品只提及麦,想见其珍贵可比得上牛、羊。两周歌咏麦子渐多,《春秋》一书对于麦子的收获比他种谷物更为重视,想来华北地区对于麦子的栽培越来越普及了。

华北气候较为干旱，除了条件非常优厚的个别地方可以种植稻米外，绝大部分的地区都只能种植小米。小麦有细长的根部可以深入土中摄取水分，加之小麦比之小米味美而耐饥，容易入口，人们乐于种植。《战国策·东周策》有“东周欲为稻，西周不下水，东周患之……今其民皆种麦，无他种矣”。说明华北地区选择种麦的重要原因在于适应北方干旱的气候。所以到汉代时，小麦终于取代小米，成为北方最重要的食粮。

通过以上的说明，“来”和“小麦”因都是外来的品种，有可能因此以“来”表达来去、未来等意义。

图 1：麦

图 2：大麦

〇八四　去，排除废物

去：「一人蹲在浅坑之上排除体内废物。」

商甲骨文	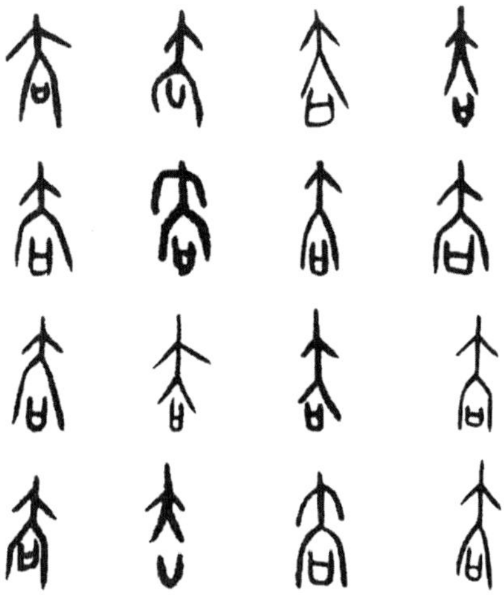
两周金文	
秦小篆	
现代楷书	去

圂：「猪养在有屋顶的猪圈中。」

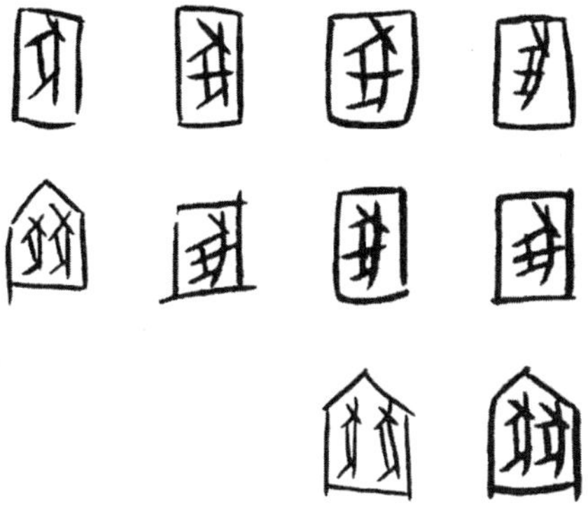	商甲骨文
	两周金文
 S	秦小篆
圂	现代楷书

来去的“来”，没有异议，是一株麦子的形象，但“去”的创意是什么，就有不同意见了。东汉的《说文解字》把此字当作从大的形声字来处理，说意义是“人相违也”。清代段玉裁解释，“人相违”是人要离去的意思，因为大是人的形象，所以是以大创意。这样的解释不能让人满意，有人就另为说解，以为和从竹去声的“筶”字同字源，是有盖子的柳条编成的盛饭器形，因声音的假借而作为离去的意义。

甲骨文的“去”字早期作、等形。如果真是篮筐的形象，哪有盖子比容器本身大上几倍的道理，出土的器物也没有这种样子的器盖。那么应该是什么呢？从字形分析，这个字没有疑问是由两个部分组成，与。“口”在甲骨文用以表达嘴巴、容器、坑陷以及无意义的装饰符号。“大”是大人的形象。两者到底有什么关系呢？

文字是方便人们在社会中生活的需要而创造的，故人的形体、动作或表现的方式，就成为文字描绘的主要构件，而其所见的景象和器物则为次要的构件。在动物界，没有任何种属可以比人做更多的动作了。动作和作为的目的有绝对的因果关系，所以辨识动作的机能是了解古文字创意的必要手段。古文字所表现的人体形象往往是很显明的，比如辨明是正立、侧立、倒立、躺卧、跪坐、蹲坐等种种的形象；手的动作也要分辨是单手操作、双手持拿、前伸、上举、上提、下压、拥抱、捧抱、后伸、受缚、受械、互斗等繁杂的不同表现；脚也有行走、跨上、上举、下踏等种种的分别；头部则有前视后顾、上望下俯、套绳、装扮、戴面具等的区别。这些都要仔细的观察。

观察“去”字的字形，“大”的形象和一般的“大”有很大的差别。人正常的型态是站立的，所以“大”的脚是直立的。但是“去”字的“大”却有明显的曲折。重点是一个正面的人，脚在膝盖处有曲折，这是蹲站的形象。“去”的“口”在“大”之下，两脚之间，不会是嘴巴或容器。也不可能是无意义的装饰，因为如果它不表意，就会是“大”字。所以，此处的“口”最适当的是表达坑陷。在我们日常生活中，一个人需蹲立在一个小坑之上，是什么动作呢？答案很简单，我们每天都作的动作，排除体内消化不了的废弃物。所以有去除的意义，也有离去的意义。

排除体内的废物是生理的必然需要。人和其他动物一样，最先是随地解放。有了固定的家居之后，渐渐的会觉得对日常生活带来不便，也有碍观感。因此，先是在稍远的地方解决，然后进步到有掩埋的动作，然后是选个固定的地方，挖个永久性的坑陷。

当农业发展到比较高层次时，人们发觉人与猪都是杂食性的动物，其排泄物都是很好的有机肥料，就要加以收集与利用。由于猪调节体温的性能不完善，阉割后的体能跟着衰弱，最好饲养于通风良好的干燥地方，不能任由雨淋霜冻。起码从商代起，人们就因便而饲养于自己所住的有屋檐的地方，与厕所为邻，便利肥料的收集。故甲骨文的“家”字，作家屋之下养有猪之状()。厕所的“溷”字就作一只或两只猪饲养在有斜顶屋檐的猪圈之状 ()。汉代随葬的陶猪圈模型，也大多数是有屋檐遮盖的，其他牛、羊等的牢圈就很少如此了。

〇八五　执，捕捉罪犯

执：「犯人双手上桎梏之形。」

商甲骨文	
两周金文	
秦小篆	 S
现代楷书	執

竞争是自然界所有的成员,为了生存所不能不采取的手段。在寻求必要的生存物资时,当双方的利益不平衡,为了保存自己,不能不通过各种途径以达到压制对方的目的。战争是压制对方、解决争执的最直接、有效的方法。在可以行动的人及动物界,用攻击的手段加以屈服、伤害对方是很平常的。就是在植物界,虽然其行动比较不明显,也必要与其他的生物争取生存必需的水分、阳光,以达到扩充自己生存领域的目的。最激烈的行动就是把对方消灭。总的来说,人类为了寻找食物,保护自己,以及繁殖后代,就得分别与动物和植物做不同形式的争斗。

其他的种类以消灭对方为主要的方法。人类则更为高明,还可以通过降服、改造对方,以之服务自己,使过着更为舒服的生活。譬如说,人们对于动、植物加以选择、改造,把野生动物驯养成家畜,把野草培养成为谷物而发展农业。在人类基本上已征服了他种品类之后,也不能避免地要与自己的同类起争执。从较小规模的为个人或家族的利益,逐渐扩大到部落、国家相互之间的大规模战争。最终也要走向屈服对方来服务自己的道路。

在生产效率低的时代,一个人生产的东西除了供自己使用之外,没有多少的剩余价值可以提供给他人。所以战胜者于打败对方之后,除占领其肥沃的土地,掠夺其财物外,对于敌人,或是杀死,或是驱之远离,没有加以捉拿或拘禁的必要。但是到了生产的方式已进步到有余力可以供应他人的需要时,就逐渐产生了以俘虏从事生产的念头。

周人打败商朝在中国古代的历史是一次空前未有的大决战。根据《逸周书·世俘》的记载,周武王于克商之战役,以及所连带的对居住各地的商朝同盟小国的征讨,共砍杀了十万七千七百七十九个的人头,活捉了三十万二百三十个俘虏。除外,还俘获了旧宝玉一万四千件、佩玉十八万件。宝玉不是军士的服装,一定是战后从一般人家搜刮来的，明白道出掠夺财物是军事行动的重要用心。

西周的铜器铭文说明，铸造彝器的原因常是因为打战杀敌有成而接受上级的赏赐，让后世的子孙知道祖先的荣耀。杀敌的最具体事迹就是杀馘与执讯。杀馘是砍下敌人的头，或割下其左耳，执讯是讯问投降的俘虏。被捉到的士兵是有能力抵抗的，所以要绑起来，限制他们的反抗能力。甲骨文的“执”字，作一个人的双手被刑具铐住之状()。有时头与手也被铐在一起()。出土过一件商代罪犯上械具的陶塑，其刑具和“执”字表现的一模一样，前后端的三角形木块把手上的木板卡住，罪犯本人是解不开的。为了防止逃亡，更有把罪犯关在牢狱的情形()。商代卜辞就有几次贞问犯人越狱的逃亡事故。如果不听话或有逃亡的举动，就有更严厉，对身体造成伤害的刑罚了，以后再介绍。

〇八六 讯，审问战俘

讯：「向捆绑的俘虏问讯之状。」

释读古代的文献是研究古代历史与社会的首要工作。不能辨识记载的文字,就不能明了其文义,根本就不能作进一步的研究。文字在使用的过程中,受到许多因素的影响而使外形及结构都发生变化。书写的各种因素致使古今的字形形成非常大的差异,有时是面目全非。

文字的演变不外是因为自然与人为两个因素。自然的演变是无意识而逐渐的,比较多体势上的变化。但演变到了某种程度,也可能产生剧烈的变化而难以追查其源流。人为的改变是有意的,或为别嫌,或因归类,或顺应新环境、新思想而改造,比较多结构上的差异,它对探求字形的演变,以及创意,都有较大的阻力,需要借助其他的材料才易辨明。

无意识的自然演变比较容易辨识,主要就从各个时代字体的因袭关系进行综合比较,从中找出共同的构件和特点,以达到辨认古文字的目的。近世发现大量的甲骨文,以及为数不少的铜器铭文、石刻、简书、帛书、盟书、陶文、玺印、钱币以及汉魏石刻、唐人书卷等等,都可以提供相互比较的资料。条件既比古人优越,当然所得的成绩也比较多。无论是自然的演变,还是因误写的变化,前后时代的字体或多或少都会留下互相因袭的痕迹,如果资料充足,就能从其中找到古今字体之间的相关线索,同时也能够帮助我们了解它们之间的发展过程。拿“宜”字做例子,《说文解字》解释:“,所安也。宀之下,一之上。多省声。,古文宜。,亦古文宜。”因字形好像与房屋有关,所以分析为多省声的形声字。但是追溯此字的两周金文()以及商代甲骨文(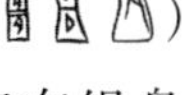)的众多字形,可以很容易肯定此字的创意与房屋无关,乃是表现两块肉在俎盘上之状,了解它与“俎”字同源。因为省略重复的一块肉,尤其重要的是盘子的外形又起了一点变化,所以被误会为房屋的形状。

如果字形是人为有意的改变,辨识起来就要费一些周折。甲骨文的,金文的、、、、、，看起来是同一个字的前后形状，但和后代的字找不到字形上的联系。在铜器铭文，此字常为军事行动的结果。根据《诗经·小雅·出车》中的“执讯获丑”，就明白其意义即铜器铭文里的“执讯”与“折首”，“折首”是杀死敌人而砍下头来，“执讯”是讯问捕捉到的俘虏。原来此字是“讯”，表现一个人的手被从后绑住，而旁边的嘴巴是在向此人审问，套取资讯。明了这个字本来是表意字，后来为了容易归类，有意改为从言的形声字訊，才使形体完全异样。有了这种认识，也就明白甲骨文的、就是早期的写法，也是表达向两手后绑的俘虏审问资讯的意义。可能与“如”的字形太过接近，所以才改变字形为。“如”字的意义为从随，以“女”与“口”组合()，以妇女的言论来表达意义，妇女要多顺从长辈的指令，少表示自我的意见。

○八七　臧，善良男仆

臧："以戈刺瞎奴隶的眼睛，反抗能力减低，不得不顺服。"

商甲骨文	
两周金文	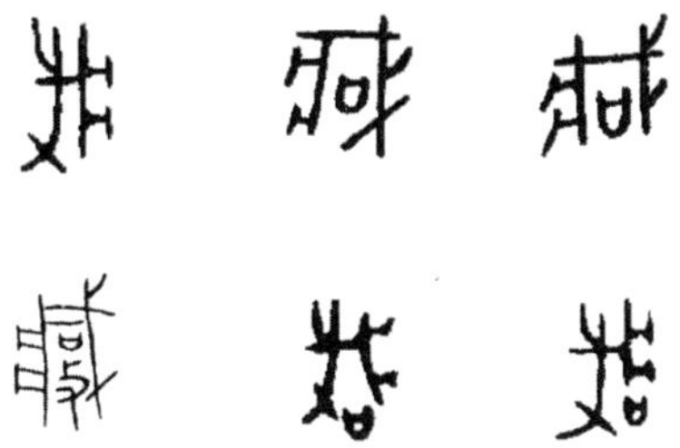
秦小篆	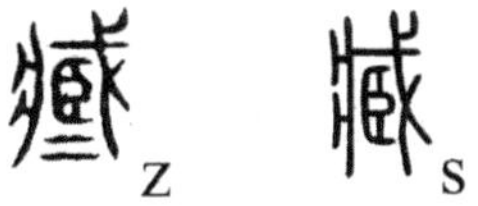
现代楷书	臧

人的体力有限，要靠群众的力量才能与动物、植物争夺自然的资源。所以人很难离开团体而独自生活。生活的空间既然不容独享，就期望大家都遵循一定的生活习惯和准则，使能维持大家之间的和平和安宁而不生纠纷。此人人遵循而可预期的行为准则就是法。但是法要与罚相辅相成，才能达到制衡的目的。罚是维持其法则顺利施行的手段，如果某人的行为超过社会所能容许的范围，就要接受惩罚，以为震慑之用。远古的时候，社团小，成员以亲属为多。人肯定对自己的亲人比较会给予最大的容忍。因此那时的惩罚可能只是剥夺参加某种活动的权力，或是给予短暂的拘禁、少许肉体的痛苦，最严重的是被逐出社团之外，使面对充满敌意的野兽和异族，难于保障生命。很少想到要伤害身体，使有永不能消失的肉体创伤。

随着社会的进步，组织扩大，生活在一起的人越多，亲属的关系越来越淡薄，法规也就越繁杂，制裁越严厉。尤其是生产的效率也提高了，还有余力以提供他人的需求。于是逐渐产生俘掳他人以从事生产，创造财富的念头。对于俘掳来的异族，当然会期望他们服从某些法则和习惯。如果违犯了，就比较不会慈悲而不加容情地给予最严厉的惩罚。但因人们更重视实际的经济利益，就想出了不太妨害工作能力的永久性肉体创伤以为警戒，并展示于公众之前，以收震慑之效。

权威的确立，奴隶的使用，加强了一个社会刑罚的严厉程度。法成为强者加于弱者的规定。很多本来是对付异族的严厉刑法，也慢慢会施用于自己族人的身上。如果想控制一个有战斗能力的俘虏或奴隶，减轻其反抗的能力是最要紧的事。但是如果因此又失去其生产能力，处罚的意义也就减色许多了。《尚书·吕刑》说周代有所谓“五刑”的条文三千，违犯了刺墨之刑的有一千条，割鼻之刑一千条，断脚之刑五百条，去势之刑三百条，死刑二百条。其中并无刺瞎眼睛的刑罚，但是从文字的创意，却可以看出，刺瞎罪人的一只眼睛是古代常用的手法。单眼的视力不及双眼的视野广，会大大减低战斗的效力，但却不减低其工作的能力。甲骨文的“臧”字，作一只眼睛被戈所刺之状（）。竖立的眼睛（）是“臣”字，表示抬头上望时的眼睛。处在低处的下级人员，要抬头仰视位于高处的高级管理人员。因此，“臣”字有罪犯及低级官吏的两个意义。其创意是由提升那些能低声下气，服从长上的奴隶，而成为压制同族的管理者来的。一个人如果瞎了一只眼睛就会减少很多反抗的能力，这时最好是顺从主人的旨意。在主人来说，顺从是奴隶的美德，故臧有臣仆和良善两种意义。

“民”字同样是作一只眼睛被尖针刺瞎之状（）。“民”的意义本是犯罪的人，后来才被转以之称呼平民大众。金文的“童”字则作一只眼睛被尖针所刺的罪犯，以及一个声符“东”（）。现在又加上“人”而成为“僮”字。还有“眢”字，作一只眼睛和挖眼的工具形，表示受了挖眼之刑，独眼的视觉较差之意（）。大概受刑后心中也不免会有所怨恨吧。

图 1：男仆执灯形青铜灯座

高 26.7 厘米，东周，公元前 5 世纪

〇八八　馘，砍杀敌酋

馘：「代表头颅的眼睛被悬挂在兵戈上之状。」

商甲骨文	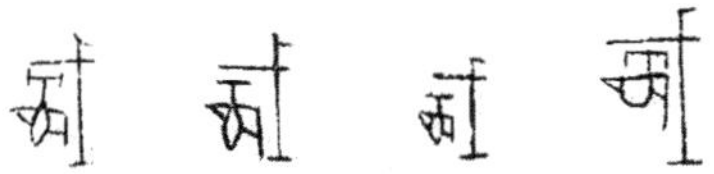
两周金文	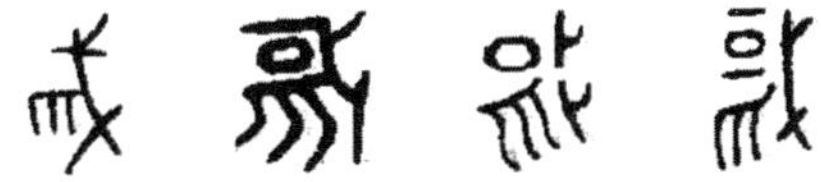
秦小篆	
现代楷书	馘

取：「耳朵被拿在手中之状。」

商甲骨文	
两周金文	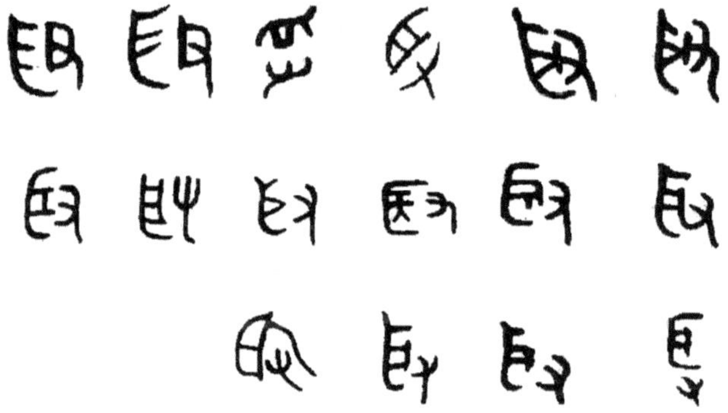
秦小篆	
现代楷书	取

《礼记·王制》记载:"天子将出征,……受命于祖,受成于学。出征执有罪反,释奠于学,以讯馘告。"意思是说,战争胜利的报告要在学校举行,并把抓来的战俘及砍下的敌人头颅与左耳献上。学校是古代训练军事的所在,故要在那里献上捕获的讯与馘。军事成就是古代统治者最喜欢夸耀的政绩,所以献馘是国家很隆重的庆典。《逸周书·世俘》记载周武王于克商之后,曾向周庙举行四次的献馘典礼。周王朝后来不但自己举行献馘之礼,诸侯国如果有军事的胜利,也被要求履行前来向周庙献馘的义务。上篇已介绍讯字,是以嘴巴向一名双手后缚的罪犯审讯来创意。现在介绍馘字。

甲骨文的"馘"字,作代表头颅的眼睛被悬挂在戈上之状()。头颅有相当的重量,一人不便多带,所以只对重要的敌酋才不嫌麻烦地割下其头颅来。对于比较不重要的敌人,不妨只截取左耳以为杀敌的信征。甲骨文的"取"字,就作拿着耳朵于手中之状()。耳朵既能被拿在手中,当然是已被割了下来。杀死敌人后还不顾危险与麻烦,割下死者的左耳,不用说目的是为了领赏。小篆的"最"字()作一手摘取帽下的耳朵,也是表现战斗的最终目的是为了割取敌人的耳朵以便领赏。

把敌人的头颅砍下来领赏,是古代各国普遍的行为,不是中国人独有的野蛮行为。《左传》僖公三十三年就记载晋国的先轸不穿甲胄而进入狄人国界打战,不幸败战而被割去头颅。后来狄人归还他的头颅,竟然面容还如活命时一般的模样。战国时代秦国鼓励士卒杀敌,以斩首多寡定功论爵,无疑是学自甚为古老的习惯。杀敌是件值得炫耀的事,台湾原住民以前有个习俗,杀过敌人的勇士才有资格在帽子上嵌镶贝壳,也同样是表达有过杀人的战功。

为纪念杀过重要的敌人,贵族还把敌酋的形象雕琢成玉佩,以便随时展示与炫耀。图1这件用阳浮线磨雕的玉佩,主题就是一个戴高羽帽的人头。这一件两面的纹饰相同,知是作为垂吊于腰际,两面都可展示的佩饰。戴羽冠的人像最早出自四至五千年前,浙江良渚文化的玉钺与玉琮,作一人骑在某种动物之上。骑兽者的身份可能就是王。但这件玉雕人像可不能如此看待。良渚的骑兽者作一般人的容貌,而此玉雕的嘴巴,两旁以上卷的双勾线条表现,像是表现獠牙露齿的凶恶状。对于敌人,总是把他们塑造成不道德的形象,所以才需要加以讨伐。

自旧石器时代的晚期以来,人们就晓得借用他种东西来装扮自己,时代越晚花样也越多。到了贫富有差距,阶级有区别的时代,人们就以罕见、难得的饰物以表现其高人一等的身份。帽子经常就是最重要的地位表征。譬如北美的印第安人,其酋长的羽毛头饰就远胜于其他的成员。中国云南发现一处少数民族的崖画。其人的身子越大,其头上的羽毛装饰也越丰盛。绝大多数身子小的人,就没有任何头饰。此人的羽帽与良渚文化的骑兽者所戴的一模一样,恐怕正是东夷族长的形象。

图 1:戴羽冠人头形泛白淡绿玉佩

高 4.3 厘米,晚商,约 3400 至 3100 年前

图 2:战国铜器花纹残片:右下的人头将被割下来,中间的士兵左手悬吊一个头,其上敲鼓的士兵脚前也有一颗头颅

〇八九　夏，舞蹈祈雨

夏：「大概是作巫以舞蹈求雨之状。」

商甲骨文	
两周金文	
秦小篆	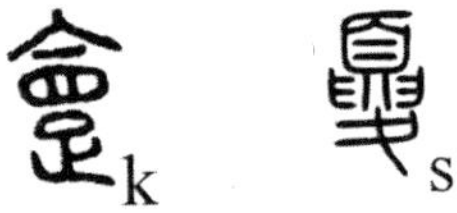 k s
现代楷书	夏

闷热的夏季到底是依据什么概念创造的呢?

首先参考《说文解字》的解释:“𡕾,中国之人也。从夊从页从臼。臼,两手,夊,两足也。𠍙,古文夏。”所谓中国之人就是居住在中央地区的民族,有别于东方的夷、南方的蛮、西方的羌、北方的狄。这确实是古代文献常见的意义。那么,“夏”字就是描绘中国人的形象了吗?人类的外形大致是一样的,一般要靠衣着、装扮来分别不同的种族。“夏”字如果只表现有手有脚的人类,恐怕就达不到分辨人种的目的了。还有,分别中国人与其他人种的必要,应该从很早的时候就会有的,可是在甲骨文还没有见到此字。商人自称为商,提到的其他种族,有夷、羌、土方、鬼方等多样名称,就是不见夏族、夏人一类的名字。因此,“夏”字的创意来自描绘中国地区的人种形象看起来是有问题的。

“夏”字的另一个常见意义是夏季,这是生活中必要的语辞,应该很早就被创造的,但甲骨文为何还没有此字呢?

在一个以采集、渔猎为生的社会,只要略知季节,可以依之猎捕某些野兽,采集某些植物就足够了。但是到了依农维生的时代,农作物经常由于提早或延迟十天种植就会导致收获的失败,有必要建立更为精确的季节以为农事作业的依据。尤其是到了政府组织严密的时代,就不能不重视时效对于行政效率的影响。所以从一个社会对于时间的重视程度,也可以判断出该社会所达到的经济和文明水平。

对于时间长度的划分,各个社会都无例外,最先只能根据自然的现象作为指标,是种不规律的长度。后来人为的制度渐渐发展,就借重各种的机械装置,人为地规定时间的长度而与地球每天的自转速度无绝对的联系。

商代的历法已相当进步,已知一年有三百六十五日。一年十二月,大月三十日,小月二十九日,以年中置闰的方式调整年与月的差距。对于一日时间的分段，其分段的名称虽早晚稍有改变，大致日间的主要段落为：旦、大采、大食、日中、昃、小食、小采或暮或昏。其定点基本上以太阳在天空变动的位置取名。此外还有不少特定的时段，如市日是每天从事交易活动的时间。晚上虽只分夕、夙两段，但因有报更的更字，应该还有更细小的分段。

但对于季节，商代却只分春与秋两季，与比较原始的氏族社会，基于草木荣枯，或谷物收获而分为两个季节，似无大差别。到了西周时代，才有春、夏、秋、冬四季。这时候才出现“夏”字，有可能就是为了这个新的设施，才有了“夏”字，所以“夏”字与夏季可能有密切的关系。

金文的“夏”字，最早作，后来慢慢加上太阳的形象而有、、等形。其重点是画出此人的脸孔与手脚的动作。早期的文字有个习惯，若是要表达是贵族或巫师的身份时，就画出其颜面来。夏季常有干旱之患，商代最常用以祈雨的仪式是跳舞，《周礼·大司乐》说“大夏”是古时祭祀山川的乐舞。山川是商代祈雨的主要对象，故此假设很有可能。夏季常缺乏雨水，很需要巫师跳舞祈雨，所以以巫作法求雨的形象来表现夏季的季节是相当合理的，所以特地描绘巫师跳舞的动作。

图 1：木胎锦瑟巫师戏蛇纹残片

残长 11.5 厘米，残宽 7.2 厘米

战国，公元前 403 至前 221 年

〇九〇 秋，烧烤蝗虫

秋：「象蝗虫形或以火烤蝗虫之状，为秋季的景象。」

商甲骨文	
两周金文	
秦小篆	 Z  S
现代楷书	秋

一年四季，春夏秋冬，是大家耳熟能详的常识。但是对于天文学已有相当了解的商代，一年却只分春秋二季。到了周代才见到四季的个别名称。甲骨文的“春”字我们已能辨识，是以声符的屯，加上意符的木、林、或日等的组合，是个形声字。大致表示有充分阳光的种植季节，或树木生长茂盛的季节之意( 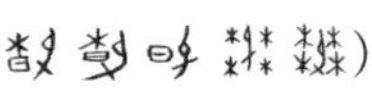)。那么，另一个相对的季节应该就是收获的秋季了。不过，不能简单就这样认定，凡事都需讲求证据。

甲骨文的“秋”字作一只动物的形象(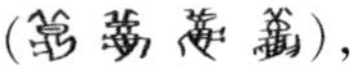)，或者是这个动物被火所烧烤之状()。到底这是什么样的动物？为何要以火烧烤之？为何可代表秋季？这些都是我们想要得到的答案。从字形看，这个动物有脚，头上有一对弯曲的触角，背上还有可飞翔的翅膀，大半是某种昆虫的形象。

能正确辨识这个字，《说文解字》的功劳很大，其解释“秋”字：“，禾谷熟也。从禾，省声。，籀文不省。”《说文解字》里所谓的省声说法大都是不可靠的。看起来，是因为这个字的字形和常见的“龟”有点像，因而被误会为“龟”。但是，龟和秋天没有紧密的关系，推测此字的变化，大致因为是表达收获季节的字，所以就在甲骨的字形之上添加一个禾束的形象。但是这个由三个独立字形组合的字形又太过复杂，于是省去最复杂的动物形象而成了从禾从火的“秋”字了。或者又加上日，表示与日期有关。

这个字在甲骨卜辞，除了表达秋季的意义之外，又用以表达某种的灾难。如“今岁秋不至兹商？”(《合》24225。今年这个秋的灾难不会来到我们的商国，是吗？)“其宁秋，来辛卯酒？”(《合》33233。将要安宁秋的灾难，在将到的辛卯日用酒来祭祀是合宜的吗？)“其告秋上甲，二牛？”(《合》28206。将报告秋的灾难于祖先上甲，使用两头牛是合宜的吗？)

在中国的历史上，蝗虫是收获前常遇到的天然农业灾害，非常受到主政者的重视。《春秋》一书就曾记载蝗虫之灾难数十次之多,一般认为其灾难比起水旱之灾更为厉害。因为水旱之灾,多少还可以保留部分的收获。而大群的蝗虫铺天盖地地前来,整个庄稼被吃一空,无有幸存者,所以更为可怕。古人对于蝗虫的灾难没有适当的防范办法。幸好蝗虫有扑向光亮的习性,农民就烧起大火,让蝗虫自往投扑光亮的热火而被烧死。可以想见,因蝗虫是活动于秋季的昆虫,所以古人用以代表秋季。

商代只有春与秋两个季节。那么,秋季是包括之前的夏季,还是之后的冬季呢?我们现今的习惯,叙述季节的次序是春夏秋冬。可是《汉书·五行志》所记载的蝗虫灾难都发生在夏天之末及秋天之初。如果古人以蝗虫出没的时间作为季节的标示,那么,比较可能的安排就会是秋季包括之前的夏季,而春季包括冬季,与我们现今的习惯不同。秦朝及汉初以十月为岁首,即反映冬季为政府会计年度之始的习惯,因此春季包括冬天,秋季包括夏天。

图1:台湾大蝗(蝗科)体长,雄50至65毫米,雌75至87毫米

○九一 兕，有用之累

兕：「整只犀牛形。」犀：「从牛，尾声。」

	兕	犀
商甲骨文		
两周金文		
秦小篆	 s　 k	 s
现代楷书	兕	犀

看到报道，非洲的白犀被土人盗杀殆尽，因犀牛角的黑市价格，一盎司已达一千六百美金。犀牛是因为自身之大用才导致灾难。

甲骨文有一字，作头上有独角的动物形()，是常见的捕猎物，擒捕的地点有好多处。捕捉的方法有设阱、箭射、追逐、纵火等方法。甲骨文曾有捕获四十只的记载，十只以上的也有数次。与只捉到一两只老虎的记录相比，显然在商代这是种较易捕捉到，且大量存在的野生动物。

《说文解字》释“兕”字：“𤉡，如野牛青色，其皮坚厚可制铠。象形。兕头与禽离头同。凡兕之属皆从兕。𠒂，古文从儿。”不管是小篆还是古文的字形，应该都是自甲骨文发展而来，是犀牛的象形字，后来代以形声字的犀。甲骨文提到兕的肤色有白及戠。白与非洲的白犀牛色调一致，《说文解字》的青色可能是不同观察者的描写差异。

犀牛的形体比牛大，头大、颈短、躯干粗壮、皮肤韧厚无毛而有皱襞。因品种而异，体色有微黑带紫、黄褐、青白等几种。常见的犀牛有两种：一是印度产的，体格较大而性情温顺，鼻端上长有一只大独角。一是非洲产，体格略小而性情凶暴，除鼻端有大独角外，额前尚有一只较小的独角。犀牛独生的角与其他动物都成对的角大异其趣。故人们也于文字强调其独角的特征。

兕是生活于湿热环境的动物，现今的分布，主要在非洲中、南部，中南半岛，南洋群岛，印度次大陆等地区，都是属于较温热的地带。中国在距今七千到三千年的一段期间，气温要较今日温暖，犀牛有可能在中国很多地区生息繁殖。浙江余姚河姆渡、河南淅川下王岗等六千多年前的遗址，都发现犀牛遗骨。战国时代的盔甲仍常以犀皮缝制，甚至《国语·越语》有吴国衣犀甲之士十万三千人的浮夸记载。汉代以后大概因已难见其形象，只能依据书本的描述造形，形象就大有出入,连带也产生很多神异的传说。

商人捕捉犀牛的最重要目的,应该是其坚韧的皮可以缝制铠甲。在钢铁武器未充分使用前,兕铠对于青铜武器的攻击有很好的防御效能。故成书于战国晚期的《考工记》,还详细地记载其缝制及品质检验法,于《函人篇》说犀甲寿百年,兕甲寿二百年,犀兕合缝之甲寿三百年。虽不免夸张,也有基于经久耐用的事实。

除皮外,犀牛还有一样最为人们宝贵的东西,即犀角。犀角是一束毛发硬化而成,所以没有长成如其他动物一样的对称。犀角含有碳酸钙、磷酸钙、酪氨酸等成分,具有清热、解毒、止血、定惊的功效。其疗效起码已为汉代人所了解。《神农本草经》将其列入中品,是种可以久服兼治病的药材。到了四世纪,炼丹家以之与水银、丹砂、硫磺、麝香等物合药以制作小还丹,以为有助于成仙不老的效果。犀牛在汉代已比象更为罕见,以致犀角的效用被人神化,甚至以为有避尘、避寒、避水、解毒等种种不可思议的妙用。《汉书·郊祀志》记载王莽时以之和鹤髓、玳瑁等二十余物,煮之以渍泡种子,希望吃其长成的谷粒以成仙。

图 1:莲花形犀角杯

高 10.5 厘米,口径 19.5 厘米,明代,公元 1368 至 1643 年

图 2:商后期青铜犀尊

高 24.5 厘米,公元前 14 至公元前 11 世纪

○九二 各出，进出睡窝

各：「一足步入半地下式穴居。」

商甲骨文	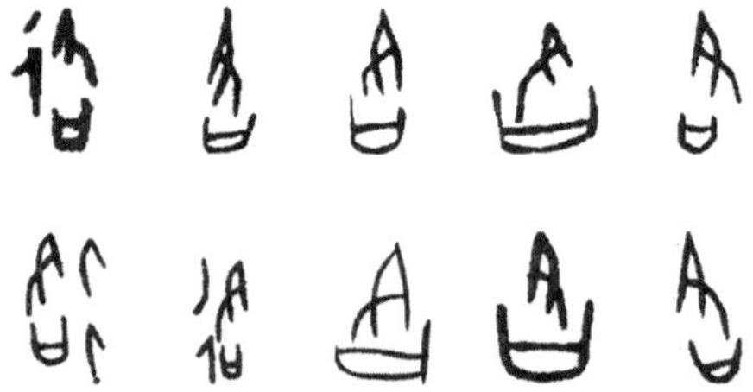
两周金文	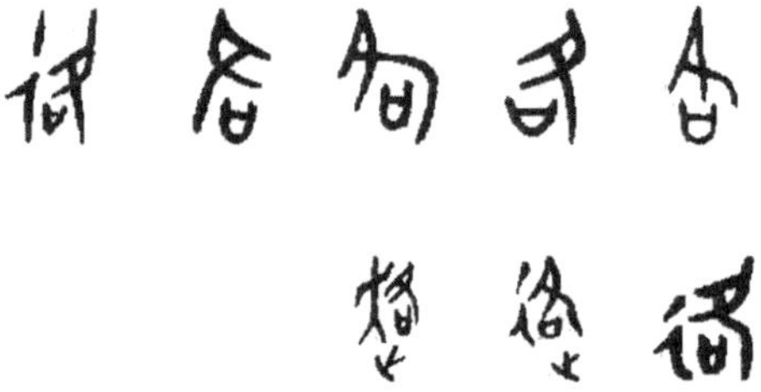
秦小篆	 s
现代楷书	各

出：「一足步出半地下式穴居。」

商甲骨文	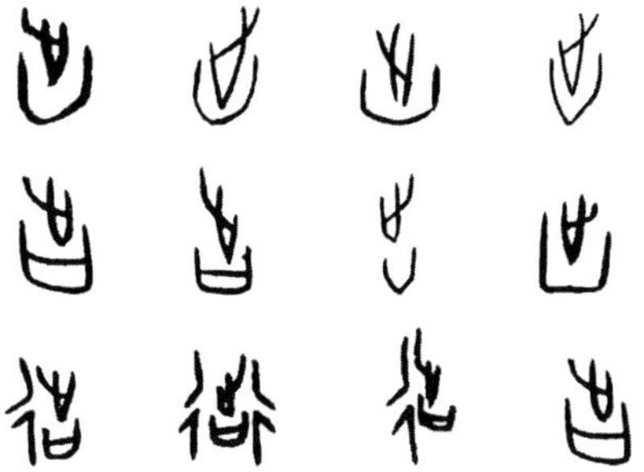
两周金文	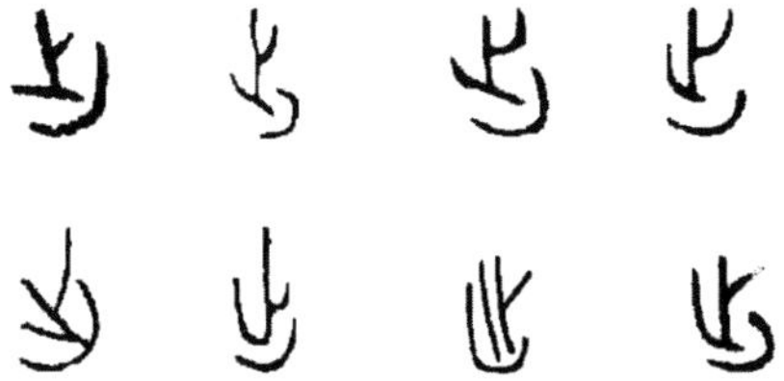
秦小篆	 s
现代楷书	出

举凡动物,都需要有睡眠以恢复体力的时候。这时候防御外敌的能力最差,需要建构或寻找一个安全的地方睡觉。有些动物有天赋的能力,能够利用材料建造安全的居所。但人类还在猿人的阶段时,并无能力选用材料,建构自己的家,也和大部分的鸟兽一样,要借用天然的洞穴或大树栖身。这两种方式都不尽符合人们的需求。所以当人们制造工具的能力越来越高明时,就开始使用工具,修建自己的住屋以遮避风雨,防范野兽的侵袭。

长江是中国南北的自然分界,江南和江北的气候条件一直有着显著的差异。在商代以前的几千年间,为适应此种自然条件的差异,人们就发展了两种基本住家的形式,一是华北的半地下穴居发展起来的,一是华南高于地面的干栏式建筑。

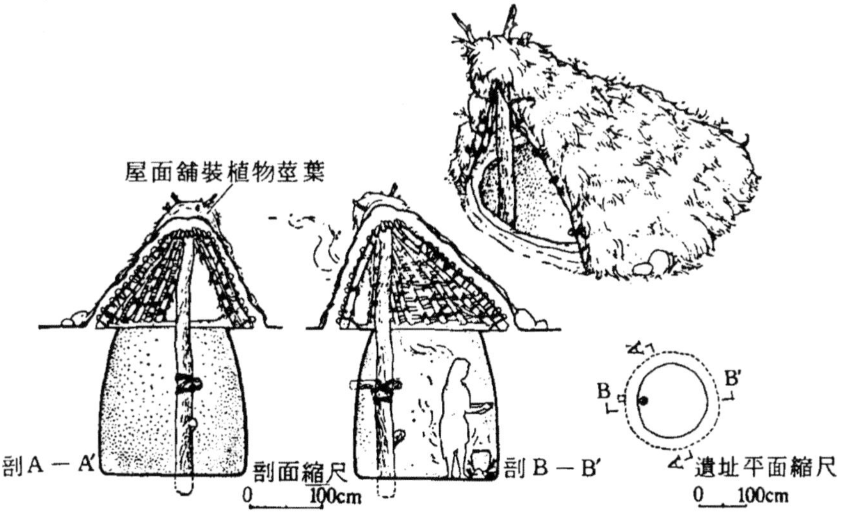

偃師湯泉溝H 6 復原

图 1:仰韶文化早期的圆形半地下穴式房子复原图

就营建的技术看，最容易修建的住所是不必筑墙的地下穴居，只要向地下挖掘就可以了。就效用说，它也夏天凉爽而冬天可避风刮之苦。因此和其他民族的早期住所一样，华北也发展了半地下穴式的家居，以适应冬天风寒的气候因素。尤其中国华北，不少地区是黄土所堆积而成。黄土土质疏松，孔隙度高，加上土质的垂直毛管性能发达，每每形成陡直的结构，易于向下挖掘。而且黄土颗粒有轻度胶结性，干燥时不容易发生崩塌。那时的气候虽然较今日温湿，但对于挖土不深的穴居说，也不致发生崩塌的危险。

就技术面说，挖掘圆形的洞穴也要比矩形的容易些。因此在发展的程序上，圆形的一般要早于矩形的。譬如，经常作移动的游牧民族喜欢采取构筑较省力的圆形穴居，而定居的农耕民族则多采取矩形的形式。

中国比较早期的穴居，可以河南偃师汤泉沟的圆形地窟为代表。其深度超过一个人高。用木柱架设屋顶以遮风雨。更早的或只加盖，可开阖以进出，并防野兽侵扰之用。为便利进出，就在木柱捆缚几道脚踏的木梯以便攀援上下。有些只在地穴的坑壁挖刻方便出入的脚坎。所挖地穴的面积也越来越大，但深度却越来越浅。于是人们就构筑出入的斜坡，可步行出入而不必攀援东西以上下了。

房屋本是少数人避风雨、防野兽之短暂休息所。场地小，有些房子的面积才三到四平方米而已，只容一两人栖身。它没有足够的空间在里头烧食物，遑论其他的活动，一般只有在需要时才进入。随着人们定居期间的增长，构筑技术的进步，家庭结构的变化，房子就越建越大。八千年前的圆形房子，直径才两米多。到了六千年前的半坡村落，矩形的一般有二十平方米，圆形的直径约五六米。但少量大型的房子达到一百六十平方米，应该是公众的聚会所。恐怕要等到东周时候，人们才普遍住于地面的房子。

在商代，除了贵族及手工艺人，大部分的农民还是住半地下式的房子。故甲骨文的“各”字，意义为来、下临、下降。作一个脚步踏进半地下式的穴居之状(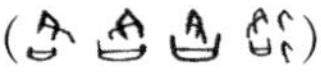)。“出”字则相反，作一脚步踏出穴居之状()。充分表现一般人生活于半地下穴居的习惯。

○九三 高，高耸房屋

高：「象高大建筑物之形，口为填白。」

商甲骨文	
两周金文	
秦小篆	 S
现代楷书	高

京：「象建于干栏上的高楼形。」

商甲骨文	
两周金文	
秦小篆	 S
现代楷书	京

中国华北地区,属干燥气候,可以采用向地下挖掘的简单方式构筑穴居。但是华南地区,属温热潮湿的气候,在六千到三千多年前之间,其年平均温度比现今还高出二度摄氏度以上。人们不利于长久在潮湿地面睡卧,只好发展高难度的地面上的干栏建筑。干栏建筑有可能发展自栖身树上。它是先在地上竖立多排的木桩,然后在木桩上铺板、设廊、架屋、盖顶、分室。如六千多年前的余姚河姆渡遗址,在背山面水的地点竖立了十三排的木桩,可以复原为带前廊的干栏式长屋。其形状可能像汉代的陶明器房屋模型(如图 1)。

干栏式建筑比地下穴居的构建大大的费工和费时, 大多发现于华南各省,显然是为了适应多雨燠热的气候,不得不以干栏的方式来隔离潮湿的地面以方便生活。后来气温渐低降,雨量也减少,人们也废除搭建干栏的麻烦,将房子建在地面上,于是就在屋里架设高于地上的大床铺,以为睡眠、休息、活动之用。虽然从外表看不出是干栏式的建筑,其结构却与干栏式并无二样,以前台湾的建筑就是这种的变化形式。不但是居处,就是墓葬的构筑也反映它们地理环境的差异。华北地区都采用竖穴形式,即向地下挖洞,埋尸其中,一若居住半地下穴式房屋。华南则陈尸地上,封土成墓冢。尸体下也常铺有石块以隔绝潮湿,一若在干栏上生活。

干栏式的房屋表现在甲骨文的“京”字,作一座在三排木桩上修建的斜顶建筑物形(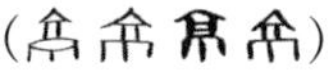)。在华北地区,建于干栏上的房子自然要比建在地面或穴居的高耸,所以高耸的建筑物就叫作京。政教中心的地方常有高耸的建筑物,故称为京都。甲骨文“高”字与“京”字的结构类似,也以高耸的建筑物表达其意义(),但不是建筑在干栏之上,后来增加的口()的部分,大致是无意义的填空。高楼不但可以防湿、防水,居高临下,也便于侦察、防御,而且远远就可望见,能提高统治者的威势。东周到汉代的君主迷信神仙的存在,为了更接近天

上的神仙，楼台就越建越高，《史记·封禅书》记载汉武帝为亲近神仙而大建高楼，有达到一百米高者。木构建筑不能承受如此高楼的压力，那是建筑在呈阶梯状的土层上，每阶梯只建一层。这种高楼的建造费高，但都是取自老百姓的，所以常以高楼联想及暴君。

华北在古代比今日温湿得多，半地下的穴居不免也有潮气，也不利长久的居住，因此人们就作种种的防湿设施。最先是用火烧硬地基，接着用蜃灰铺涂地表以吸收潮湿，最后是使用费工的夯打方式使房基坚实而不透水。商代已比较常用这种夯打的方式建造尊贵者的房子。只有贵族才有资力用夯打的方法修建，且必是较大型的、特别的建筑物才用。故甲骨文的“享”字，作一座斜檐的建筑物立在高出地面的土台上之状(亯 亯)。享有享祭的意义，一定来自它是种祭祀鬼神的庙堂建筑而不是一般的家屋。祭祀在古代是国家最重要的施政大事，祭祀的场所也往往是施政的地方，当然会不惜工本，用最费工的夯筑方法修建。

图 1：华南地区干栏式房子的模型

○九四 牧，饲养牛羊

牧：「手持牧杖导引牛羊之状。」

“牧”字的意义,《说文解字》的解释是“养牛人也”。但是在甲骨文,“牧”字有四种不同的结构方式,一是我们现在使用的字形,作一只手拿着棍子一类的工具在驱赶一头牛之状()。二作一只手拿着棍子在驱赶一头羊之状()。三作手持杖在行道之旁驱赶牛之状()。四作在行道之旁驱赶羊之状()。对于这四种字形,我们起码想知道,哪一个是最早的字形?为什么后来只留下目前从牛从攴的字形?

字的创造可以反映一个时代的状况。先有牛或先有羊的字形,就可能反映某地区家畜饲养的先后次序。至于有无行道的符号,也反映饲养的规模问题。有行道的可看成已不是大规模的专业经营, 而是农业为主要生产的业余副业而已。所以进一步地探讨是有必要的。

想探讨字形的早晚,文字本身使用的时代性是很重要的依据。一般的原则,文献的时代比较早,其字形的使用也就比较早。可是这四个字形都出现在甲骨文的最早时代,第一期。所以要另外想办法解决这个问题。

在谈文字字型演变方向的时候,文献的性质也是非常重要的依据。具有官方性质的文字比较因谨慎而稳定。铜器上的铭文是贵族为夸耀本身的功德而慎重铸造的,也希望别人看得懂,所以不随便省简字形。又同是一件铜器上的文字,族徽的部分,一般要较铜器铭文的部分繁复而逼真。因为族徽是代表社区群体的符号,随意变动不但得不到别人的认同,甚至有可能遭受处罚。民间日常的实用性文字就较没有这种顾虑,故而较易轻忽或为便利,省减字的部分内容而起变化。族徽文字不是应对日常生活所需,较易保存书写的传统。学者也因铜器上的族徽,其所描写的物体形象比甲骨文的字还要写实些,故普遍认为它们要较甲骨文的字形原始。故有人在讨论字形演变的趋向时,就把它们列在甲骨文之前。目前发现在亚内的三个族徽符号、、,“牧”字都作在行道之旁放养

牛之状，大致可决定有行道的字形较为正式，没有行道的是后来省略的字形。饲养牛羊既然是在行道之旁，就表示那不是大规模的专业放牧，而只是农作之余的副业而已。结论是，创造“牧”字的时代农业已经成为生活的主要方式，不是更早的逐水草的放牧时代了。

农业与畜牧虽有相辅相成的时候，但基本上是相互矛盾的。发展畜牧业就会让牧草占有耕地，而发展农业就要尽量开辟草原、山地为耕田。因同面积的土地，生产粮食比饲养家畜可以养活更多的人口。所以在人口的压力下，如果气候、土地等条件许可，需要牧地的畜牧业就会被农业所取代。后代贵族的打猎，常是驱逐野兽以保护农作物的业余活动，所以方正的农田之形的田字，意义是打猎。再者，牛与羊因躯体大，供肉多，中国在春秋时代以前是重要的肉食供应。但到了春秋时代，牛就成为拉犁耕地的主要劳动力，不再是一般人的食品了。羊则根本失去其为重要家畜的地位，只利用不能生产农作物的地点才加以饲养。所以表现在文字上，“牧”字就只剩下以手持杖驱赶牛的一形了。

〇九五 敦，炖煮稀烂

敦：「羊于宗庙前，表现出发攻敌之前以熟羊供祭于宗庙前之习惯？」

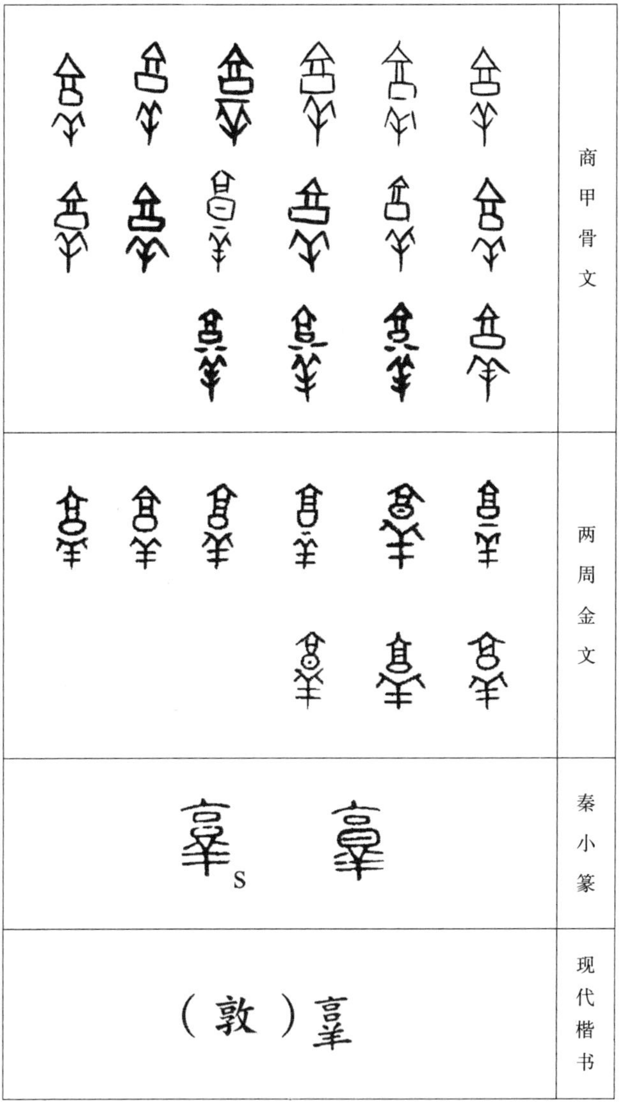

甲骨文有一个字由两个部分组成(),上头是个“享”字,下边是个“羊”字,意义是敦伐他国。“享”字作一座斜檐的建筑物建立在一座高出地面的土台上之状()。因为这是享祭鬼神的高级建筑物,不是一般的家居,所以有享祭的意义。“羊”字则是一只羊的头部形象,在中国人居住的地区,下弯的角是羊的特征,所以用头部来表达羊的种属()。这两种东西似乎和争伐的意义无关。《说文解字》给予这个字的意义是孰(熟),或粥。粥是种把米粒煮至稀烂的食品。孰(熟)则是把食物煮得很熟透。看来,此字的重点是把食物煮得很熟透、熟烂。那么,为什么甲骨文使用的意义是征伐呢?一个可能是借音,和创意完全无关。一个可能是供奉熟羊是征战前的一种仪式。目前的文献尚无法证实商代有这种习惯。可肯定的是,此字的创意与羊的烹煮一定有关。

从有史的阶段以来,在祭祀的仪式中,牛的级位比羊要高。如果争战之前需要供奉牺牲,应该不会只使用羊牲。比较可能的是,羊在烹饪的时候需要有异于其他动物的作法。在有关食物的品味方面,家畜里好像只有羊被作为造字的题材。“鲜”字,《说文解字》以为是从鱼的省声形声字,《说文解字》省声之说大都是有问题的,此字大致是以鱼和羊都是有腥味的食品表达意思。“羴”字,羊臭也,以三只羊表现羊很多的时候有强烈的特殊羶腥味道。

人类很早就驯养绵羊,依据遗址的现象,中亚在一万一千年前就已驯养绵羊了。大半绵羊没有什么抵抗力,容易被人们所生擒,其性情又温良,性喜群居,可以放任找食,不必特别准备饲料及费力加以照顾,非常方便饲养。但在中国,羊恐怕不是很早就被驯养的家畜品种。虽然公元前六千年的郑州裴李岗遗址已见陶羊及羊的遗骸。但在经营农耕的主要区域,六千年前或更早的遗址里,出土的骨骼大都以猪、犬为多。到了龙山文化时代才有较多量的牛、羊骨骼。

至于中原以西、以北的半干旱地区,自新石器时代以来一直是牛、羊的骨骼多于猪、犬。显然中原地区羊的饲养,是受游牧地区的影响。在公元前八九千年时,由于气候的因素,华南较有人迹。那地区气候温湿,适宜猪、犬的活动,故先有猪、犬的饲养。华南的人们北移经营农耕,也把猪、犬带去,华北才有多猪、犬而少牛、羊的现象。

牛的皮坚韧,一般作为皮革的材料,不会用来作为食品的材料。但羊的皮比较单薄,不是很好制造皮革的材料。但如果加以长时间的慢火炖煮,羊皮也可以软化而被食用。在食物不是很充足的古代,不失为充分利用食材的办法。这可能就是古代处理带皮羊肉的一贯作法。羊肉不熟透就不好消化,不能拿来敬神,所以献祭于神坛之前的羊肉一定是煮得很熟烂的,因此用来表达熟透以及糜烂的意义。

○九六　孝，有孙承欢

孝：「老人以手搭在小孩头上之状，表现慈爱之意。」

商甲骨文	
两周金文	
秦小篆	 S
现代楷书	孝

从西周时代开始，中国就有一个很重要的教育主题，即孝道。孝道也是儒家治国平天下的一个很推崇的功夫。“十三经”中有《孝经》，历来很受帝王的重视。从《论语》可以看出儒家所谓的孝道包含甚广。对于亲长，不但生前要奉养，秉承其志。就是人死了，也还要不改其志。一个人如在家里绝对服从尊长的指示，到社会上自然也不敢犯上作乱，当政者比较容易管理，故为政治家所喜爱。

尽孝道是周代铜器铸造的一个很重要目的，是周王室强调宗法制度的一个措施。东周时代王室的控制力衰退，铸造铜器时就不再强调孝道了。西周铜器铭文所要尽孝的对象是前文人、神灵、祖考、大宗等已过世的神灵，还有宗室、兄弟婚姻诸位老辈等在世的人。孝的范围由对祖先的崇拜扩充到善事父母，再从善事父母扩充到友爱兄弟、供职的长官。孔子学派对于孝道的阐述，可以说就是源于封建社会要求子弟绝对服从长上的教育。

孝是人类社会为达到某种目的而发展起来的抽象概念，那么“孝”字是基于何种事物而创造的，也不失为有趣的问题。“孝”字首见于金文(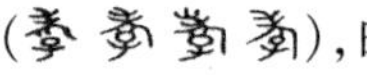)，由两个构件组成，“老”()与“子”()。“老”()是描写一位长头发而持拿拐杖的老人。脚的老化是老人第一个察觉到的现象，开始要借用拐杖走路，所以用人持杖走路表达年老的意义是很容易了解的，在学术界没有什么异议。“子”()则是一个出生不久，两脚被衣物包裹起来的小孩形象。这时小孩头的比率比一般成人的头大得多，所以把大头的特征表明出来。这个解释学界也没有异议。但是一个老人和一个小孩，如何得出孝顺的意义呢？

“孝”绝不是个形声字，因为“老”与“子”的读音都和“孝”的读音不同类，所以一定是表意的字。从字形看，“老”与“子”的位置有一定的配置，不可以随意的书写、变更。看来“孝”的各个字形都表现出老人以手(连手指都画了出来)搭在小孩子的头上之状。

《孟子·离娄》有“不孝有三，无后为大”的话语，充分表现没有子孙在中国有史的时代是件很严重的缺憾。其实其他的社会也都有相同的观念。自有文字记载以来，中国一直都是父系的社会，以男孩为计算子息的成员。这种观念在商代的卜辞表现得很明显。当问及生男还是生女时，男婴称为嘉，女婴就称为不嘉。

如果没有子嗣是最大的不孝，那么相对的，有了子嗣就算是最起码的孝了。有了男孩的出生，家族才可以传承下去，所以男性子孙才重要。《新华字典》有个“拐子头”的词，解释是“小孩，因老人需孩子扶行，其作用如同拐杖”。老人要扶着孙子的头走路，一来藉以保持身体的平衡，二来也可能表现老人关怀孙儿之情。三四千年前应该也有这样的需要，让老人有个孙儿可以解闷、作伴。看来孝字没有其他别的创意。商代还没有孝字，恐怕是因为孝道势在必行，没有向鬼神请教要不要孝顺谁的问题，所以不见于卜辞并不是商代的人不讲求孝道。

〇九七　蝉，躯体换新重生

"蝉"字可能早期以象形表达，铜器的族徽图形( )或有可能就是蝉形。甲骨卜辞有方国名( )可能就是它的一般书写形式。(《合》33041、33042)不知何时改换为从虫单声的形声字。蝉的形象在这块莹润的玉雕清楚地表现出来：左边是背部，右边是腹部。这件蝉的头部前端作山形交叉如丘字状，口呈锯齿状，眼睛圆鼓而外凸，翅翼呈外直而内弯曲至端部成尖峰状。腹部的尾端也缩成尖峰，并用十二道横的阴线把能够伸缩自如的腹部，非常写实地刻画出来。这个时代的玉蝉，有时只作轮廓的边缘和背脊的高度减化形象。或已格式化，以二道直划、二道斜划和四道短横划来表现两片翅翼与尾部。两汉时代，玉蝉的出土量非常多，长度大都在五至六厘米之间，发现于死者口中，作为塞七窍或九窍之一的器物。为了防止死者的精气外泄，人们用玉块把人体的孔道塞住。除了玉蝉，其他部位的塞子都没有雕成具体的动、植物形象，为什么会如此做，只因宽扁的舌头形状与之相似吗？或别有意义。为什么南北朝以后又逐渐消失？

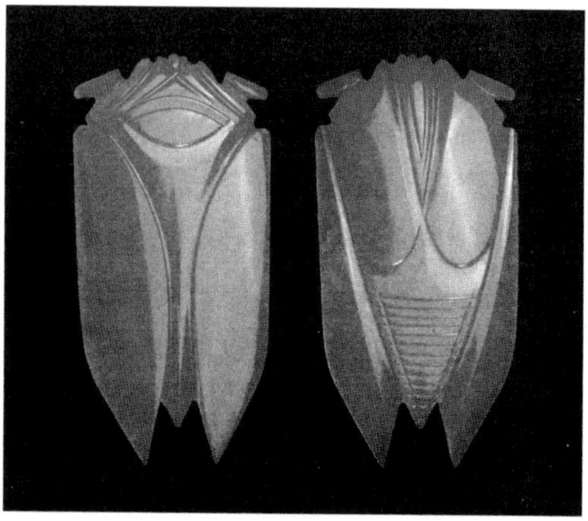

图 1：和阗白玉蝉

长 5.7 厘米，宽 2.9 厘米

西汉晚期，公元前 1 至公元 1 世纪

蝉的种类繁多。成蝉的体长在二到五厘米之间,大蝉每年仲夏出现。因没有明显的用食动作,故有人以为蝉以露水为食物。蝉之幼虫入土变成蛹,筋骨强壮后从土中钻出。幼虫要经过数年的时间,五次的脱壳才可以达到成虫的阶段。蝉常栖息于阔叶树上,平常不鸣不叫,在求偶或危险时才会有声响,人们早已注意到它的出现。除了聒噪的雄蝉鸣声,点缀酷暑的季节,以及名为蝉衣的壳,可以入药,用于治感冒发热、咳嗽、音哑等症状外,似乎和人类的生活没有太大利害关系。一般说来,某东西会被取为某种意义的象征,必然有其合于逻辑的原因。在西汉晚期之前,玉蝉出土量不多,东汉以后又很快消失。早在五千年前的红山文化就已出现玉蝉。早期的玉蝉大都有贯通的穿孔可以佩带。到了商代才发现有口中填塞玉蝉,和汉代的用法一致。蝉纹是商代及西周常见的装饰图纹,应该和早期的信仰有关,到了汉代才特为强化而已。汉代文物表达的最强烈的信息是神仙世界,以及长生不老的希望,可能就是使用玉蝉口琀的原因。

生物都有生老病死的荣枯过程,各民族也都有谋求解脱此困厄的行为与希望。死是不可避免的,但千年莲子可以再发芽,人的灵魂也可以再生。汉代有神马载运灵魂早日去神山的信仰,也有借蝉的脱壳表达让老弱的躯体转化新生的希望。中国古代的文学作品里,好像到了汉代才以蝉的脱壳现象比喻脱胎换骨、破旧立新、进入更高人生的境界。《史记·屈原贾生列传》以"蝉脱于浊秽,以浮游尘埃之上"之词赞美贾谊。《文选》中夏侯湛《东方朔画赞序》更有"谈者以先生嘘吸冲和,吐故纳新。蝉蜕龙变,去俗登仙"的话语。为来生谋求幸福的观念老早就有了,故而有丰盛的随葬品。汉代的人既然特为信仰神仙,不妨生前以玉蝉作为佩带或玩好物,死后以之作为填塞嘴巴的口琀,希望躯壳虽灭亡,灵魂却可脱离之而进入另一个令人期待的快乐生命。东汉以后,魏文帝不许盛葬,以九块玉填塞九窍的习惯消失,大概就改以饭团替代玉蝉了。

〇九八 马，因何驯养？

马：「马的形象。战国时有只剩头部的，因为马头形特殊。」

商甲骨文	
两周金文	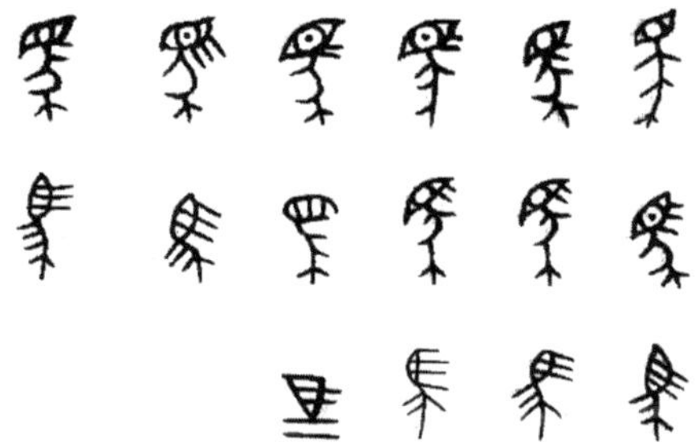
秦小篆	
现代楷书	馬

甲骨文的“马”字很容易辨认，作张口嘶叫，长鬃奋发，身躯高大，健蹄善走之动物形()。商代以来虽然已经历三千多年的变化，今日的马字还保留长脸长鬃及四腿奔跃的气魄。

马是大型的哺乳动物。它的感觉器官发达，眼睛位高，视野宽阔，记忆力、判断力强，方向感也极正确。加以力大善跑，是非常有用的牲畜。但是马的性格不羁，很难驯服控制，故不论中外，在常见的家畜中，马都是最晚被驯养的。中国传说在四千二百年前的夏禹时代，用马取代牛去拉车。这个年代与发现马家养的最早遗址，山东章丘城子崖的龙山文化年代相近。看来是相当可信的传说。

经济的利益是人们驯养家畜的最大动机。马肉的供应是首先可考虑的。但商代的祭祀卜辞，可以明白看出牛、羊、猪、犬是常见的，就是没有马。人们在意识到有鬼神的存在之后，自然要想办法加以取悦，以期降下福佑，起码也不要降下苦难来，因此产生祭祀的行为。精灵既是人们想象的东西，自也离不开人的欲求和需要。举凡人们喜好的东西，诸如美酒嘉肴、音乐歌舞、车舆、贝壳宝玉等都在供奉之列。商代不以马供应祭祀，就反映了商代不吃马肉。大致也可猜测初始的驯养目的不在于肉的供应。马的皮毛，也没有明显的特殊用途，所以应该是另有需求。

附图

有些人以为《史记·赵世家》记载赵武灵王于公元前三〇七年，开始胡服骑射以对抗游牧民族，是为中国单骑之始。但是浙江余杭出土的，约四五千年前良渚文化的玉钺与玉琮，都刻有同样的图纹，上半为戴羽帽的神人像，下半为野兽的形象，如附图所示，戴羽帽的神人双手下按兽首，看似骑着的样子。

骑野兽的图案在早期社会可能有携带灵魂上天的意味。但也许后代的贵族认为跨脚上马的姿势不高雅，并非一般情况下所宜采用。因此，很可能只流行于下层的武士之间。而赵武灵王以一国之尊，亲自跨马骑射，非比寻常，才会被郑重地记载下来。甲骨文的“奇”字，就作一人骑在动物身上之状（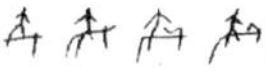）。骑马只需一匹马，不像马车需要两匹或四匹，故奇字有单数的意义。

马车已多次见于商代的墓葬，结构已相当进步。如果以商代马车的精美情况去推测发展所需的时日，传说的四千年前的夏禹以马代牛拉车该是近于事实的。这与马被家养时间较之牛为晚的事实也相应。

马车的应用恐怕也有时机上的原因。其发展的主要目的可能不是货物的输送而是军事的需要。四千多年前是战争规模扩大，接近建立国家的阶段。早期的车舆很小，装不了多少东西，路况不佳，不宜作快速奔跑。再加上重心高，易翻车，君王冒险乘坐它，很可能是为了取得高度机动性的高台，一如戴高帽，以利指挥大规模的战争，让战士易于接受指令。活动高台比单骑更有迫切的军用利益，所以驯马最可能的目的是出于利用马的力气机动性拉车的军事需要。

○九九 车，移动高台

车：「作车子整体的形象。常简省部分。」

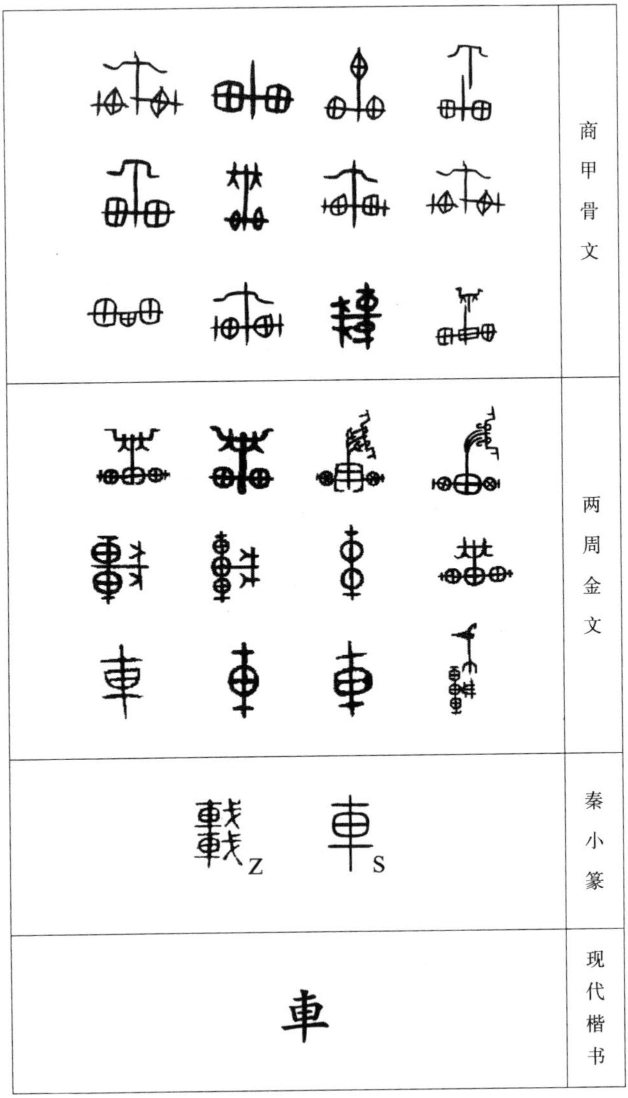

甲骨文的“车”字很容易辨识，是一辆车子的或繁或简的描绘。最复杂的如，就画出两个轮子、一个舆架、一个连结舆与衡的辀、一支衡和两个轭。铜器上作为族徽的车(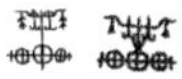)，更把缰绳与衡上装饰的流苏也画了出来。这样繁杂的字写起来太费劲，所以比较不重要的部分就被省略，作、、、、等形。由于轮子是车最基本的零件，省略不得，所以小篆的字形就省略至只剩轮子的形状(車)。

近东大致在五千年前就使用车子。中国最早的证据是青海都兰诺木洪塔里他里哈的一个三千八百年前遗址，轮子有十六根辐，应该距离实体轮的初创时代有段期间了。但有人认为遗址的样本可能受到辐射的污染，年代不足为据。中国的马车大量见于商代的遗址，而且结构与装饰精美。因为不见从简陋到精美

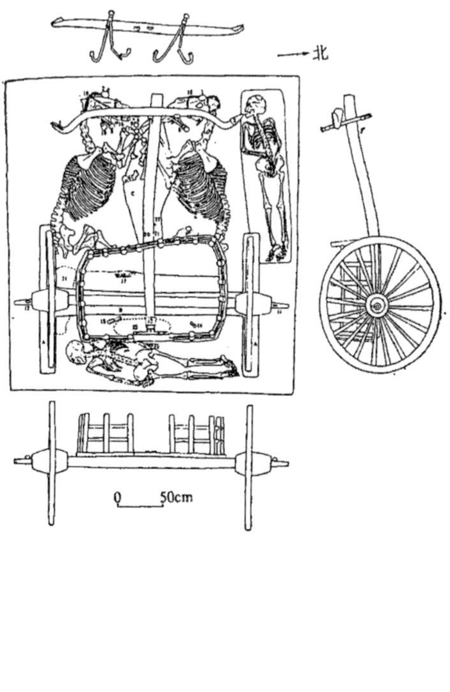

图 1：商代车马坑

的发展过程，所以西洋学者就认定，中国的造车技术传自西洋。

车子是轮子的应用。《淮南子·说山》说轮子的灵感来自常见的飞蓬或落叶等团团旋转而下坠的现象。人们见此情景已几百万年，恐怕渊源来自更近。纺轮是与轮子相似的应用，是中间有孔的扁平璧形器物。古人以木棒贯穿，捻之旋转以缠绕丝线而纺织，非常接近有轮轴的轮子形。

六千年前仰韶文化已常见陶纺轮，其陶器也有用轮盘缓慢旋转加以修整的痕迹。四千多年前的龙山文化时代，陶器就普遍利用快轮制造，对于轮子的应用已累积有相当的经验。《古史考》把车子的发明归功于四千七百年前的黄帝，所以名为轩辕氏。如果以商代马车的精美情况去推测其发展所需的时日，传说的四千年前的夏禹以马代牛拉车该是近于事实的。

车子的拉曳动力改进过程是由人而后牛而后马。中国对于马的驯养，在山东章邱城子崖的四千多年前龙山文化遗址已见证据。中国人不吃马肉，其毛皮也无特别用途，所以驯养的目的一定出于它的力气，中国骑马的习惯很晚才确立，所以用途不外是拉车。

马车的应用恐怕也有时机上的原因。四千多年前是战争规模扩大，接近建立国家的阶段。早期的车舆很小，装不了多少东西，路况又不佳，不宜作快速奔跑。再加上重心高，易翻车。甲骨卜辞就曾提到商王武丁两次田猎翻车的事故。《左传》鲁襄公卅一年还记载郑国子产以驾驭马车比喻为政之道："若未尝登车射御，则破绩厌覆是惧，何暇息获。"要想能在马车上作战射箭，显然需要相当的训练。君王冒险乘坐它，很可能是为了取得高度机动性的高台，以利指挥大规模的战争，让战士易于接受指令。

不但车子的造价高，由于马的性格不易控制，需要专门人才的长期训练才能胜任，是高级贵族才能有的财力。故马匹及马车一直是有权势者的表征。马车若以快速为目的，就该轻巧，尽量减轻车架的重量。但贵族们为了炫耀的目的，却加上很多不必要，或甚至有害快跑的繁多装饰。如以安阳一个商代的随葬马车墓为例，其中一车装饰各样的铜饰件约有一百七十件，超过十三公斤。甚至马的身上也加上不必要的铜饰件好几公斤。显然炫耀的成分大于实际的需要。

一〇〇 御，攘灾与驾车

御：「跪于绳索之前，攘除仪式。」驭：「跪驾。或以鞭驱马。」

“御”字的意思，现在有两个大类。一是和驾驭车马有关，因帝王是离不开车马的领导者，所以扩充意义至与帝王有关的事务。一是与抵御有关的，如抵御外敌、灾祸、病难等。其实原来自不同的两个字。

商代的人对于某些外伤的治疗已有相当的把握，有外服药物。对于一些内科病疾也使用药物治疗。在河北藁城一座早商时代的房屋遗址里，发现了三十余枚去壳的植物种子，其中有桃仁和郁李仁。这两种药物都见于汉代编辑的《神农本草》，有类似的疗效。《神农本草》说桃仁“主瘀血、血闭、症瘕。邪说、杀小虫”，历来被用为下瘀血、通经、腹中结块、通便的药物。对郁李仁的效用说“酸平无毒，治大腹水肿、泻腹水、面目四肢浮肿、利小便水道”，历来用于通大便、泻腹水、治浮肿，能破血润燥。吃了这两种东西都可导致腹泻，食用的可能性小而作为药材的可能性大。这两种疗效相似的果仁，都发现于屋里，推知商人对于桃的果实和种子的功用显然有所区别，有意剥去坚硬的外壳，储存其种仁以作储备药物，想不出有其他更好的解释了。《孟子·滕文公上》引商代文献《说命》：“若药不瞑眩，厥疾不瘳。”显然是对内科服药有相当经验后的知识，知道药力作用令人昏昏欲睡。

图 1：木胎锦瑟巫师戏蛇纹残片

残长 11.5 厘米，残宽 7.2 厘米，战国，公元前 403 至 221 年

但是内科疾病的病因很难诊断,很多看不出其关联性的,商人只好把它归因于鬼神作祟、突变的气候、饮食的不慎和做梦。对鬼神、梦魇等人力无法控制的因素所引起的病痛,商人除了向鬼神祈祷、祭祀外,似乎没有其他太好的办法可想,与较不开化部族的做法也无大差别。从卜辞可看出商人对于内科病疾积极救治的方式是御。甲骨文的“御”字,作一人跪坐于某物之前有所祈愿之状( )。“午”是绳索,“卩”是跪坐的姿势,大概表达巫师作法的形象吧,已无从考察。

巫师作法为什么和驾驭有关呢?原来纯粹是来自字形的混乱。甲骨文驾御的字作 、 、 ,和攘除之御的较晚字形有点像,所以后来就被合并成了一字。驾车的创意现在还难猜测,但显然与跪坐的姿势有关。中国古代马车的辕较直,它架在比车轮半径高的马脖子上,使得车舆的重心高而不稳。驾驭时要尽量压低重心,才可以减少颠覆的可能性。因此理想的驾驭方式是采取跪坐的姿势。

战国铜器上的车马狩猎纹,车战时似乎以站立为常。但有一器物的花纹好像是御者跪坐而战斗员立乘。还有在一件漆奁上的彩绘,驾驭与乘者显然都是坐着的。如图2,湖北江陵出土战国丝织品上的田猎图案。驾驭者跪坐,而弓箭手则长跪或站立。商代车厢的栏杆甚低,只有四十几厘米高,不容作为站立者攀援之用。另一早期马车跪坐驾御的现象是,晚商的车厢设计已有如西周时有突出构件可容纳曲膝跪坐。舆厢底部使用皮条加以编缀,它具有弹性,不利稳定站立,但却能令跪坐者减轻很多颠簸的辛苦。《礼记·曲礼》记载有先为跪坐,容车行五步后才站立的礼节。想来驾驭者采跪坐,御者、战斗员或发号令者有需要的时候就站立起来。

图2:湖北江陵出土战国丝织品上的田猎图案,驭者显然采取跪坐

一〇一 岁，活动的征兆

岁：「大型之钺形，为处罚之刑具，用以名岁星。」

古人是基于什么概念而创造岁月的意义呢？首先要了解的是神灵的观念。人类到新石器时代才意识到天地之中有种看不见的力量，可以带来很大的灾难，这种高高在上的神灵概念可能也促进了人类社会有不同阶级的建立。人们认为自然界的风雨云雷、山川石木、动物以及死去的人都有神灵。神灵的威力虽有差别，但都会给人们带来灾难。神灵虽会被激怒，但也会和人类一样，接受恳切的求情而降下福佑。因此也要想办法加以取悦，以期降下福佑，起码也不要降下苦难来，从而产生祭祀的行为。

随着文明程度的提高，人们对鬼神的信仰相对减低。有凭藉物的鬼神信仰，已不免有虚而不实的感觉。但宇宙不能理解的现象还是很多，又演变成另一种迷信。战国时代有阴阳及五行的学说，以为阴阳是形成宇宙的元素，一切的变动运转都是起于阴阳两种元气的消长与变化。五行初时只是对构成宇宙的一些可感觉的自然物质的直觉观察，金、木、水、火、土都是可见可触摸的东西，渐渐演变成无形的元素，有消长运转的性格。认为自天地创造以来，五行的元气就轮番转移，主宰世界，上天会用种种不同的灾变与祥瑞来显示其谴责与嘉许的意向。

理想的顺应之道，是以具有五行当值的德性的人来充当君主。如果某一德的时运衰退了，自然就由另一可克制的德来取代。国君既是应运接受天命的人，当然其施政要顺应四时阴阳的变化，要依照一年的节气作相应的施政，才会国泰民安。甚至衣食住行的细节也要顺应四时的转移作相应的变化。否则国家就会引起不安，国祚不久，而各种异乎自然的灾变就是上天给予的警告。这本是有心人利用自然的现象来限制威高权大的专制帝王，以避免他们做出失德过分的事。施术者附会的预示有时碰巧成真，使国君深信上天会预示警戒。影响所及，民众也相信，推广其道以规范自己的行事，遂有各种各样与阴阳五行有关的禁忌和迷信。两汉上自帝王的施政，下及民间的日常生活及学术，无不在此种迷信的深深笼罩下发展。

天人合一的概念可能早在商代就已萌芽。太阳系行星中最大的木星又叫岁星，观察其运行的轨道是中国古时观象授政的最重要措施。从地球看岁星的运行，它是螺旋前进的。每每赢缩不定，光度亦明暗无常，较易引起观测者的注意。甲骨文的“岁”字，作一把行刑用的斧钺形(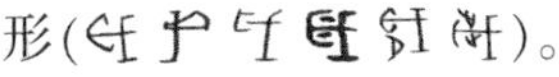)。岁星每年运行天空约十二分之一，大概十二年与十二地支的数目相合，古人才以岁星的所在表示年代。

斧钺在商代是处刑的用具，不是战斗的兵器。商人用此武器来命名岁星大半也有特别的用意。在后世，岁星被认为是军事行动的征兆，如《史记·天官书》说：“其所在国不可伐，可以罚人。”处罚罪人正是商代使用斧钺的目的。汉代的岁字已演变得不像是斧钺的形状，而仍以为岁星是处罚罪人的预示，可能就是继承自前代的观念。岁星的运行看起来出没无常，难以预测，有异于他星。大概因此才被认为是由上帝控制，表示天命的所在，故以君主处罚罪犯的斧钺去命名它。

图1：嵌镶绿松石兽面纹青铜钺

长25厘米，宽17厘米，晚商，公元前14至前11世纪

一〇二 夫妻，共同承担家计

夫：「头上插一支发笄的成年男子。」

商甲骨文	
两周金文	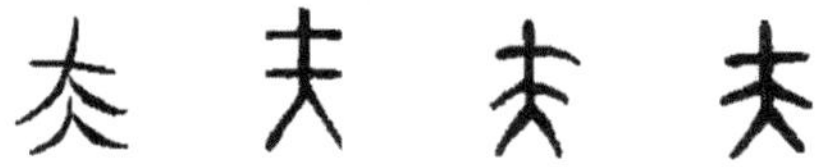
秦小篆	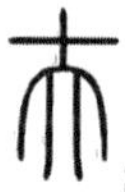 s
现代楷书	夫

妻：「用手整理发型，已婚妇女的行为。」

商甲骨文	
两周金文	
秦小篆	 k  s
现代楷书	妻

人类的头发，除了本然的隔绝冷与热的功能外，世界各地的民族还给以种种的社会功能。如佛教认为头发表现俗世的欲求，要剃掉它以表示隔绝世俗。有的宗教却要留长它，以方便被神灵抓着上天去。其他或如中国以发型表示年龄、婚姻状况、阶级地位等等。

甲骨文的“夫”字，作一个成人的头上插有一支发笄的形状()。而甲骨文“妻”字就写作用手在为一位跪坐的妇女打扮头发之状()。这两个字的重点都在头发的状况。中国古代的社会，在未成年之前，不管男女都让头发自然下垂，但是到了成年的阶段，就要把头发盘上去以与孩童区别。盘在头上的头发需要用东西扎住，才不会松散下来。发笄的作用就是把头发束紧起来使不致松散。男女两性都有需要用此发笄，附带也起了装饰及分别等级的作用。

当社会发展到以人格修养为最高的指标时，作为社会中坚的男子就较少竞逐于美的外形，发型可以说比较无变化。相对的，女性就比较偏重其外型的美丽与端庄，因此女性就顺势多加装饰，有了各种各样的发型与装饰物，成为竞逐美丽的项目。

为什么成年人要把头发盘上去，而未成年不用呢？这应该是基于工作的需要，确实要负起维持家庭福祉的责任。现在的经验，妇女比男人花更多的时间装扮头发，似乎是女性比男性更喜爱漂亮，处理头发是基于美容的原因。但详细一想，恐非如此。在动物群中，恐怕人的头发最长。如果不加修剪，大部分男女的头发都可以长过腰际。如果把我们想象生活在一万多年前已知爱美的远古时代，就会觉得没有什么好方法可利用头发打扮得漂亮些。因为松散下垂的头发无法使饰物保留其上，那时也没有适用的利器可将头发剪短，如让头发无限制地生长，就会妨害工作，就要想办法把它弄得不妨害工作些。因此当人们到了不是只从树上摘取果子，或在地下挖块根，还要追逐奔跑捕捉野兽时，为了方便工作，就会有束紧头发的需要。

为了工作的原因才整理头发,可以从后世的风俗得到印证。日本在战国时代(公元一四八二至一五五八年)以前,不管身份高低,女性都顺其自然,梳成长长的垂发,最多还用油脂的东西使头发乌黑光亮而已。后来身份低的人,为了应付繁忙的生活,感到松散的长发多少对工作有些不便,于是乃有于劳动之际才束发于脑后的风俗。这种型式渐为一般人所接受而才普遍结发,而且又受歌舞伎装扮的影响,家庭妇女也仿效而梳成各种各样复杂的髻。陶俑、壁画所显示的汉代妇女,大都以垂发或于脑后束发使结成髻。但时代在之前的秦始皇陶俑坑,士兵们都于头上结扎式样繁杂的高耸发型。所以束发最初应是为工作的需要,后来才发展为美观的目的。剧烈的工作都由男子从事,因此束发也很可能始自男性,不是女性。

这件塑像的制作年代是开始进入有阶级分化的时代,社会开始分不从事劳动的贵族以及劳动的大众。不事劳动的贵族要穿不便工作的长衣与佩玉。如上所述,人们没有必要为了美丽的形象而剪短头发。但是劳动者为了求得工作上的方便,不能让它自然下垂,就得想办法加以剪短,或拘束之于头顶或脑后。这位女性既然剪短头发,大半是为了劳动的原因。她大半是服侍贵族的人员,应该不是接受崇拜的女神或贵族的形象。

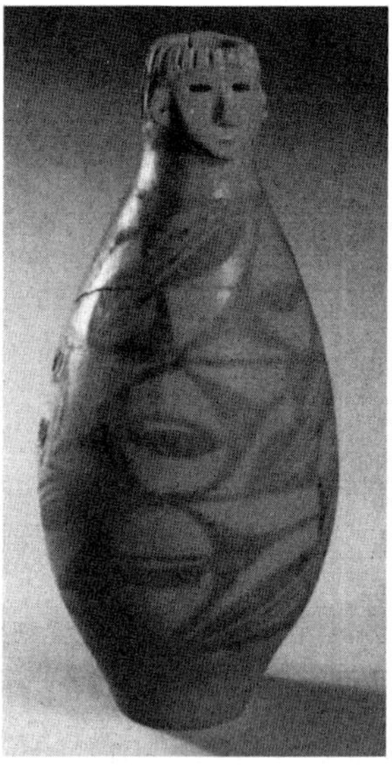

图 1：人面形器口红衣黑彩细泥红陶平底瓶
高 31.8 厘米，口径 4.5 厘米，约公元 5000 年前

一〇三 阜，是梯？是山？

阜：「直梯形。」

商甲骨文	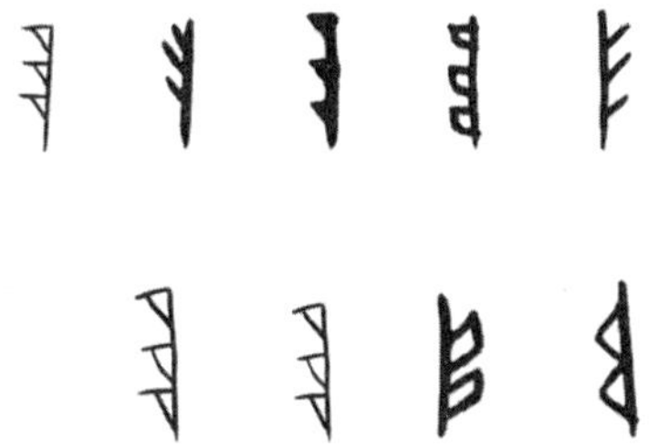
两周金文	
秦小篆	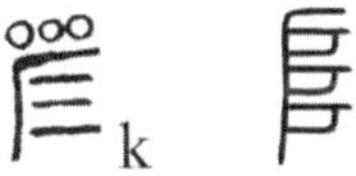 k s
现代楷书	阜

山：「作几座平列的山峰状。」

字形	时代
	商甲骨文
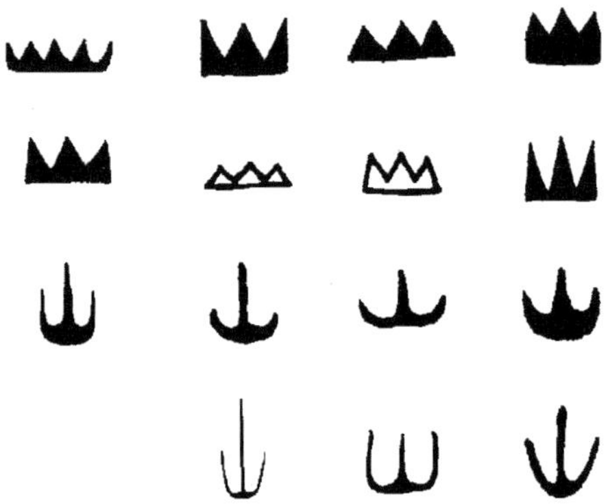	两周金文
 s	秦小篆
山	现代楷书

"阜"字在形声字中，常被用以为代表山陵的意义符号。根据许慎的《说文解字》："，大陆也，山无石者，象形。凡阜之属皆从阜。，古文。"说"阜"的字形像一座土山的形状。至于如何像一座土山？段玉裁的注解："象可拾级而上。"原来是认为为了上下山坡的方便，把山坡的路修成有阶级的形状，所以用以代表山。但是对照甲骨文的字形与字义，恐怕这种解说不太对。

"阜"的小篆字形与商代的甲骨文字形没有太大的差异（）。但甲骨文"阜"字的阶级看起来都在同一条直线上，与山坡的阶级是在一个斜面上的不一样。甲骨文在描述山陵时，总是作两斜线相交的山峦的样子，如"山"（）（金文更传神，作）。如果描述比较复杂的有关字形，就把山形竖立起来而作。如意义为除草的"薅"（），作手（）拿着蚌镰（）在山坡上（）锄草（）之状。简化的字形就把山坡部分写成三斜画向下（）。这种省略在金文更为常见，如山阿的"阿"（），阴阳的"阴"（）。与斜线向上的"阜"有很不同的重点，是两样事物。那么"阜"应该是像什么的形象呢？

日本的考古发掘了一个古代的木梯子，乃是利用一根圆木，用斜切和平切的方式挖出一个个的脚阶，作为上下杆栏式房子的梯子之用。其外形和甲骨文的"阜"字完全一样。我们可以了解，甲骨文的"陟"字作两脚登上木梯之状（）。"降"字则作两脚自木梯下降之状（）。在创字的时代，梯子应该是常见之物。简化的字形是写成三斜画向上（）。

早期人们的住家，从营建技术的观点看，除了借用自然形成的洞穴外，最容易营造的应该就是不必筑墙的地下穴居了。就效用来说，在中国的华北地区，它也有夏天凉爽而冬天避风寒的功能。华北地区是黄土所堆积而成。黄土的土质疏松，孔隙度高，加上垂直毛管的性能发达，每每形成陡崖的形式，很容易用简易的工具向下挖掘坑陷。而且黄土颗粒有轻度胶结性，不易发生崩塌的事故，所以和其他民族的早期住所一样，中国华北就发展了半地下穴式的家居，以适应北地冬天风寒的气候。

中国比较早期的穴居，可以河南偃师汤泉沟的圆形地窟为代表（如下图）。其深度超过一个人的身高。用木柱架顶以遮避风雨。更早的或只加盖，可开阖以进出，并防野兽侵扰之用。这种深穴的住家就要借助梯子一类的东西才能进出上下。在六千多年前的仰韶文化时代，简陋的就在坑陷的壁墙上挖刻脚坎，或在中心的支柱捆缚几道脚踏的木块或在支柱上斫刻脚坎而具有梯子的雏型（阜的形象）。以后建筑技术改进，面积更大，就可能有移用性的梯子了。

商代已经发展到两层楼房的建筑，更需要使用木梯以便上下。好些字都以木梯作为构件。木梯的“阜”字，简化是三斜画向上，山陵的简化是三斜画向下，两者本是有别的，因字形很接近，就被混而为一。以致有些以木梯为构意的字也被误会为山陵了。如“陵”字（ ）甲骨文本作一个人爬上楼梯之状，金文还加上头顶着东西（ ），因两手要攀援梯子，所以要利用头顶着东西。

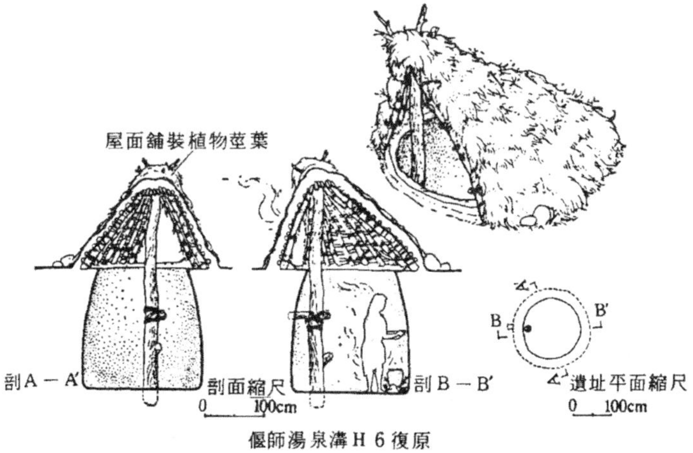

偃師湯泉溝H 6復原

一〇四 监，水盆照容

监：「一人俯视一皿，观看自己的容貌。」

商甲骨文	
两周金文	
秦小篆	
现代楷书	監

爱美可能是所有动物的天性。很多我们知道的动物，就以美丽的外表来吸引异性的注意与爱慕，乃至达成最终的繁殖目的。人类自不应例外。人类吸引异性的方式大致比其他动物花样多而微妙，比如我们有时还要充实学识、技能、行为等超乎形象的美，但基本的体态之美是忽略不得的。

看别人的美不美很容易，但如何让自己确实自己的美丽形象，尤其是容貌，已经显现出来了呢？当人们意识到有必要展示自己美丽的形象时，可能就开始动脑筋，如何确实把握到这一点。要看到自己的形象，需要有东西可以反射光线，让影像进入我们的眼睛。

自然界有不少物质可以反映光线，最容易得到的无过于静止的水面。相信远古的人们到河岸取水或捕捉鱼虾时，就已经发现这种光线反射的现象而以之映照容貌。等到陶器发明后，用水盆盛水而就近观察，就可以省却出门的麻烦了。而且其效果也比老是有波纹荡漾的溪流水面来得好。甲骨文的“监”字，作一个人弯腰向盆里观看映像之状（）。这就是最原始的镜子，所以镜子原先的名字是“监”，后来晓得以金属制作就叫作“鉴”。镜子是后来的名字。

以水盆映照面容虽是不花费的方法，但水的反映效果并不佳，而且也不能随身携带以满足不时之需。因此有较好的映像材料出现后，这种原始的方法就慢慢被淘汰了。比如表面摩擦得光亮平滑的金属平面就可以映像，所以中外都在发现了金属的物质后不久，就尝试制作镜子。例如埃及在四千五百年前已有以金、银、青铜等捶打制作的镜子。至于中国，据目前的考古证据，在距今四千多年前的齐家文化也有铜镜。

金属中，反射效果最好的是银。但考古发掘尚不见中国商代以前有以银制造的器物，现今存世的也只有一两件嵌镶银线的铜器。至于黄金的器物也只见少数的小件首饰。因此适用的材料便只剩下青铜。但青铜在初期也是昂贵的材料，主要为关系到国家生存的“祀与戎”服务，铸造祭器与武器。镜子不是维持生存所必需的，故铸造的数量非常的少。到了战国时代冶铁业兴盛，很多铜器被铁材所取代，才见大量铜镜的出土。

青铜的合金成分与其呈色和性能都有一定的关系。当锡的成分递增至十分之四时，其呈色就由赤铜、赤黄、橙黄、淡黄而至于灰白。白的反光效果虽最好，但锡的价格较高，而且锡若占四成以上，质量就太脆弱，不经久用。故铸造铜镜时，锡的成分一般是三成左右，可使质料坚韧但呈色近于灰。为了增加白的呈色，即光线的反射效果，乃在铸成之后，更用锡与水银的熔剂（即玄锡），摩擦镜面使其光亮以增加影像的效果。《淮南子·修务》：“明镜之始下型，朦然未见形容。及其粉以玄锡，摩以白旃，鬓眉微毫，可得而察。”实验的结果，其效果几可比美现代的玻璃镜子。以后每年也要同样加工，磨拭镜子一次，否则映像就会模糊，故古时候有磨镜的专业。

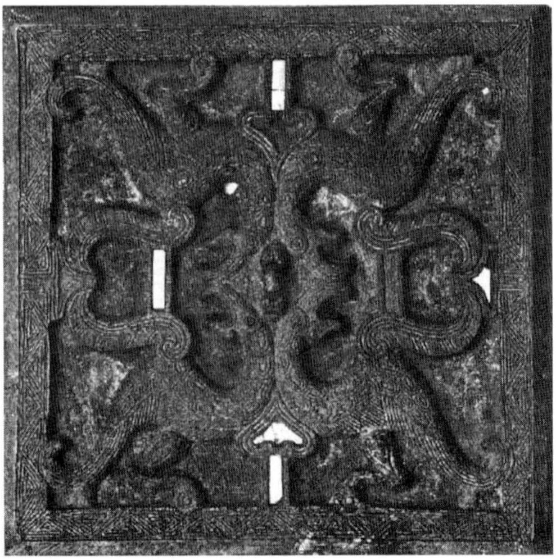

图 1：嵌镶绿松石套铸青铜方镜
高 9.1 厘米，东周时代，约
公元前 5 世纪

一〇五 贝，古代货币

得：「拾得行道上他人遗失之海贝，大有所得。」

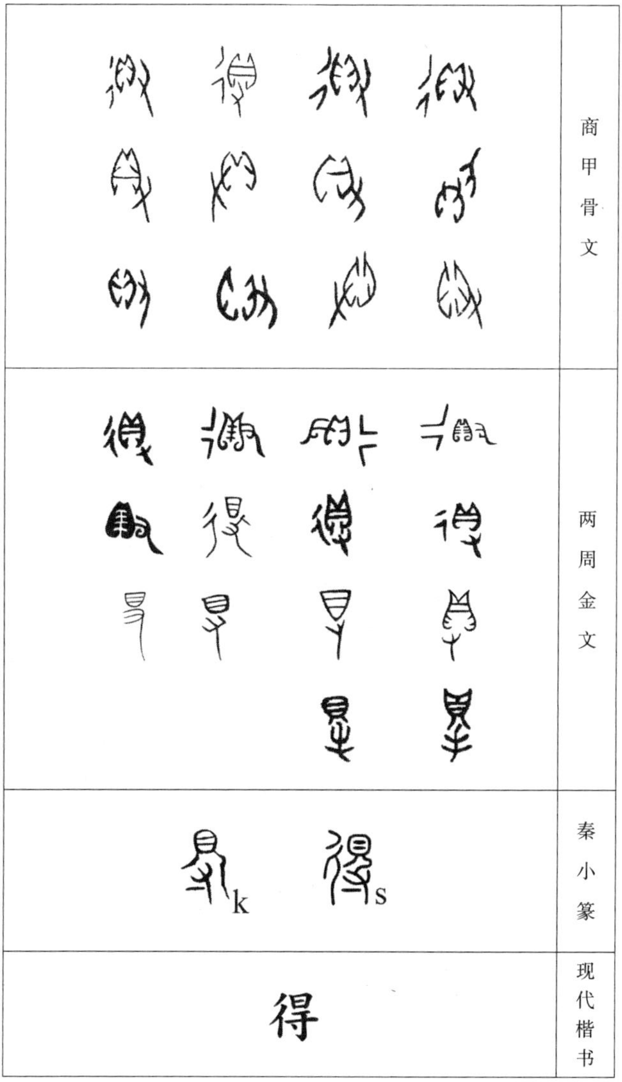

败：「双手各持一贝相互打击，或以棒敲打海贝，都是败事之举。」

商甲骨文	
两周金文	
秦小篆	
现代楷书	敗

买：「网到海贝，可从事商业买卖。」

商甲骨文	
两周金文	
秦小篆	 S
现代楷书	買

人类使用工具后，不但能从事超越本身体能的工作，也改善了获取原料的效果，从而提高生活的水平。生活水平的提高转而又刺激改良工具的要求。结果，工具愈精良，生活愈见改善，文明的程度也跟着愈见提高。但有些物资不是随地皆有，受限于地域，就要通过交换取得。人类一向喜爱、宝贵罕见之物，因此交易的范围与品类也越发增大，终成不能缺欠的商业行为。

在没有使用货币以前，交易是以货易货的方式进行的。交易的货品虽因地而异，但主要的应该是工具、原料或食物。周初的《易经》，其旅卦、巽卦都有“得其资斧”“丧其资斧”，稍后的青铜器《居簋》有“舍余一斧，货余一斧”的铭文，即反映其时以石斧或铜斧等工具为交易货物的时代背景。斧头在古代是一种很实用的工具，可用以砍树、挖土，也可充当武器。好的石材并非到处都可以取得，故质料良好的石斧是人们普遍希望交换得到的东西。

小篆的“质”字由二斤和一贝组成()。甲骨文的“斤”字，是一把装有木柄的石斧象形()。甲骨文的“贝”字，描绘贝类腹部的形状()(参考图 1)，那是来自中国南方的海岸，是北方人们作为装饰品的珍贵东西。所以质字的创意，看来是以两把石斧交换一枚海贝。前者是日常必需品，后者为远地的稀罕物资。

中国地区发现的海贝生产于印度洋及南海岛屿附近的暖水域。其外壳坚硬细致，有美丽色彩及光泽，令人喜爱。尤其是其个体轻小而均匀，长度一般是两厘米上下，易于收藏和携带。它不易败坏，可串联成美丽的饰物。由于它不是轻易可以到手的东西，在华北就广被接受为有价值的东西，因而在文字用以代表交易及贵重的事物表征。一枚小海贝可以交换到两把石斧，可见其价值之高。在非洲的内陆，甚至海贝是酋长必须拥有的东西。非洲的赞比亚迟至公元一八五五年，两枚海贝价值一个奴隶，五个海贝价值一整只象牙。

商代早期的海贝流通量不多，只能当作贵重物品，难于当作市场小量的日常交易货币。由于海贝数量少而价值高，商人就制作仿海贝形状的铜贝或骨贝作为随葬物品，珍贵或镇邪的意味大于金钱的价值。

海贝既为人们所喜爱，可用来交换需要的东西，具有人人愿意接受的通货之实，故在文字，海贝常是与价值或商业有关的字的构成部分。如甲骨文的“买”字，作以鱼网捕捞到海贝之状（）。贝可以购买需要之物，故以表达买的意义。“得”字作手中持有贝之状（）。有时附加行道的符号（），大概表示在众人行走的道路上拾获了他人遗失的海贝，大有所得的意思。“败”字则作两手各拿一枚海贝相互敲击之状（），或以棍棒敲击海贝之状（）。海贝一旦被敲碎了，其价值就不存在，没有比之更糟糕、更败坏的事了。“宝”字则作房屋之中贮藏着海贝及宝玉之形（）。两者在当时都是很贵重的东西，故以之表达宝贵的意义。宝贵的东西要特意贮藏以免遗失，“贮”字就作海贝贮藏于柜中之状（）。诸种物品中特地选择海贝表达贮藏的意义，可见海贝是物品中非常珍贵的。

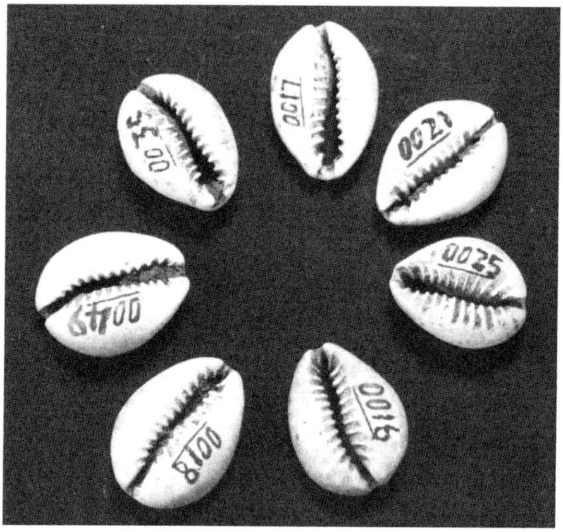

图 1：磨掉背部的海贝

长 2.2 至 2.5 厘米，宽 1.7 至 1.9 厘米，厚 0.6 厘米，约公元前 550 年

一〇六　田，农地与田猎

田：「区划规整的农田形。」

	商甲骨文
	两周金文
 S	秦小篆
田	现代楷书

甲骨文的“田”字有两种字形，意义不完全一样。一形作一块矩形的土地被分隔成四块的规矩田地形(田)。另一形则作一块土地被分隔成很多块的规矩的田地形(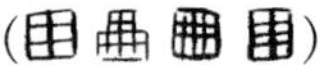)，少者六块，多者十二块。把土地分割成规矩的形状，是为了行政管理的方便，容易计算土地的面积，以便依面积作为税收的根据。这是国家组织建立之后才普遍有的现象。在商代的占卜刻辞里，这两类的字形，其意义稍有不同，前者除表达田地或有关主管田地的官员等意义之外，如“以多田伐右封……”“令曼垦田于……”。还表达了田猎的意义，如“辛酉王田于鸡麓，获大烈虎……”。但是作多块土地的“田”字，则只有表达与田地相关的意义，如“王令介田于京”“以多田、亚任……”，从来没有像第一形的“田”字有提及捕猎到的动物数量。

用分割方正的土地来表达农田的意义是很容易了解的，但为什么用以表达田猎的意义呢？田地是为了种植庄稼而开辟的，游猎应该是在原野或丛林进行，如在田地里进行，岂不把辛苦种植的庄稼给破坏了？

农业的生产远比采集、渔猎与畜牧的生活方式辛苦，但可以养活更多的人口，所以如果没有充分的压力，人们不会选择这种辛劳的生活方式。东汉的班固在《白虎通》里说：“古之人民皆食禽兽肉，至于神农，人民众多，禽兽不足。于是神农，因天之时，分地之利，□【制】耒耜，教民农作。”充分说明农业发生的背景。所以把农耕的田地用以表达田猎的意义一定有充分的理由。

从甲骨刻辞可以了解，鹿类一直是商人猎获最多的野生动物。如一次大规模的狩猎，捕得鹿四十、麇一百五十九、狼一百六十四及一只虎（《合集》10198）。鹿类繁殖快，性喜水草，生活环境与人类最为接近，为最近人类生活的野生动物。加以它们没有致命的攻击能力，所以成为人们最喜欢捕猎及最易捕获到的野兽。

鹿的皮、角、骨、肉都有利用的价值。不但是商代,就是今日,鹿角还被认为是美丽而可当装饰品的东西。西周时代的甲骨文"丽"字,就把鹿的一对歧角特别画成粗大以表达美丽的意义( )。所以东周时代楚地墓葬里很常见的木制镇墓兽,都装饰有长而分歧的鹿角,如附图。

但是商周时代,捕捉鹿麋似还有比装饰更重要的经济目的。鹿类性喜结群行动。其采食之地常是人们种植庄稼之处。其活动自然会妨害农作物的生长,故农民要擒捕或驱逐之以防备作物受到破坏。《春秋》鲁庄公十七年有多麋为灾的记载,表示作者的关切。《礼记·月令》更有于孟夏驱兽毋害五谷、保护田苗的积极措施,其所驱逐的兽类主要就是鹿。

可以推论出,以种植谷物的农田去表达捕猎的活动,必是由于捕杀、驱逐野兽的工作常在农地附近举行,以防野兽践踏、吃食了田苗。打猎被认为是耕地的辅助作业之一。所以从田字的使用,可以看出至迟商代,一般人的捕猎已是为了保护农作物的附带工作,不完全是为了肉食或毛皮等的供应了。

图 1:(左)漆绘木雕梅花鹿,高 77 厘米,战国早期,公元前 5 至 4 世纪

(右)鹿角及漆绘木镇墓兽,高 96 厘米,东周,约公元前 5 至 4 世纪

一〇七 归，回娘家

归：「土块与扫帚，古时归嫁时随行所带的东西？」

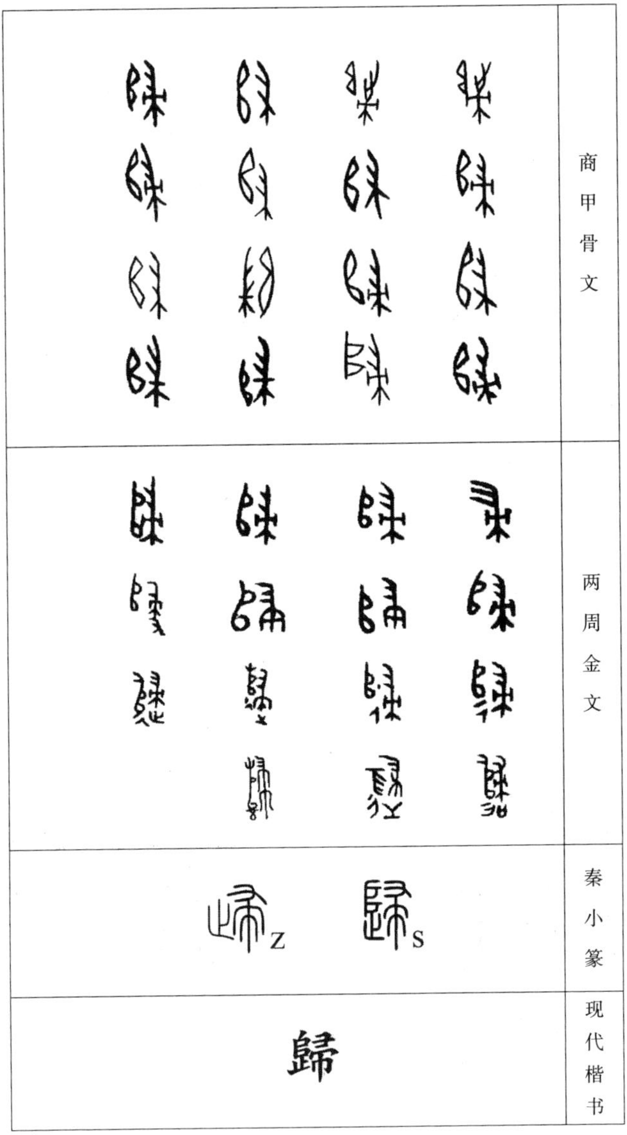

《说文解字》对“归”字的解释是：“歸，女嫁也。从止妇省，𠂤声。𡚁，籀文省。”说明原来的意义是妇女出嫁，因有于出嫁后不久就回娘家省亲的习惯，乃假借为归还的意义。至于为何如此创意，许慎没有作进一步的说明。从妇省之说大致是因为其意义与女子的出嫁有关。其实，“妇”字在甲骨文就只作帚（），是一把扫帚的形象。这是把小树丛的根部捆扎起来，利用枝条扫除污秽的器具。中国古代，不出嫁的女孩不出门，作为人妇的，就自然担负起扫地的任务，因此把扫把作为妇人的象征。以扫把作为归嫁文字的创意是非常合理的。

那么，出嫁为什么用“止”去创意呢？“止”的甲骨文作，是脚趾的形象。脚本有五趾，简化为三。脚是走路的器官，在甲骨文常作为表达与行走有关的符号。回归的意义和走路也可以有联系，以之作为“归”字的构件，似乎也不成问题。不过，出嫁与走路的关联性毕竟不高，所以段玉裁就对“归”的“止”加以注解：“妇止于是也。”好像是说出嫁后就在夫家安居了。这个解释看起来并不很适当。其实甲骨文的“归”字不含有“止”的部分，而且“止”字也没有止住的意义，可以断定，归嫁的创意与行路的关联性不高。

甲骨文的“归”字作、、、，由帚与𠂤（ ）组成。帚已知是扫把，那么𠂤是什么事物呢？《说文解字》解释：“𠂤，小阜也。象形。”从甲骨文的字形看，不像是小山，而有可能是两堆土块形。土块看起来好像和出嫁无关，所以许慎把𠂤当作声符，视之为形声字。可是根据学者的考证，先秦时代的拟音，𠂤为 twər，属舌齿音，归为kjwər，属喉音。标准的形声字，本字与其所谐的声符，两者的韵母同属一大类是必须的条件之外，两者的声母也要同属一大类。如唇音为一类，喉音为一类，舌齿音又为一大类等。如果不同声类，则认定就大有问题。如“圣”字，《说文解字》看成从耳呈声，但甲骨文作嘴巴之旁有一大耳朵的人（），表示此人有敏锐的听力能辨别各种音响，用以表达有过人的天赋。依学者的拟音，先秦时代“圣”读如st’jieng，呈读如 dieng，声母的类别稍有不同。从金文字形（聖 聖），可以看出呈的部分完全是人形的逐渐变化。因此，“归”字所含的𠂤，大半不是声符。那么“归”字的创意应该怎样呢？

借用现代的习惯，新娘会带一些象征性的东西到夫家。有人带鸡，鸡的古代音读与家很近，鸡有成家、持家等象征意义。有些地方携带茶叶，且保存至死。因为茶树不能移植，一被移植就枯死，象征嫁鸡随鸡、嫁狗随狗，妻子要坚贞信守对丈夫的情怀。归既然是归嫁的意义，会不会也反映出古代类似的习俗？

“归”的构件“帚”，是扫地的工具，是为人妻者的责任，象征坚守妇职，应该是合理的。𠂤为土块，水土不服是古代远行者常会罹患的疾病，所以有些人带一把故乡的泥土，如有拉肚子一类的毛病，就把少量故乡的泥土渗入水中饮用，有时毛病就会痊愈。韩国小说《大长今》，就提到过用黄腐土治疗腹泻的方法。想来怕新妇对新环境不适应而有携带故乡的土块以防备水土不服的必要吧。从金文的众多字形，想是先加彳或辵，以显明回归的意义，后来才减省止或彳。

一〇八 目，神情的表现

目：「眼睛象形。」

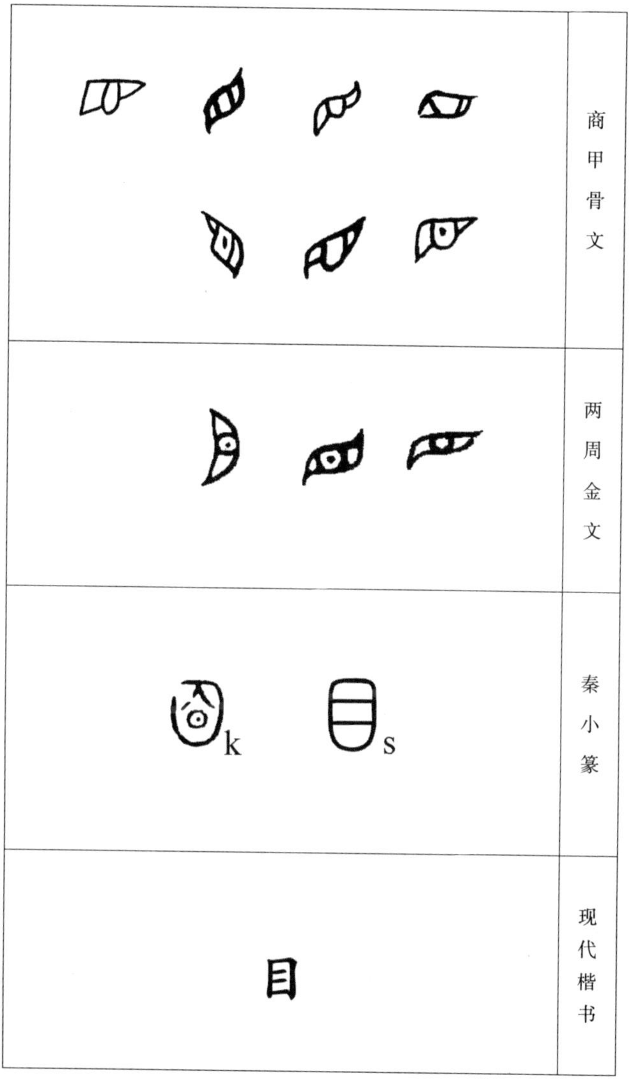

面：「包括眼睛在内的颜面范围。」

商甲骨文	
两周金文	
秦小篆	 s
现代楷书	面

五官一词，包含耳、眼、鼻、口、身等五种器官，虽有头部以外的部分，一般只指脸部的器官。因为脸部富于表情，喜怒哀乐都从其中看出来，其中尤以眼睛为最重要。所以“面”字，甲骨文于一个脸部的轮廓中，用一个眼睛来代表所有的器官()。后来字形稍微有些变化，写成没有头发的首的轮廓()，其实，没有头发的“首”字是从“目”字(眼睛)变化来的。眼睛原先叫目，描写人的一只眼睛的样子，横着的眼睛一边的尖端向下，一边的尖端向上()，慢慢写成一端宽大，一端细小()。因为古代书写主要使用竹简的原因，横宽的东西往往变换角度，写成窄长的形式，所以才变成小篆直竖的样子而与事实不符()。

眼睛的功能是视觉，眼睛要有两只配对，视野才能宽广，才足以有效地辨识影像，所以好像没有生来就只有一只眼睛的动物。所以如果有一只眼睛受到损伤，视力就大减，从而战斗力大减，所以刺瞎一只眼是有效控制有抵抗能力的俘虏，但却不减低其工作能力的好办法。所以甲骨文的“臧”字，作一只竖立的眼睛被兵戈所刺之状()。瞎了一只眼睛的俘虏没有太大的反抗能力，最好是顺从主人的旨意。对于主人来说，顺从是奴隶的美德，故臧有男性奴仆和良善的两类意义。甲骨文的“民”字则作一只眼睛为尖针所刺伤的样子()。“民”的意义本是犯罪的人，后来才被转用以之称呼平民大众。金文的“童”字，本义原来也是罪犯，作纹身的针刺伤一只眼睛，以及一个声符“东”()。现在又加上“人”而成为“僮”字。本字则作儿童使用。

眼睛最能传神，所以描写脸部的表情，最常见的就是使用眼睛的部分，如“横眉怒目”“眉目传情”“反目成仇”“杏眼含春”“目指气使”等。比起其他四官，使用频率不知高出了多少倍。在早期的文字，把眼睛部分也描绘出来的，往往是表达贵族或巫师的形象，不是一般人的身份。

“履”的意义是鞋子，金文的字形作一个画出眼睛，甚至眉毛来的人。此人的脚穿着一只鞋子(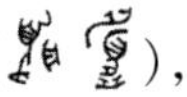),小篆因移位讹变而成。鞋子穿在人身的最底部位,没有必要把眼睛连眉毛也画出来,这么做一定有其必要的理由。中国有以赤足表示尊敬的传统。为了保持庙中的洁净,就有在前往寺庙的途中穿鞋子,而于行礼之前脱鞋,赤足进入神圣的庙堂以保持礼堂洁净的需要。一般民众没有这种需要,也没有必要穿鞋子,故代表鞋子的字需要强调高级贵族的形象。

类似创意的“沫”字,金文作全身洗澡之状()。此字金文出现非常的多,创意是洗澡,字形繁杂的作双手持皿倒水向盘皿上的人加以冲洗,此字或省双手、底下之皿、双手以及盘皿。最简省的作有眼睛有眉毛的人以及水滴。中国华北经常缺水,一般人较少沐浴,但贵族可能因经常举行祭祀而要经常沐浴洁身,故才以贵族的形象创意,否则何必费事强调头部的细节?铜器铭文的眉寿都作沫寿,可能原来表达庆祝高寿时要沐浴整装。祝寿是贵族较常举行之事,故要以贵族形象表达。

一〇九 为，驯象工作

象：「整只象的形状。」

商甲骨文	
两周金文	
秦小篆	
现代楷书	象

为：「手牵象鼻引导工作。」

字体	字形
商甲骨文	
两周金文	
秦小篆	 k s
现代楷书	為

“为”字的创意，演化到小篆的时代已经起了非常大的变化，不能看得出正确的形象，所以汉代许慎的《说文解字》就说：“，母猴也。其为禽好爪。下腹为母猴形。王育曰：爪，象形也。，古文为，象两母猴相对形。”以为小篆的字形表现一只猴子以手爪抓痒的样子。古文则以为是两只母猴相对的形象。如果上溯甲骨文（）与金文（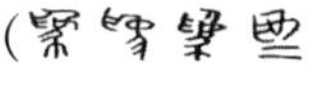）的字形，就可以了解，原先是作一只手牵着一只长鼻子的动物，这只动物是象。甲骨文的“象”是个象形字，清楚地描画一种有长而弯曲鼻子的动物（）【铜器的图像，】。那么，有所“作为”的意思应该就是来自大象被驯服以搬运树木、石头等一类重物的创意。

象生活于茂密丛林或热带稀树的草原，是现今陆地上最庞大的动物。现在几乎已在中国绝迹，但地下发掘可以证实，象曾经长期在中国境内生息。浙江余姚河姆渡的一个六千多年前遗址，出土象的头骨和有双鸟朝阳的象牙雕。河南安阳的商代遗址也出土象骨，并有铸造和琢磨得栩栩如生的写实铜象和玉象器物。四川广汉更发掘过一个约是商代的祭祀坑，掩埋有大量的象门牙及整只的象牙。说明了象在华北地区曾栖息过，人们有充分的时间观察其生态，作正确的描写。

《帝王世纪》有帝舜死后，群象受其伟大人格的感化，自动地在其墓地周围耕田的传说。西周铜器《匡簠》有作象乐、象舞的铭文，都说明古人知道驯象的技术。象的性格虽温顺，但非洲象体重可达七千五百公斤，肩高三四米。印度象虽体格较小，也重有五千公斤，肩高两三米。当人们初次见到如此庞大的身躯，一定对之有相当大的戒心。想法加以驯化必是相当晚的事情。

古代中国除以象从事劳役外，还利用其庞大的身躯于战争。《吕氏春秋·古乐》说商人服象为虐于东夷。《左传》更具体地记载楚昭王于公元前五〇六年，用火烧大象的尾巴以激怒之而冲突吴军的阵地，取得很好的效果。在象大量生殖的印度，乘象作战更是常事。

象有终生生长的象牙也是人们珍惜的动机。非洲的大象牙有两米长，四十五公斤重。象牙质地滑润细致，纹理规则，容易刀刻，且不崩边缘，可以雕刻出比玉、骨器更精巧细密的艺术品。《韩非子·喻老》说："宋人有为其君以象为楮叶者，三年而成，丰杀茎苛，毫芒繁泽，乱之楮叶之中而不可别也。"

象的食量相当大。每天消耗的草料要超过二百公斤。商代的农业已颇发达，很多山林被开辟为农田。人们没有足够的草料大量饲养这种庞然大兽。而且象至少要二十岁以后才能从事稍为复杂的工作，工作效率远低于牛、马。只饲养少量的象，作为帝王的玩物，或应付礼仪所需。大致春秋时代的江南还有些象，故楚王才能应用之于战场。周代以后气候转冷，不再恢复过去有过的温暖，象被迫南迁，寻找更适宜的环境，同时因不符人们的经济效益，加速了象在中国境内的灭绝。

图 1：青铜象尊

高 22.8 厘米，长 26.5 厘米，商晚期，公元前 13 至前 11 世纪

一一〇 自，嗅觉器官

自：「人的鼻子之形。」

字形	字体
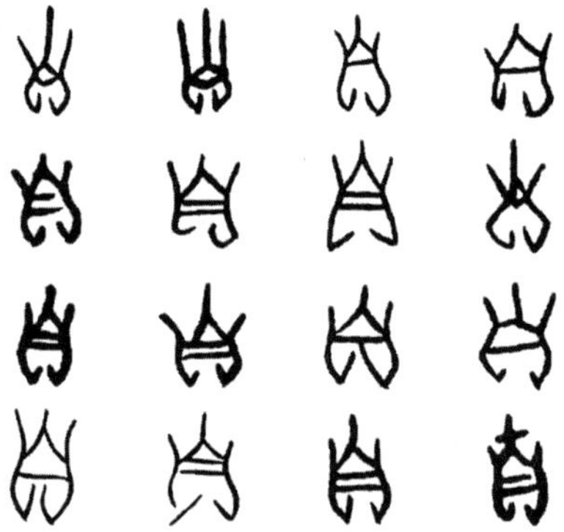	商甲骨文
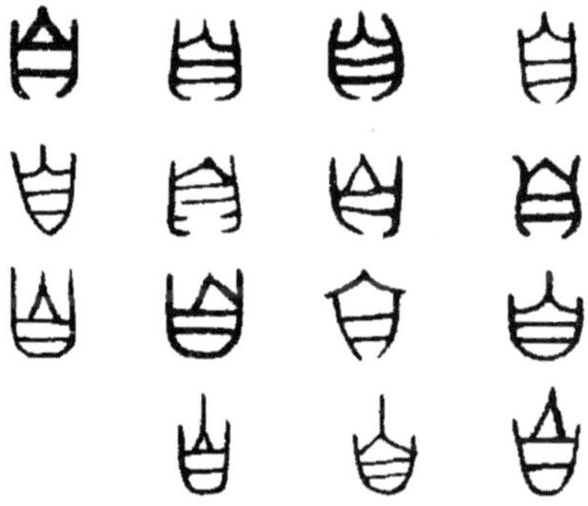	两周金文
	秦小篆
自	现代楷书

鼻子也是颜面的五官之一，在甲骨文的时代，鼻子应该叫作“自”(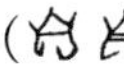
)。甲骨占卜的词句有“有疾自，惟有害？”对照“王疾齿”“御疾身于父乙”“有疾止〔趾〕，惟黄尹害”，可确知自是人的器官。后来加了声符“畀”，才成现在的“鼻”字。“自”字描画人的鼻子形，把鼻梁、鼻翼的重点都给呈现出来。鼻梁上的皱纹可以是一条或两条。大概弯曲的鼻翼不好画，后来画成了直线，就不那么传神了(小篆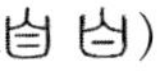)。

鼻子的功能是嗅觉。若依表达视觉的“见”字，以一个横摆的眼睛在站立或跪坐的人的顶上之状()去创意，则司理嗅觉的字就该是一只鼻子在人的头顶上。不过，甲骨文却作一只鼻子在一条犬(狗)之上()。应该是古人认为狗的嗅觉比人还高明，所以才借用狗的嗅觉来表达。

狗的个体不大，生长缓慢，与其他大型猎物比较，肉食与皮毛的价值少得多。狗之早被驯养，一定有肉食供应以外的特殊条件，否则人们是不会自找麻烦，费心地加以饲养和培育，以改变其野生的状态。狗是很能适应环境的动物，且有强健的下腭、犀利的牙齿、善跑的腿，加上嗅觉和听觉敏锐，适于追逐、捕猎的生活，对于早期以渔猎采集为生的人们来说非常有用。狗无疑是因有此种协助捕猎的用处才被接受的。因此认为狗比农业社会的猪更早被人们所豢养。猪有八千七百年以上的豢养历史，狗应该在之前就已被豢养了。

狗可能自狼驯化而成。因为它们独自捕猎的能力有限，难于同大型的野兽竞争，常无所获而挨饿，以致经常徘徊于人类的居处，吃食人们丢弃的皮、骨、肉等。人们既习惯于它们友善的存在，对自己生活也不生什么负担。因此温驯者就被留下，通过互相的合作和选择，狗终于失去其野性而成为家畜，帮助人们捕猎。犬于家养后，体态发生了变化，与野狼的主要分别在尾巴上翘。所以犬字的主要特征就是尾巴上翘，与肥胖的猪尾巴下垂有别。

人因能使用工具以弥补体能上的缺陷，使任何大型、凶猛的野兽都逃不出被擒杀的命运。但是野兽可以深藏起来，逃避人们搜索擒杀的厄运。在这方面狗正好有所作用。狗有嗅觉上的天赋异能，能从野兽遗留下来的血、汗、尿、粪等气味去分辨动物，并加以追踪、诱发和驱赶，以方便人们的捕杀，从而分得一些残余。所以甲骨文的“兽”字，作一把打猎用的田网及一只犬以会意（）。两者都是打猎时需要的工具，故以之表达狩猎的意义。后来才扩充其意义至被捕猎的对象野兽。“臭”字反映人们完全了解在所知的动物中，犬的嗅觉最为敏锐，故取以表达辨别味道的嗅觉感官。

图1：兽面纹陶瓦当

口径17厘米，残长15厘米，北魏，公元4至5世纪

一一二　耳，听取音讯

耳：「象耳朵形。」

商甲骨文	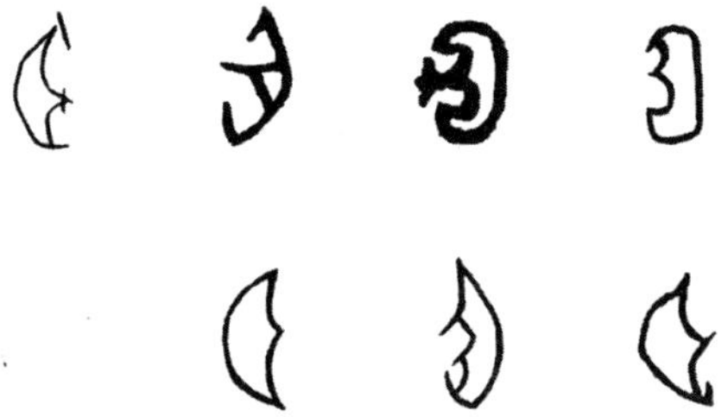
两周金文	
秦小篆	 S
现代楷书	耳

闻：「一人倾耳倾听且有所反应之状。」

圣：「一人耳朵听力敏锐，能分辨声响，强调天赋体能。」

商甲骨文	
两周金文	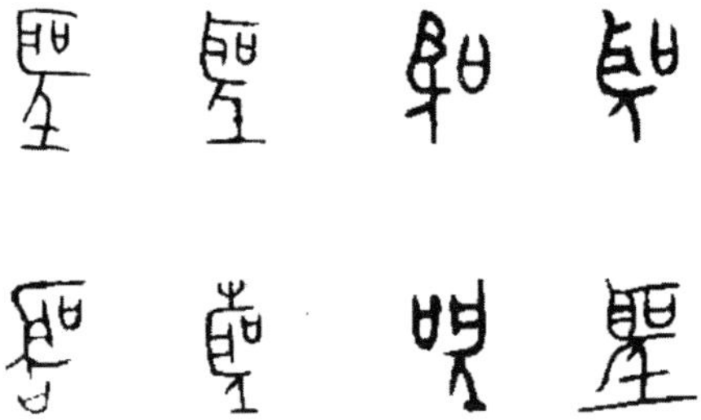
秦小篆	 s
现代楷书	聖

耳也是五官之一，司听觉。野兽也能听，甚至更敏锐。但是人能把听到的内容转述，到了有文字的时代，更能间接用文字记载下来，把耳闻内容传播远地，流传后代。人能累积听闻、眼见的成果，次第有所发明，这是其他动物所不能的。

听闻不必亲身，可通过转述而得到经验，所以人终成万物之灵。辗转的听闻是“闻”字，甲骨文描写生动，作一个跪坐的人，头上有个大大的耳朵，强调耳朵的功能。此人的嘴巴张得大大的，有时还把嘴巴溅出的几点唾液如实画出来。手张开手指，捂住嘴巴(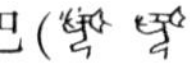)。整个图画可以理解为：某人听到没有预期的讯息，惊讶得掩住嘴巴，免得讶异之声惊动别人。经过两周的金文时代，字形慢慢起了讹变，耳朵和身体分开了，几点唾液飞到头上。这个字因为还假借为婚姻的“婚”，有人就以为那是戴了结婚的礼帽。人的形状也从跪坐变为站立，又加了个脚趾或女性的符号(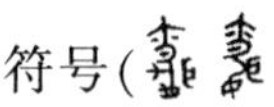)【，籀文“婚”如此。】小篆改用形声字，从耳门声。就看不出创意了。

甲骨文的“闻”字，意义偏重于他人前来告诉，不是前去探听。如《合集》11485：“三日己酉夕，月有食，闻。”是首都安阳观测不到月蚀的发生，出乎意料，由方国报闻上来，含有惊讶的成分。《合集》13651：“有疾齿，父乙惟有闻。”是王武丁的牙齿出了毛病，问是不是死去的父亲降下的警告，也不是事前主动去打听的，是得了病后的惊慌询问。又如《合集》6077：“苦方亡闻。”意义是苦方不会出乎我意料之外而入侵国土，让我措手不及应付。

在以狩猎维生或野兽出没的时代，敏锐的听力是种很重要的保命及猎取食物的机能。能够侦察野兽出没的地点及时机，自然增加狩猎的效果，容易在同伴中取得信赖而被敬佩，所以有能力的猎人成为众人所信服的领袖人物。到了较进步的时代，能够与神灵交通而得到趋吉避凶的指示的巫师，就成为众人全心信赖而拥护的人选。

人类由蒙昧而进化到有组织的文明社会,是由无数人的劳力和经验,逐渐累积发展起来的成果。其中智力较高的人,做了一些发明的端绪,激起文明的进一步提高,后世以圣人视之。如《考工记》说:“知者创物,巧者述之、守之,世谓之工。百工之事,皆圣人之作也。铄金以为刃,凝土以为器,作车以行陆,作舟以行水,此皆圣人之所作也。”

甲骨文的“圣”字,作一个有大耳朵的人在一张嘴巴之旁,表示此人有聪敏的听力以聆听口所发出的声音(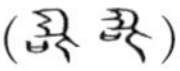)。其初义是才能远超过常人的人。推广之,能造福社会的人都是圣人。远古的英雄人物都是创造器用的人。虽然这些圣人次第发明各种改善人们生活的劳动方法和器物,为以后国家组织的建立提供必需的物质基础,但他们都还未触及政治设施所必要的种种人为制度。因此在不少传说中,这些早期的圣人就被描写成半人半兽的神物,或未穿着文明产物的衣冠,以表示他们还处于野蛮的时代。如王延寿《鲁灵光殿赋》,说“人皇九头,伏牺鳞身,女娲蛇躯”“黄帝唐虞,轩冕以庸,衣裳有殊”。

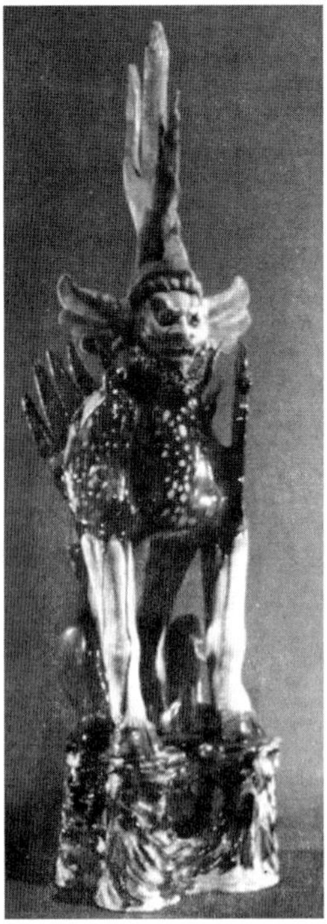

图 1:三彩镇墓兽

高 103.5 厘米,唐,公元 618 至 907 年

这件镇墓兽大耳张开,防备邪气的入侵

一二二　口，吃饭说话

口：「象嘴巴之形。」

商甲骨文	
两周金文	
秦小篆	
现代楷书	口

齿：「口中之齿列形。」

商甲骨文	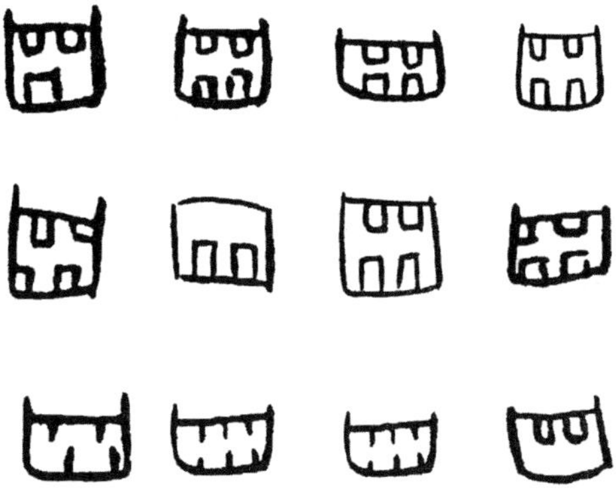
两周金文	
秦小篆	 k  s
现代楷书	齒

也是五官之一的甲骨文“口”字，很容易看出是个嘴巴的形状（），口的功能是说话与吃东西。从“齿”字（）知口所画的是上唇与下唇的轮廓。不过，这个符号在甲骨文的组合构件中，还被用作代表其他的事物，如容器（，“书”字的墨水皿；，“鲁”字的盘子）、坑陷（，“吉”字的铸造青铜器的坑陷）以及无意义的填空（，“高”字的高楼下空间的填空）。

在五官中，嘴巴的功能最为常用，后代成为表达与嘴巴有关的饮食与说话的形声字的形符（意符）。但在甲骨文的时代，形声字的形式刚萌芽，很少看到以“口”为意符的例子，大都以“口”为创意的成分，如“名”（），以“月”与“口”组成，创意是，在月亮出现的夜晚，用嘴巴说出自己的名字，人家才会知道你是谁。

口的较具社会意义的功能是说话。总的来说，口常是表达不重要的内容。重要的内涵则用意符“言”去表达，如诰、论、谟、评、议、誓、谛等等。甲骨文的“言”是以口吹奏长管的喇叭表达（）。这种管乐的一般长度是八尺（约等于一百八十五厘米），所以意义为八尺的“寻”，甲骨文就作伸开两臂以度量某物之状。被丈量的东西有席子，有乐管（）。伸张双臂不必外求工具，所以八尺是方便、常用的长度单位，所以引申为寻常之义。人伸张两臂是为了探求物体的长度，所以也引申为寻求的意义。

中国古代有一种很奇怪的习俗，可能是为了防止精气外泄，用玉片把尸体的七窍或九窍盖住或塞住（耳二、眼二、鼻二、口一、尿道一、肛门一）。此习俗不知起于何时，到汉代最盛，魏文帝可能基于资源不浪费，或防止陵墓被盗掘的原因，乃下令要他的墓葬“饭含无以珠玉，无施珠襦玉匣，诸愚俗所为也”。从此就不盛行覆盖九窍，但还保留了口琀。

早期的口琀以玉蝉为最常见。有可能因为口内舌头的形状与蝉相似，但也可能有更积极的意义。生物都有生老病死、消沉荣枯的过程，各民族也都有谋求解脱此困厄的行为与希望。汉代有神马负载灵魂早日去神山的信仰,所以也有可能借蝉的脱壳,表达让老弱的躯体转化新生的希望。

蝉的幼虫入土变成蛹,等筋骨强壮后从土中钻出。幼虫要经过数年的时间,五次的脱壳后才可以达到成虫的阶段。蝉除了聒噪的蝉鸣,点缀酷暑的季节,以及壳(蝉衣)可以入药,用于治感冒发热、咳嗽、音哑等症状外,似乎和人类的生活没有什么利害关系。一般说来,一个东西被取为某种意义的象征,必有其合于人们思考的原因。汉代的文学作品以蝉的脱壳现象作为脱胎换骨、破旧立新、进入更高人生境界的比喻。如《史记·屈原贾生列传》用"蝉脱于浊秽,以浮游尘埃之上"赞美贾谊。《文选》中夏侯湛《东方朔画赞序》更有"谈者以先生嘘吸冲和,吐故纳新。蝉蜕龙变,去俗登仙"的话语。汉代的人特为信仰神仙,不妨生前以玉蝉作为佩带或玩好,死后以之作为填塞嘴巴的口琀,希望躯壳虽灭亡,灵魂却可脱离之而进入另一个令人期待的快乐生命。汉以后不兴玉制的服饰,大概就改以饭团替代玉蝉了。

一一三 身，可以装胎儿

身：「以线条画出人身腹部的所在。」

商甲骨文	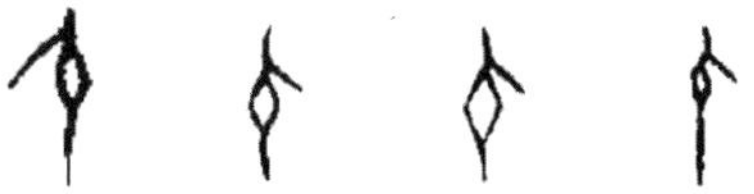
两周金文	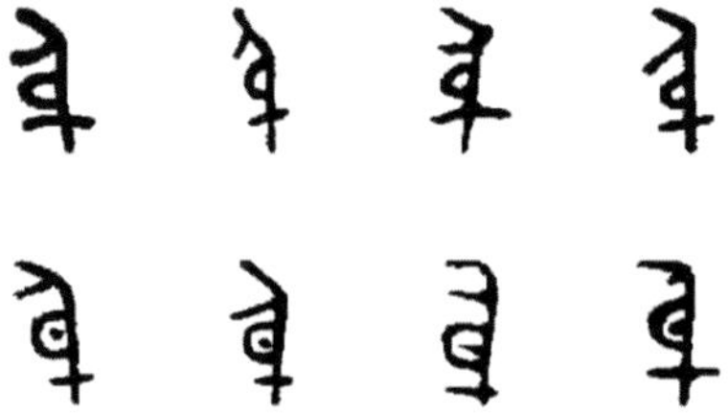
秦小篆	 S
现代楷书	身

孕：「腹中怀有孩子之状。」

商甲骨文	
两周金文	
秦小篆	S
现代楷书	孕

五官的最后一个是“身”,从甲骨文的字形(),很容易看出是用弯曲的线条画出一个站立的人的腹部所在位置。有人以为这是以有身孕的妇女来创意的,因为妇女在怀孕的后期腹部会膨大起来。腹部虽然装满了五脏六腑,主管总体的运作,大大影响人的生老病死。但从外表看不出腹部有明显的活动,所以有关腹部的字很少。说文的身部也只隶属躯一个字而已。甲骨文也只有一个形声字“腹”(),意符为人或身,后来被归类于肉部。

肚子里头的器官不正常而引起的疾病是非常多的,这大概是医术进步以后才了解的事。在商代,人们对于疾病的了解大半有限,恐怕还是非常难分辨出腹部里的种种异常。商代王室有关病疾的卜问,提及的都是病人能感觉到的疼痛以及不舒服的部位,如身头、手脚、耳目、口鼻、骨齿等等。

甲骨文的“疾”字有两种写法:比较早期的作一人躺于床上,身上流汗或血的样子(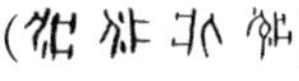)。后期作一人的身上中箭之状()。这两种不同的表现,似乎表明不同的病痛原因。前者可能起于内在不可见的因素,后者明显是由于外来可知的事故。这两个字形合并起来就成今日的”疾”字。疾病是人人所厌恶的,一旦得病就要赶快加以医治,故“疾”字有厌恶及疾快的引申意义,表明商代已讲求对策,积极医治疾病,不是处于等待死亡,或放任它自然病愈的时代了。“疾”字的其中一形,把凸出的腹部画了出来,不知是否有意强调是腹部的症状。

一个种族能否存活,生殖能力的强弱常是重大的因素。死是不可避免的自然规律,所以人们最大的希望是后代能代代坚强地永远繁殖下去。因此甲骨文时有求生的卜问,是卜问生育而不是生命。商代有三个字关系到生产的过程,即怀孕、临产和安产的三个不同阶段。“孕”字作一个人(妇女)的腹中有一个胎儿之状()。甲骨文卜问生育少用“孕”字，大都用“娩”字。《合集》(21071)：“王曰：有孕嘉？扶曰嘉。”古人很重视男嗣，商代称呼生育男婴为嘉，女婴为不嘉。这条卜辞是商王询问，怀孕的结果会是嘉美的男婴吗？贞人扶参考了烧灼后的兆纹，答案是嘉美的男婴。

生产在不久以前还是件危险的事，在古代更是冒生死的事。商人对整个过程都很慎重和关心。在预产期几个月前就不断地卜问其安全。如“甲申卜，某贞：妇好娩嘉？王占曰：‘其唯丁娩嘉，其唯庚娩弘吉。’三旬有一日甲寅娩，不嘉唯女”(《合集》14002)，卜问后三十一天生了个不嘉的女婴。“辛未卜，某贞：妇X娩嘉？王占曰：‘其唯庚娩嘉。’庚戌娩嘉。三月”(《合集》454)，经三十九日才见顺利生产了一个嘉美的男婴。至于“妇好娩不其嘉？王占曰：‘……不嘉。其嘉不吉。’于□，若兹，迺死”(《合集》14001)，则预测若生了男孩将会不吉，果然生下的男婴死了。

一一四 我，仪仗武器

我：「刃部象锯齿或波浪形的兵器形。」

义：「我形武器的端部有钩或羽毛一类的装饰。」

	商甲骨文
	两周金文
	秦小篆
義	现代楷书

说到自己，这是每一个社会在交谈时都会碰到的事。交谈时不成问题，但如果想把交谈的内容记录起来，就会有点麻烦了。因为每一个人的脸孔都不一样，也不是人人都能把自己的脸孔逼真地给描绘出来让人一眼就能辨识的。因此如要创造一个文字的意义是自己，最方便的方法就是借用一个同音的文字去表达。甲骨文最常用以表达自己的字是“我”，那么，“我”的原形是什么呢？

甲骨文的“我”字，作、、、、等形。从好几个字形，可以了解是一件捆绑在长柄上的工具。像“戈”()，是捆绑在木柄上而有长刃的杀人武器形。“戉”(钺)()，是捆绑在木柄上的宽弧刃的重兵器形。“戌”()，是捆绑在木柄上的窄长平刃的仪仗武器形。看起来，“我”字就是一把刀刃呈现锯齿或波浪形的兵器了。

竞争是自然界成员为了生存所不能不采取的手段。在寻求必要的生存物资时，当双方的利益不平衡，为了保存自己，不能不通过各种途径以达到压制对方的目的。战争是压制对方，解决争执的有效方法之一。最激烈的行动是把对方消灭。在可以行动的人及动物界，用攻击的手段加以屈服、伤害对方是很平常的事。

很多野兽奔跑迅速、身躯强壮、爪牙锐利，非人类所能匹敌。但人类有充分的脑力，可以借助他物来防御自己，去攻击野兽。所以在长久的斗争中，人类终于成为胜利者。野兽完全失去反抗人们的能力。在人与野兽争斗的时代，因为人与兽的智力相差悬殊，不必创造太精良的武器就可以克服它们。但到了人与人相争的时代，如果没有更优良的武器与战略，就难于压服智力与体力相当的对手。所以随着战争规模的扩大，武器愈见犀利，战斗的应用也愈见灵巧。武器成为人类最可依靠，最足以惊吓他人的工具。因此武器不但是杀敌的利器，也是炫耀威权的仪仗。

甲骨文有个“义”字(𢓠),字形与“我”最为接近,只在我形兵器的柄端加上两条弯曲的装饰物而已。“义”的意义有人工的、非本来的、非实用等意义,可以了解,“义”是种表达身份、非实用性质的仪仗器,以美丽为制作的重点。

杀人的武器与表现威仪的仪仗有个绝对不同的重点。为了达到更大的杀伤能力,武器不断被改良。为了适应新形势,也要创造新的武器。一旦有了更具威力的武器,就会把效用较差的放弃。以戈为例子,初时铜戈以下边的利刃砍劈或勾勒敌人,后来戈刃逐渐被改良,把它延伸向下而成为胡,使刃的长度和攻击的角度都适度地增加,以对付穿戴保护头部的盔胄,针对攻击颈部与肩部的新目标。同时为了要增加铜戈捆绑于木柄时的牢固,也在戈的胡上铸造孔洞以方便捆缚,并把木柄做成椭圆形以方便掌握。后代的遗址就很少看到早期的形制。反观源自于工具的钺、戚、斧等种类,就没有什么相应的变化,一直保持同样的形式,很难从形制看出其时代性。反映了实用与非实用性的差别。

图 1:青铜钺

长 22 厘米, 刃宽 13.6 厘米,商代晚期,公元前 14 至前 11 世纪

一一五 冃（帽），男孩老虎帽

冃：「小孩帽形，加目成冒，指示是头上之物。」

商甲骨文	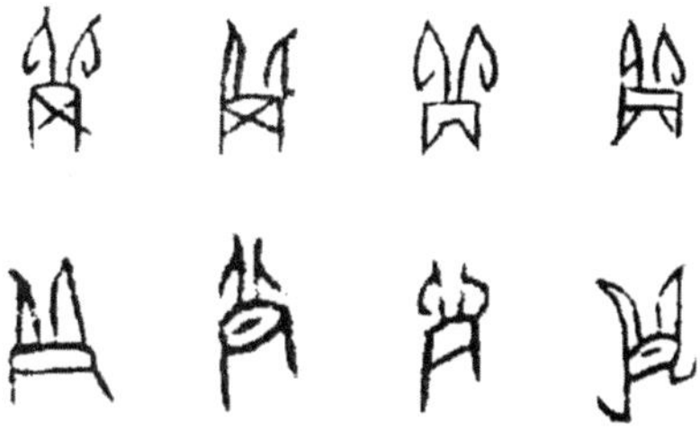
两周金文	
秦小篆	 S
现代楷书	冃

人类自从习惯了穿戴衣物之后，就成为社会每一份子都必要的装备，从头上到脚下都有相应的配备。

头上长发是人类所共有。各民族虽有稠稀、长短、曲直等不同的性质，但因都是生长在人身最高的地方，部位显著，除了头发本然的隔绝冷、热的功用之外，就兴起了其他各种各样的社会功能。譬如佛教认为它是烦恼之源，表现世俗的欲求，要剃去以示隔绝世俗。但有的宗教则反而要留长它，以方便被神灵抓着上天堂去。其他或如以发型表示年龄、婚姻状况，社会地位，都在很多社区发生过。中国古代有以梳发成型表达年龄与婚姻状况的习俗，因此对于覆盖头部的帽子自然也有了不一样的形制。

中国古人在未成年之前，一般让头发自然下垂，或稍加束缚，但到了适婚的年龄，不管男女都要把头发束括起来盘在顶上或放到脑后，最主要的原因当是顺应工作的需要。固定头顶上的发髻，最简单的是用一支笄。甲骨文的“夫”字，作一个大人的头上插有一支发笄的形状()。笄的主要作用是把头发束紧起来不使松散，附带也起装饰及分别等级的作用，故雕刻繁缛的骨笄只见于较大的墓葬。结发是成人的装扮，男人平常只用一支笄，故“夫”字意义是成年的男人。女子则到了成年，可当妻子之后才梳发，插发笄，故甲骨文的“妻”字，作跪坐的妇女在装扮头发之状()。大人需要工作，长头发自有妨害之处，故要有所应变之道。

大部分男女的头发都可以长过腰际。松散下垂的头发，如果让它们无限制地生长，就会妨害工作，因此就要想办法把它弄得不妨害工作。当人们到了不只从树上采摘果子，或在地下挖掘块根，而是要追逐、捕捉野兽时，就会有束括头发，使不妨碍视线与工作的需要。剧烈的工作都由男子从事，因此束发也很可能始自男性而不是女性。头发束括之后才可以加插装饰物，就可能有修饰与增美的动作。

整理头发是基于工作的需要，还可以从一些后世的风俗得到印证。日本在战国时代（公元一四八二至一五五八年）以前，不管身份高低，女性都顺其自然，梳成长长的垂发，最多还用油脂的东西把它梳得乌亮而已。身份低的人，为了应付繁忙的生活，觉得散长的垂发多少对工作有些不便，于是乃有于劳动之际才束发于脑后的风俗。这种型式渐为一般人所接受而才普遍结发，而且又受歌舞妓装扮的影响，演成普遍梳成各种各样复杂的髻。

当社会进入有阶级分化的时代，就开始要分不从事劳动的贵族以及从事劳动的大众。不事劳动的贵族要穿不便工作的长衣与佩玉。人们没有必要为了美丽的形象而剪短头发，如果嫌头发太长，最多总括之而下垂于脑后。但劳动者为了求得工作上的方便，不能让它自然下垂，就得想办法加以剪短，或拘束之于头顶或脑后。如果有必要把高耸的头发覆盖住，为了不打乱发型，覆盖物就要做高耸的穹顶形式。所以大人的各式帽子，覆盖头的部分就制成不破坏发型的高耸形式，如“王”（）、“皇”（）为常戴高耸帽子的人物，“令”作头戴帽子是发号施令的人（），覆盖物都作三角形就是为了不弄乱发型。

小孩一般不必从事繁重的工作，头发不会妨害工作的进行。甲骨文的“冃”字（），是俗称老虎帽的形象。《说文解字》的解释是“小儿及蛮夷头衣也”。上部是分歧的装饰，两旁是护耳，中间是覆盖头部的部分。小孩子不结髻，故是平顶的。《说文解字》有个意义为软皮的“䨕”（），上部就是这个“冃”，下半是手拿着一条软皮，创意是柔皮是制作帽子的材料，因为如用硬皮制作，就会伤及头部。

一一六 佩，腰带的垂饰

佩：「悬吊在腰带的玉佩及人形。」

商甲骨文	
两周金文	
秦小篆	 S
现代楷书	佩

衣服裁剪的形式颇受生活习惯和采用材料的限制与影响。游牧的民族，为了要骑马奔驰，照顾牲畜，就得选择经得起摩擦的材料，因而选用他们易得的坚韧毛皮材料。他们也要求裁剪合身以利行动。兽皮因其形状不方正，大小也因兽类而异，要割成多块再加以缝合。毛皮也厚重，不便大幅度的叠折，故形成随身材的曲线而裁剪为紧束、窄短风格的衣物。至于农耕的社会，桑麻是较易取得的材料，而且工作的性质也不磨损衣服。为了省工，就尽量保持由织机织出来的原来布幅，不多作曲线的裁剪以求合身，故形成宽松、修长的风格，有一定的布幅，可适合各类高矮、胖瘦的身材。

中国很早就进入农耕的时代，桑麻是比较容易得到的制作衣服的材料。纺织的布帛轻薄，但是边缘会绽散，必须要把布帛的边缘缝起来。通常用一条窄长的布幅，把已修剪完成的衣幅，由胸前经过肩膀，绕过头部而回转至腋下包裹缝合起来，于是就自然形成交领的形式。这条窄长的边纯也发展成刺绣不同的花纹以表示不同身份的习俗。交领的衣服，两边衣幅相交叠，可以适应不管是肥或瘦的不同身材。

衣服裹住身体，形之于外，远远一眼即可辨识其样式，较之体型、脸孔或肤色，都容易辨识。所以采用异族的服式也就成为屈服及认同异族的表示。春秋时代普遍以之作为政治的手段，夷狄能改行华夏的服制和习惯的就以华夏视之，吸收了大量的同化者。《论语·宪问》孔子赞美管仲驱逐夷狄而保存华夏的文化时，也强调："微管仲，吾其披发左衽矣！"左衽就是一种交领的服装。

交领的衣服没有钮扣，要以带子束紧。金文的"带"字，作衣的腰部被带子束紧之后在下襬所形成的褶纹状(桊)，但也可能表现带子及其束缚后下垂的末端形如附图。

带子不但可用以束紧衣服，也可以用来携带工具及装饰物件，故引申有携

附图

带的意思。带子的功用很多，工作时可携带工具，打战时可携带武器，行礼时可佩带玉器，平日家居则佩带日常生活的小用具及拭擦脏污的佩巾。《礼记·内则》所载的众多东西中，最具实用的是"巾"，男女都佩带。所以金文的"佩"字，作宽腰带之下(一般人用窄带)，佩戴有下垂的巾形(𠇹)，旁边的人形表示是佩戴在人身上。贵族常佩戴成串的玉饰以显现高贵的身份，故"佩"常指称贵重的玉佩而不是价廉的手巾。也很可能"佩"字形的宽带之下所垂挂的东西是玉佩，只是字形似手巾而已。

当玉器开始佩带于腰际时，其形制一定颇为简单，只选择一两件串系以佩戴。颜色单调，形式也简单。后来其装饰形制就越来越复杂和讲究了。到了东周时代，已重视成串玉片的排列组合，不但讲求大小高低成组，而且也注意颜色的调和，就成为中国特有的服饰。玉佩组合的形式虽有多样，其基本形制可以从《大戴礼记·保傅》看出："下车以佩玉为度，上有双衡，下有双璜冲牙，玭珠以纳其间，琚瑀以杂文。"真是珩璧相连，冲牙和鸣。玉白组玄，琚赤瑀白。不用说玉的价值，只看其五色相宜，色彩缤纷，移步铿锵，真是美丽优雅已极，是少数不从事生产劳动的贵族们才用得着的东西。

一一七 屯，包裹厚重

屯：「捆缚两片肩胛骨而套成一对之形，为计算甲骨的单位。」

商甲骨文	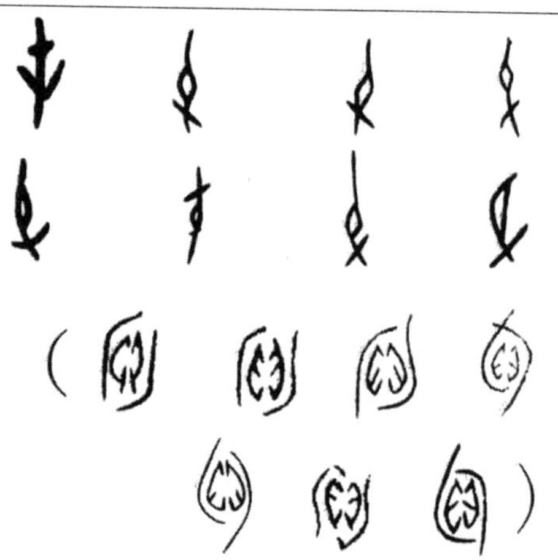
两周金文	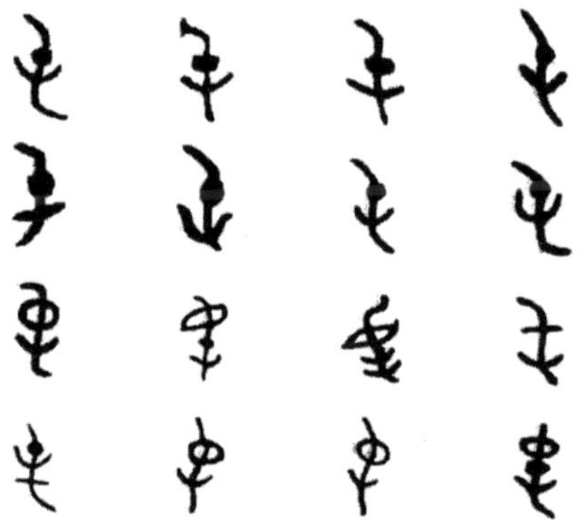
秦小篆	
现代楷书	

上文谈到，古代为了防止布幅的边缘松散，使用另一块布幅把边缘包裹而缝合起来。习惯使用一条窄长的布幅，由胸前经过肩膀，绕过头部而回转至腋下缝合起来，因而形成交领的形式。这条窄长的边纯也发展成刺绣不同的颜色与花纹以表示不同的身份，既有防止边缘线绽松散的必要，又可增加美观。这种设施在铜器铭文里叫黹屯。甲骨文的“黹”字，就是作两个已形一类的图案相背或钩连的形状(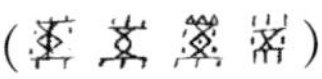)。基本上“黹”字是表达刺绣等使用缝衣针的工作。所以这些窄布幅的制作，最先当是采用刺绣的方式，后来织机发达了才采用纺织的形式。“黹”字后来发展成形声字的黼、黻以表示最常见的两种颜色图案。这些已刺绣的边纯是上级赏赐下僚，以标志荣庆及权威的东西，不是可随意服用的。《礼记·郊特牲》就说，中衣有丹朱绣黼是中大夫的僭制，所以绣黼也是历代衣制的重要内容。汉代文献反映其价格比之织锦还要高贵，不是高级的统治者难于大量在衣服上刺绣。商代的雕像少见衣服布满刺绣的，大都在衣领、袖缘、衣缘、宽带等处刺绣而已，如下之附图。

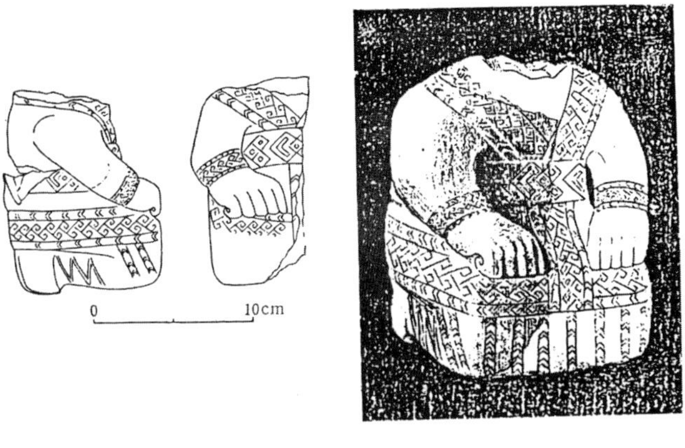

附图

“黹”字的创意不成问题，现在要谈的是黹屯的“屯”字。甲骨文“屯”字作、、等形。此字在甲骨卜辞主要作为方国进贡上来的，一对已捆扎好的牛肩胛骨，以及困顿的意义。《说文》的解释：“，难也。屯，象屮木之初生，屯然而难。从中贯一屈曲之也。一，地也。《易》曰：‘屯，刚柔始交而难生。’”字义没有错误，但是所说的创意恐怕就大有问题了。此字在两周金文作、、、、、等已失真的字形，到了小篆的时代更有讹变，汉代的许慎看不出其创意也是应该的了。

单就此字的甲骨字形，因为太简单了，很难猜测其真正的创意。但是另有线索，甲骨卜辞里提到方国进贡甲骨材料的例子只见于第一期与第四期。较早的第一期，用于计算的单位，因为一只牛只有两片肩胛骨，所以两骨成一对为、、、，单一的为。第四期则用屯与。学者考证，是鸟瞰的形象，被两道绳索所包裹的是两块肩胛骨的骨臼的形象。第四期的是一片甲骨的侧面形象，则是两片甲骨包扎起来的形象，斜的一横表示捆绑。因此“屯”字的创意和相同，都是把两片甲骨包裹起来成一包的样子，和《说文解字》所诠释的小草从地下冒出来完全没有关系。

有了以上的认知，可以了解，“屯”字的主要创意是把东西包裹起来。铜器铭文的黹屯应该是把衣缘缝合的刺绣，命名的重点是里外都包扎起来而不是在边缘上。上下把布帛包住当然就比较厚重。所以铜器铭文的“秉德共屯”“余用祈屯鲁于万年”都是丰厚的意思。鄂君启的舟节和车节的“屯三舟为一舿”“屯十以当一车”的铭文，意思是联合三条船为一个舿的单位，联合十个挑担算作一车的载运量。联合、屯积都是从把东西包围起来的引申意义。至于屯难的意义有可能从被捆绑起来而引申为困苦、困难一类的意义。可以肯定，“屯”字原先应该没有边缘的意思。

一一八 止，走路脚步

止：「象脚有趾之形。」

商甲骨文	
两周金文	
秦小篆	 S
现代楷书	止

步：「以两脚步行的上下位置表达其走路动态。」

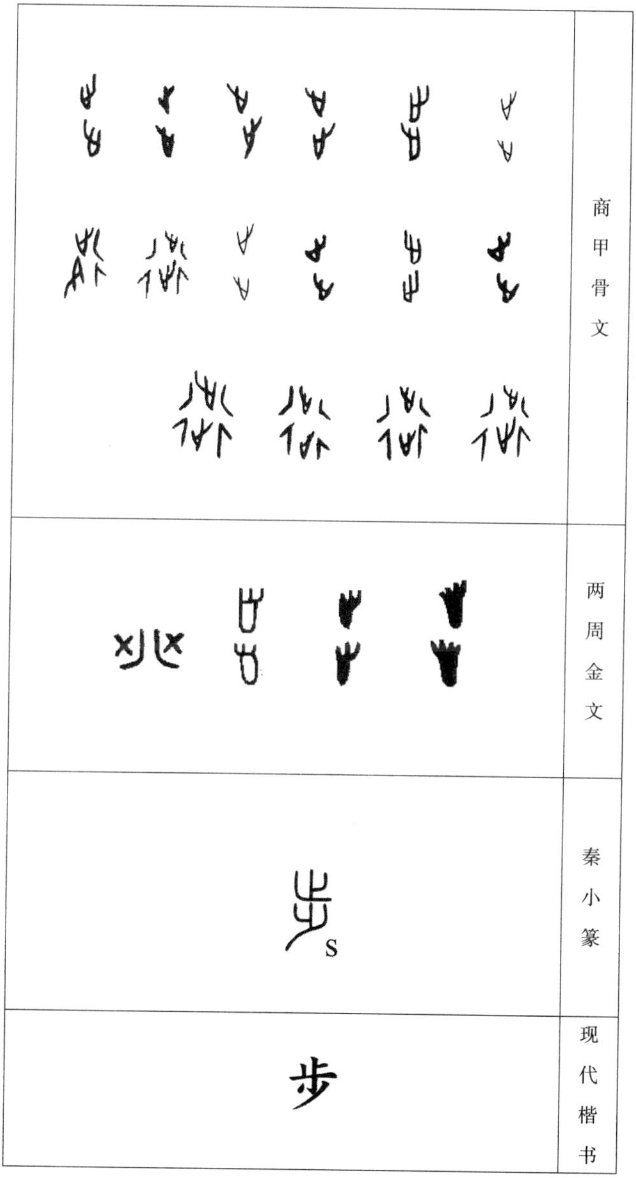

人是种会移动的生物。生物移动的方式有多样,移动的速度越快,移动的范围越广,则获取资源的机会也越多。人类虽不是移动最快的,但移动的范围最广,应该是不成问题的。

人的移动主要是靠两脚的运动,但人的脚除了移动之外,还可以从事很多的活动,这一点也是其他动物比不上的。在三千三百年前的甲骨文时代,脚一般用止去称呼,如“疾止”是脚有了毛病。“止”的甲骨文字形(),参照金文的族徽符号,应该原先是有五趾的,后来为了书写笔顺的方便,省简了两个趾头,所以成了三个脚趾。《说文解字》的解释:“止,下基也。象艸木出有址,故以止为足。”了解“止”与“足”有关是正确的,但因为字形已起稍微的变化,看不出是脚步的形象,因而解说是草木冒出土地面的形象。甲骨文另外还有一个与脚有关的患病部位“疋”,看起来是整条腿的形象()。此字后来假借为其他意义,就很少使用早期的意思了。

人类要有接触,经验才能交流而增广。越落后的社会,其处境就越闭塞。世界上没有一个高度文明的国家,不伴随着快速而有效的交通传递网。没有快速的交通,政策及信息都没法及时下达,难于建立中央控制的政权而成为大帝国。尤其是商业,没有价廉而有效的交通使交流的速度加快、流量扩大、地域增广,贸易就难进行,产业也难扩展,城市难建立。

用脚走路是人类最原始的本能。起先必然靠脚的运动才能到达目的地。在次第有了各种代步工具的发明后,人们用脚走路的需要才渐减。甲骨文的“步”字,作一前一后的两个脚步印(),表示行进的动态。行走时两脚的拇指一定是对内相对的,如果两脚的拇指同在一边,就寸步难行了,所以与行进有关的步伐,两趾一定相对。如果拇指是同方向的,就表达其他的意义了。后来人们常走的途径成为行道,所以此字有时又附加行道的偏旁(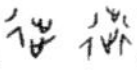),使行走于道路

的意义更为清楚。

在缓慢的步行运动过程，双手虽也摆动，总不如脚步的明显，故两脚即足以表达行走的意思。如若快步行走，就需要两手前后摆动以促进速度。意义是快步的“走”字，早先作两手上下摆动的人()，后来又加上一只脚()，或行道( )。如果强调快跑的速度，就是“奔”字，作摆动的双手和三个脚步，描写急奔于眼前的连续快速脚步状况(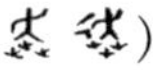)。脚步如果受到限制，不能正常跨步，行走起来就会缓慢而后于人。所以甲骨文的“后”字，原来作脚上捆缚有绳索之状(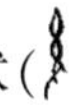 )，后来才加上行道()。脚被绑住大概是罪犯或俘虏的形象，他们的行动当然要加以限制以免反抗。

经常被人们脚步践踏的途径，渐成与两旁荒草有别的道路。而到了青铜时代，产业渐兴，人口繁殖，人们多集中于村邑或城市居住。村邑或城市之间常行走的捷径就被开辟为大道。甲骨文的“行”字作十字路口形(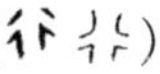)。那是规划出来的道路，不是众人无意间走出来的羊肠小道。行道是为人们行走的便利而修建的，故在文字里，“彳”(行的左半)、“止”与“辵”都作为有关道路及行动的意义符号。

一一九 又，右手，制作器物

右：「右手掌形。」

商甲骨文	
两周金文	
秦小篆	
现代楷书	又

丑：「手指弯曲，用力扭抓的情状。」

商甲骨文	
两周金文	
秦小篆	
现代楷书	丑

在所有的动物中，人的脑力最为发达，可以从事细密的思考。但若只有敏捷的思考而没有灵巧的双手，则器物也无法制作，文明的基础就建立不起来。双手可以说是人类用得最多的器官，理应有文字表达它，甲骨文有得疾病的各种器官的字，如“身”“首”“目”“口”“自”“齿”“疋”“止”“舌”“骨”等，就是见不到“手”字。“手”字首见于金文，作等形，《说文解字》解释“拳也”，可以知道描绘的是有五指的手掌，手掌只是整只手的最下端部分。金文的用法“拜手稽首”，似乎重点也是手掌的部位。

虽然甲骨文没有“手”字，但描绘手的动作的字却非常的多，手的构件以又表达。甲骨文的“又”字作等形，《说文解字》的解释“手也”，则创意应是有手指的手臂形。好像只画出三个指头，《说文解字》说：“三指者，手之列多略不过三也。”但创意可能不是省略另外两个指头，而是抓握东西时，后头两个指头被遮盖住而见不到，故只画出见到的三个指头。

“又”在甲骨文里有几个意义，最常见的是有无，再有，福佑以及某种祭祀的名字。偶尔使用为右的意义，它应该比较近乎本义。又是右手的形象，用来表达右侧的意义是很容易被理解的。所以“左”字就作左手的形象（）。以左右手的形象作为区分左右的意义应该是没有问题的，但因为甲骨卜辞的记载，不但句子常是正问、反问对称的，字形也往往写成对称。其他的字左右异向不会产生混淆，但左右就可能混淆，于是到了金文的时代，就习惯在右的意义加口，“左”的意义加工的分别符号，就不致于产生混淆了。

甲骨文还有一字也是以手指创意，假借为干支的“丑”字，作等形，也是有三个指头的手臂形，只是手指都作扭曲之状。人的手指之所以特别，就是有分节，可以弯曲。用力抓紧东西的时候，手指要紧紧扣住才有力，或接触弯曲处，它的作用是很大的。我们发现，甲骨文如把弯曲的手指描绘出来，都有其特殊的用意的。略举几例说明。

甲骨文的“彻”字作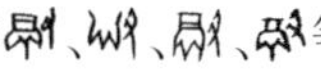等形，由两个单位组成，一是古代煮饭的器具鬲，一是丑。鬲是一种袋足的炊煮容器，可以节省薪火。但是黏固在袋足里的饭粒不易清洗，要用手进去抠除，才能确实、彻底清洗干净。不像实足的鼎，或圈足的皿，用刷子就可以清洗干净了。对于鬲的使用来说，弯曲的手指除了是清洗的动作，别无其他用意，故容易理解其创意。此字的金文字形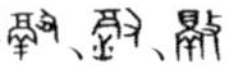已稍有讹变，幸好《说文解字》的古文字形还保留重点，可以跟小篆的字形作比对()。

金文的“付”字作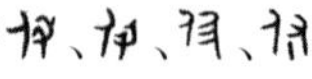等形，意义是给付，《说文解字》解说其创意：“，予也。从寸持物对人。”好像是不错的样子。可是仔细一想，恐怕创意重点没有把握到。这字较早字形以“人”与“丑”组成。“丑”的重点是扭曲的手指，和“及”字作比较，其分别才明显。及是追及的意义，作，表达一只手从后面要抓住某人之状，这是还没抓到的形象，手指还没有用力紧紧扭住，付则是已抓住了，手指弯曲用力紧紧抓住的情景。所以“付”的创意重点在于紧密的附着，已经抓在手里了。“及”字则表示还未抓到。

一二〇 廾，双手操作

廾：「双手前伸，有所动作之状。」

商甲骨文	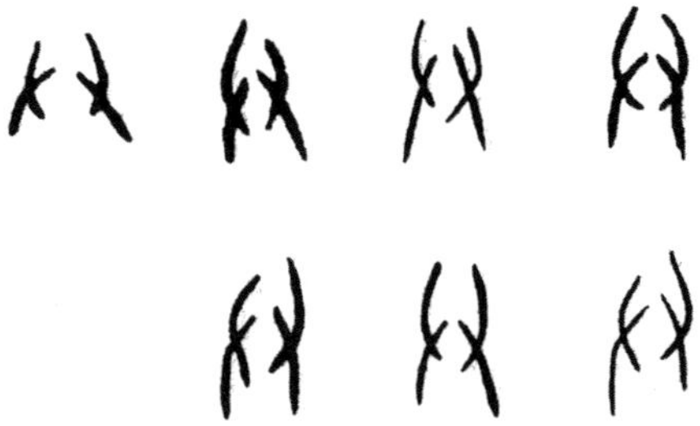
两周金文	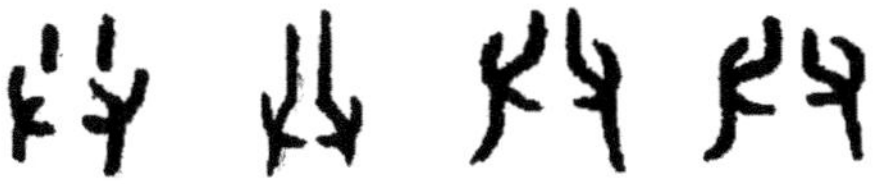
秦小篆	 S
现代楷书	廾

戒：「双手持戈，警戒之状。」

商甲骨文	
两周金文	
秦小篆	 S
现代楷书	戒

人类的手，于能利用材料制作器物外，也同时能灵活使用器物，方便很多工作的进行。人不但单手使用器物，也可以双手协调，使用大型的器物。以下介绍几个字。

“兵”字，甲骨文作双手拿着一把装有柄的石斧（斤）状（）。“斤”是早在原始社会就已有制作的工具，字形是描绘一把在木柄上捆缚石头的发掘或伐木工具（）。石头只要够厚重和有棱角，就足以造成杀伤力，所以在青铜发明以前，借用现成的石斧就足以对付野兽，不必另为制造武器。不但新石器时代的人们以工具作为武器，就是后代农民反抗政府的苛政，没有合适的武器时，也暂时使用农具替代。到了有坚韧锐利的青铜材料的青铜器时代，此时争斗的对象已不是动物了，是智慧相等的人类，也因此不但武器改以青铜制作，连器形也针对人类的弱点，改良成戈、矛一类了。兵本来的意义是武器，后来才扩充之以表示持用武器的兵士。

“戒”字，甲骨文作双手紧握着一把铜戈（），表现出警戒的备战状态（ 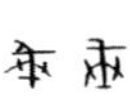）。铜戈是利用挥舞的力量，以刀尖砍劈头部，或借用锐利的刃以割拉脆弱的颈部而达到杀敌的目的，其初形有可能是取自农具的镰。戈是战争升级、国家兴起的一种象征。短柄的戈长度大致从八十几厘米到一米左右，可单手使用，让另一手拿着盾牌保护身体。甲骨文及金文都有作一手拿着短戈而另一手拿着盾牌的字形（）。但短兵距离敌人近，比较危险。若加长，远距离攻击就比较安全。柄长若超过两米，就得使用双手持拿，同时也增加挥舞的力道，造成更大的伤害。不作战的时候，长戈也可用单手持拿，但备战时一定要双手拿着，才能适时反击，所以用双手持戈以表现警戒的备战状态。

“具”字，甲骨文作双手从上提携或由下捧着一个陶鼎之状（）。鼎（ ）是圆腹或方腹而有耳与足的煮食器形。中国使用鼎形器烧饭煮食起码

西元前六千年就有。鼎的结构就是一个烧煮食物的灶。它可以被移来移去，不受限于某一固定的地点。远古时代，住家只是夜间休息所，面积窄小，难于把火膛设在屋里，煮食都在户外。遇到雨天时，能移动，能搬进屋子的鼎，比之固定于户内的火膛，其方便处显而易见。鼎的尺寸一般高十几厘米，也有十几厘米宽，要用双手提携才方便使用，故创字时就描绘双手。鼎是家家户户每天都要使用的烧食器具，故双手捧鼎就可以表达具足、具备的意思。

“秦”字，甲骨文作双手持拿杵棒捶打二捆禾束之状()。谷类食物都有坚硬的外壳，要去掉后才能吃食。“秦”的意义是精米。知捶打的动作应该是去外壳，不只是把禾秆上的穗粒打下来而已。

“舂”字，甲骨文作双手持杵在臼中捣打之状()。人类一旦有了谷物的采集行为，大概也就开始有去壳的工作。公元前五千九百年的遗址河南新郑裴李岗，以及稍晚的密县、巩县，河北的武安磁山等古老遗址，都发现专为去壳的石磨盘及石磨棒。在磨盘上碾压以去壳可能比较费时间，而且谷粒也容易跳动逸出盘外。到公元前四千年的西安半坡和余姚河姆渡遗址，就发现木与石制的臼与杵了。这时大概也挖掘土地为臼，铺兽皮于其上以舂打谷粮。

一二一　攴，单手持棍棒

攸：「手持杖打击一人之背部，后加流血之状。」

	商甲骨文
	两周金文
 秦刻石  S	秦小篆
攸	现代楷书

寇：「强寇手持利器破坏屋中之物。」

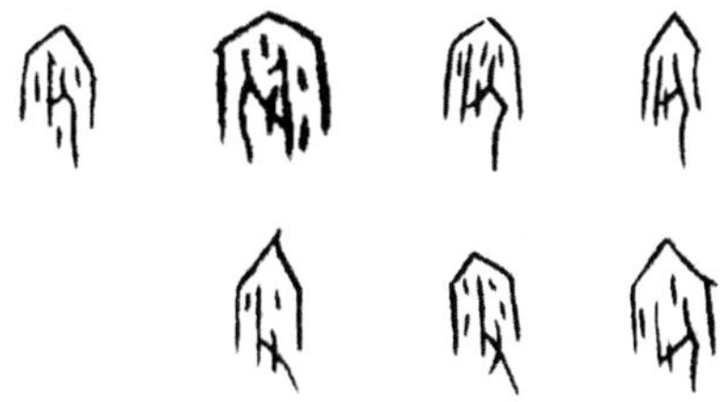	商甲骨文
	两周金文
 S	秦小篆
寇	现代楷书

在人的器官中，手指最为灵活有用，可以有效地操作各种器具，达到各种特定的目的。手还可以持拿长的工具以补足不够长度的缺点。在文字的结构上，单手持拿长器物就成为一个定型的攴，是形声字的重要意符，表达和指挥、操弄、打击等等动作的相关意义。以下介绍几个字。

“牧”字，在“〇九四”已作介绍，甲骨文字形共有四种写法：一作单手拿着一根牧杖在驱赶牛只之形（），二是另加上一个行道或再加一个脚步（），三作单手持杖驱赶羊只之状（），四作此形加上一个行道（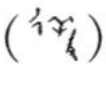）。从字的意义知道，这是描写以工具驱赶牛羊的放牧景象。从金文含有“牧”字的族徽符号（），推知“牧”字在创字时，畜牧已是在行道之旁驱赶的辅助性生产方式了。后来省略了道路的部分。后来又因羊没有农业上的大用，且需牧草作为饲料，难于与农地共存，少见饲养，也被淘汰而现在只留以杖驱赶牛的字形表达畜牧的意义了。

“赦”字，金文作单手持杖策鞭打一人至流血的程度（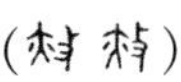），这是一种赦罪的方式，以较轻的痛苦替代更大的痛苦。法与罚是相辅相成的办法。法是规范社会中人人应遵行而可预期的行为。罚则是维持其法则能顺利施行的手段。在阶级尚不分明的社会，法与罚对于每一成员的适用是没有偏差的。但是到了阶级分明的时代，法渐渐成为强者加于弱者的规定。弱者成了只有接受、履行规定的责任，难有挑战的力量。为了维持有效的控制，一方面对被统治者发出不留孑遗的严厉警告和措施。但另一方面，对于有挑战力量的贵族们，却要给予宽恕和容忍。比如对于犯法的贵族给予以财物代偿的惩罚，免除了身体上的永久性伤残。在一个西周时代的铜匜，铭文记载一个小贵族触犯了鞭打一千下及脸上刺墨的永远耻辱性的过错，就宽恕之，用鞭打五百下的短期性痛苦及罚金以完了罪过的行为。若换成没有特权的普通百姓，大半就没有这么幸运了。

“攸”字，创意与赦字类似，甲骨文作单手持杖策扑打一人之背部状（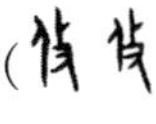

),到了西周中期演变成两字形:一是人之背后增一直线( ),一是增三下垂的小点( )。《说文解字》的解释:“ ,行水也。从支从人水省。 ,秦刻石峄山,石文攸字如此。”应是打得背部血流下行的引申意义,可推论三小点是早期的具有辅助说明的作用,一直线应是不明创意的讹变,是较迟的字形。至于秦刻石字形“从水从支”,表达以棒击水,难于符合创意。水的构件可能是由人与三小点的字形讹变,并不是省略了人的部分,时代应更晚。

“寇”字,甲骨文主要作一个人单手持棍棒在屋里打击破坏之状( )。除非是外来的寇贼,自家人是不会肆意破坏屋里的东西的,表示贼寇的创意也很明显。此字原先应该是具体描绘一个站立的人手持棍棒在别人屋里破坏,后来省略人的形体而留下单手。此字的屋里以数目不等的小点表达了破坏的情景,但后代的字形,这些小点因不好规范,经常被省略,所以周代的金文就改为一人被持棍棒的人从后面打击之状( )。

一二三 殳，手持特殊工具

磬：「手拿乐槌敲打石磬之状，后加石。」

商甲骨文	
两周金文	
秦小篆	
现代楷书	磬

鼓：「手拿乐槌击鼓之状。」

商甲骨文	
两周金文	
秦小篆	
现代楷书	鼓

攻：「刮削并敲打石磬以便调音。」

商甲骨文	
两周金文	
秦小篆	
现代楷书	攻

中国有黄帝史官仓颉创造文字之传说,学者的共识是文字不可能由一人独创,但若看成是由某一特殊阶层的人所共同完成的就比较合理。因一般人所需记载的内容简单,文字的数量不多。但史官或巫师,其记载的事件或仪式,内容比较复杂繁多,就需要比较多的字,成系统的体系,有一定的表达方式而成为共同遵守的规律。

各古老文字,初期都以象形为主,渐渐才进入表意,最终达到表声的方式。文字虽是不同时代的人逐渐创造而累积的成果,但创造文字的法则却有共通的模式。有时为了表达某种抽象的意思,描绘的器物形象就不写实,而故意以不实的形象表现,现在介绍的“殳”是其中的一例。

《说文解字》对“殳”的解释:“,杖殊人也。周礼,殳以积竹,八觚,长丈二尺,建于兵车,旅贲以先驱。从又,几声。凡殳之属皆从殳。”从早期的字形看,殳是单手持拿各种类的直柄钝头的敲击器,是复体字的构成部分。《说文解字》的解释是因不同字形的混淆,充其量只是其中的一种器物而已。

“攴”的单手秉持的是直柄的器物,施用的目的是多样的,见上文的介绍,但主要的是以攻杀敲击,意在以造成伤害为目的。但是甲骨文以“殳”为构件的字,手所持的器具绝大多数都是曲柄的,不以伤害为最终目的。但考古所见的这些器具都是直柄而不是曲柄,这种违反事实的一贯性描写,就是创字群的共识。以非一般的形象表达不平常的意义。

“磬”字,甲骨文作一手持一件曲柄的工具,敲打一件演奏中的悬吊的石磬(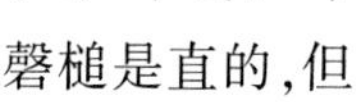)。三角形是石磬,上头的三条直线是演奏时悬吊在架上的样子。磬槌是直的,但字形却是弯曲的。

相关的”攻”字,作单手持拿曲槌敲打石磬()。石磬定音的方式是用刀刮削磬的表面,提升或降低其音调,所以有数点石屑掉下来。调音时都是个别单线

悬在架上，故和磬的悬吊方式有点不同。

再看"鼓"字，甲骨文作单手拿曲柄的槌敲打皮鼓之状（）。圆形是鼓面，其上的交叉线条是鼓架上的装饰物，鼓面之下是竖立的架子。考古也出土鼓槌，都是直柄的。【甲骨文"彭"字作鼓之旁有三短划，表达短促有力的鼓声。】

、、、在甲骨文是个贞人的名字，作单手持拿曲柄钟槌在敲打一个悬吊的乐钟形。此钟之形于甲骨文被借用为方位的"南"字（）。考古也出土成组的铜钟与直柄钟槌。见图1。

还可确定是敲打乐器的有"嗀"字，作手持曲柄槌棒敲击牛角之状（）。虚空的牛角可以作为饮器，也可以敲打出胡胡的乐音。甲骨文还有、、、等字，可能也都表现敲击乐器之状。

、、是单手持曲柄器具而不属于乐器的字，这是装饭食的圆形簋的容器名，表达的应该就是手拿着饭匙要从容器中取食之状，饭匙也是直柄的，但表现的却是曲柄的。

还有、、，在甲骨卜辞中是有关医疗之事，大半表达以医疗器具敲打一人背部从事医疗工作。在应用上，这种敲打的器具也大半是直柄的，但文字表现的曲柄特征很显明。与之有关的是医生的"医"字（醫），由三个构件组成：左上部分是箱柜之中的箭，这是古代刺脓、手术切割的工具。下面的酉是装酒的罐子，酒也是治病的药物。右上的殳，应也是治病的工具而不是杀人的武器。

以上所描述的实物的器柄都是直的，但创造文字者故意画成曲柄的，重点就在表达使用时能造成特殊的效果，与造成杀伤目的的直柄棍棒与武器有所区别，反映扭曲实物的形体以表达特殊效用的目的。

图1：青铜编钮钟，附直柄钟槌

高30.5厘米，铣间17.1厘米

战国早期，约公元前5世纪

一二三　散，分离使散

㪔：「手持杖扑打麻的秆以分析纤维。」

商甲骨文	
两周金文	
秦小篆	 S
现代楷书	㪔

散：「手持工具在竹叶上剁肉使粉碎。」

商甲骨文	
两周金文	
秦小篆	 S
现代楷书	散

甲骨文有“㪔”字(㪔),《说文解字》的解释是:“㪔,分离也。从𣏟、从攴。𣏟,分㪔之意也。”并没有解释得很清楚为何有分离的意思。要了解这个字的创意,首先就要了解麻的的作物。

古代具有纺织价值的植物纤维有好几种,分属不同的种类而有不同的性质,但因麻最为重要,一般总称有强韧纤维的植物而可织布的为麻。麻是荨麻科的一年生草本。但另一文献常见的葛,却是藤本豆科的植物。大麻更是桑科的植物。

麻的种类多,可纺织成各种精粗程度不同的麻布,是大众缝制衣服的布料,为重要的经济作物。大概因它在不少地区较之谷物的生产还要重要,故有人也将之归之于五谷之属。商代已发现有丝与麻布,可能因不是国王问询的项目,所以不见于甲骨文,金文的“麻”字,作一个屋中或遮盖物之下有两株皮已被剖开的麻形状(麻)。两个中的部分是麻的株茎,三短直线是已剥开的皮。古人种植麻的目的,主要是取其皮的纤维以织布帛。首先是把表皮剥取下来,然后要用水煮,或长久浸在水中以去除杂质,分析出纤维。水的温度越高,纤维的分析也越快。在屋内烧煮热水比较方便,大概这种植物多在家中处理,与他种食用谷物,如米、麦、黍等多在户外处理脱粒、去壳者大异其趣,所以造字时强调麻的株形多见于屋中户内。

麻的表皮柔韧,又容易分析成细丝,用麻皮搓成的绳索可能在很早时候就被利用以抛掷石块打猎。人类确实晓得用细线缝制衣服大概可推溯到三万年前。中国发现的骨针,大致以四万至两万年之间的辽宁海城县遗址为最早,以象的门齿制作的一支长 7.74 厘米,有 0.16 厘米的孔径,一支长 6.9 厘米,有 0.07 厘米的孔径。另一以动物长骨制作的,长 6.58 厘米,孔径 0.21 厘米。以当时的工具,推测应已知利用植物的纤维才能细小得足以穿过针眼了。以麻纺织成布的证据见于六千多年前仰韶文化的陶器底印痕。实物则见于五千多年前的吴兴钱山漾遗址。其时应该已经过长期的栽培了。

了解了“麻”字的创意，就容易理解“㪔”字的创意了。原来古人剥取麻皮的方法是用棍子猛力敲打麻的株茎使表皮分开来，所以“㪔”意义是分离、分散。不过，我们现在已不用这个字而使用散了，《说文解字》对“散”字的解释是：“，杂肉也。从肉，㪔声。”但是金文作、、、等形，早期的字形由三个构件组成：手拿棍子、两片竹叶、一块肉。看来是表达手持棍棒敲打在竹叶上的肉块，大致是剁打杂肉使碎散之意。有可能这是古人经常利用杂肉的烹调方式吧，古人的生活习惯在文字表现出来了。有可能这两字的音读很近，意义也相关，所以就合并起来，去掉竹子而成现今的“散”字，兼有两字的意义，动词性的分散以及名词性的杂肉与药散。

一二四 鬲，烧饭容器

鬲：「空足之煮饭器形。」

商甲骨文	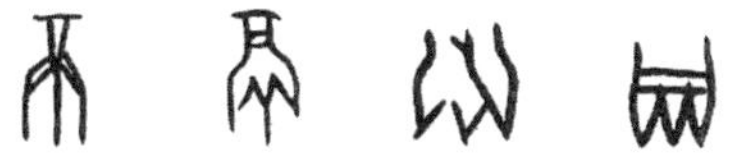
两周金文	
秦小篆	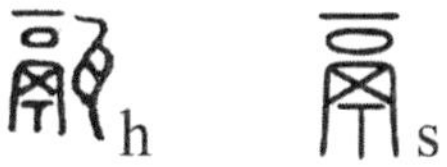
现代楷书	鬲

彻：「以弯曲手指清洗煮饭的器具，才能确实洗干净。」

商甲骨文	
两周金文	
秦小篆	 k  s
现代楷书	徹

之前介绍过“鼎”字，鼎是七千多年前就已出现的煮食容器，原来是圆形的陶盆而在底部加上三个支脚，利用三脚之间的空隙积薪柴炊烧食物，算是个活动的灶台。可能因铜铸的鼎也有方形四脚的，从前面看起来就好像是两脚，所以甲骨文的“鼎”字都写成了两个支脚的样子()。鬲是四千多年前才从鼎分化出来的器形。鼎的支脚是实体的而鬲则为空虚的，或是腹部有几个明显膨胀凸出的区隔。甲骨文的“鬲”字都把三个虚空的支脚描写得很清楚()。之后的金文()和小篆()，基本上也都保存了三个支脚的形式。

鼎本来兼为烧煮饭黍与菜肴的容器，可能是基于节省薪柴的考量，就把实足作成虚空的袋足形状，这样就使得支脚的部分也可以受热煮食。这种形式的容器比较适合谷类的食物而不适合蔬菜与肉块。中国古代的菜蔬都是以羹汤的方式处理的。蔬菜要加上肉、鱼及佐料才会有味道，烧煮的时候就要时时以匕匙搅拌，要这样肉与菜才不会沉底而烧焦。器身的周围如果不平顺，搅拌的时候就会受到干扰，所以不便使用鬲状的容器。谷粒则因为颗粒细小，会随着翻滚的水沸腾而使谷粒不致沉底烧焦，所以不必时时以匕匙搅拌。甚至最后还要撤去柴火，覆盖之使焖上一段时间，谷粒才会熟透而可口。华北的文化区开始流行这种袋足的烹饪器，除了节省薪柴的原因外，实在想不出更好的理由。

鬲和鼎还有容量上的差异，大概一家人一天的饭量有限，所以鬲的大小比较一致，高十几厘米，口沿二十厘米上下，但铜鼎的尺寸和重量就相差悬殊。迄今所见商代最大的铜鼎，高一百三十三厘米，长一百一十厘米，宽七十八厘米而重八百七十五公斤。但小的才几厘米高，重十几克。一般的也都有二十到四十几厘米高。

袋足鬲的流行似乎到了商周之际起了变化，袋足的高度越来越短。袋足里的空间也越来越浅，有的几乎变成实足而与器底齐平，只在器身显出一点膨胀的区隔而已，如下面的附图。这样一来，器形就介于鼎与鬲之间而有鬲鼎的名称。

以鬲烧饭虽然可以节省薪火，但清洗就比较费事。一般容器可以用刷子轻易清洗干净。但用刷子清洗鬲就不很有效，因为刷子伸不进虚空的鬲足里头。就算能够伸进，也很难把饭粒挖取出来。所以甲骨文的“彻”字，就以一只指头扭曲的手在一件袋足鬲的旁边()，创意应是用弯曲的手指才能彻底地把鬲里头的饭渣清洗干净。鬲的形制在汉代之后消失了，原因除了和鼎一样，因立体竖灶的架构，使支足和膨胀的器身都无所发挥作用外，也可能和这个不便清洗的缺点有关。

鼎的作用比鬲宽大，兼为烧煮肉蔬与饭麦，可能铜鼎作为贵族的表征，带有政治的作用，因此有关烹饪的字大都以“鬲”的结构表达。“鬲”的旁边有两道上升的烟气就成为部首，部之下隶属有十几个形声字。如“粥”，本来写作“鬻”，以米在鬲中熬煮而有烟气上腾之状表达意思，后来简化去鬲就成“粥”字了。

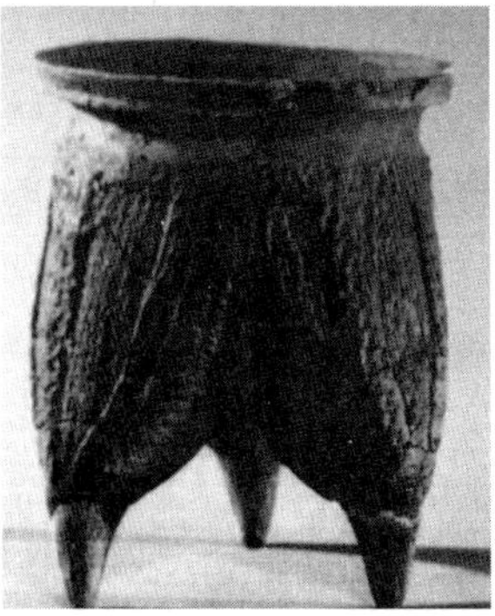

图 1：堆砌纹红陶鬲

高 15 厘米，商代二里岗期，约公元前 17 至前 14 世纪

(左)

(右)

图 2：(左)饕餮纹青铜鬲

高 21 厘米，口 14.8 厘米，商中期，约公元前 16 至前 14 世纪

(右)伯邦父青铜鬲

通高 12 厘米，口 18.5 厘米，周晚期，公元前 9 至前 8 世纪

一二五　耤，踏犁耕田

耤：「象一人推着犁，或脚踏犁用以耕地之意。」

商甲骨文	
两周金文	
秦小篆	
现代楷书	耤

疑：「象一人持杖犹疑于十字路口不知方向之意。」

	商甲骨文
	两周金文
	秦小篆
疑	现代楷书

事物的进展大致有一个通则，就是有用的被保留下来，并加以改良，效用小的就逐渐被舍弃了。文字的研究者就是要观察一个字的演变轨迹与发展的趋势，以期更正确了解一个文字的创意。

甲骨文有个字、、、，出现很多次，比较完整的作一个侧立的人，手拿着一把工具，一脚站立，一脚抬高而踏在某件工具的中段。这个字表现了人对于某种工具的操作方式。在卜辞，这个字是个官员的职称，职务和农业的收获有关。

这个字在金文里找到繁复的写法、、，结构和意义也和甲骨文的一样，只是多了一个“昔”字。《说文解字》对此字的解释：“耤，帝耤千亩也。古者使民如借，故谓之藉。从耒，昔声。”确定了甲骨文的字是“耤”，表达的是一个人把抓着犁（犁尾柄），一脚踏在犁上（站正），一脚站在地面的犁耕形象。犁耕是当时的重要生产方式，图1东汉画像石上的图案，犁之前有二牛拉曳着。有趣的是，四千四百年前的埃及壁画，也是两只牛拉曳着耕犁在耕作。

图1：东汉画像石上的牛耕图

“耤” 字的创意方式原来最先是表意的，后来为了易于音读才加上昔的音标,但是这样的字形太繁复,因此就减省了推犁的部分形象而变成从耒昔声的纯粹形声字了。

人类思考的方式大致有一定的模式。各民族间想象出来的造字方法也是差不多的。基本上,有形体的就画其形体而成为象形字。抽象的意思就要借用某种器物的使用方式、习惯或价值等的联系去表达而成为表意字。如果是不容易画出的事物,或难于表达的意义,就要通过标音的方式而成为形声字。

人们在没有领会形声字的造字法之前,由于语言中有很多概念很难用适当的图画方式去表达,而日趋繁杂的人事,也没有办法给每一个意思造一个专字。于是就想出了两个变通的办法以解决使用上的困难。一是引申,用一个字去表达一些与其基本意义相关的意思。如“冓”以两个木构件相互交接之状,扩充到各种与交接、相会有关的意义。后来分别以各种意符加到“冓”字之上而形成了构(**编者按:转化回繁体为“構”。**)、觏、耩、搆、篝、傋、韝、媾、遘、沟(**编者按:转化回繁体为“溝”。**)、讲(**编者按:转化回繁体为“講”。**)、购(**编者按:转化回繁体为“購”。**)等从冓声而与交接的概念有关的各个形声字。一是假借,当一个意思难以用图画去表达时,借用一个发音相同或相近的现成字去表达。譬如“黄”字,甲骨文是一组璜佩的象形,被借用以表达与佩玉无关的黄的颜色。后来为了要避免可能的混淆,就在本义的“黄”字加个玉而成璜的形声字,以与假借意义的黄颜色有所分别。另外还有少数是为了让音读清楚而在象形或表意字的上头加了一个声符而成为形声字。“耤”就是这样的例子。

一般说来,象形或表意字加音读是为顺应新的需要而完成的,后来如有简化的情形,也都把音符的部分保留下来而省掉其他的内容。但有偶尔把音符省掉的,那原因,大半就是语音产生了变化,已不能真正表现其音读了。如“疑”,甲骨文作一个拿着拐杖的老人张开嘴巴,犹疑不知前往何方之意(),有时加一个行道,使其意义更容易了解()。到了金文的时代此字就多了个牛的符号(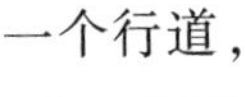),牛与犹疑没有意义上的关联,所以是声符。声符本来是不会减省的。可是到了小篆的时代(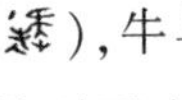),ng 的声母已不存在了,牛变成 n 声母,与疑的声读就不谐合,所以就被省略了。

一二六 渔，捕鱼方法

渔：「有水中游鱼，钓线捕鱼，撒网捕鱼等多种创意。」

商甲骨文	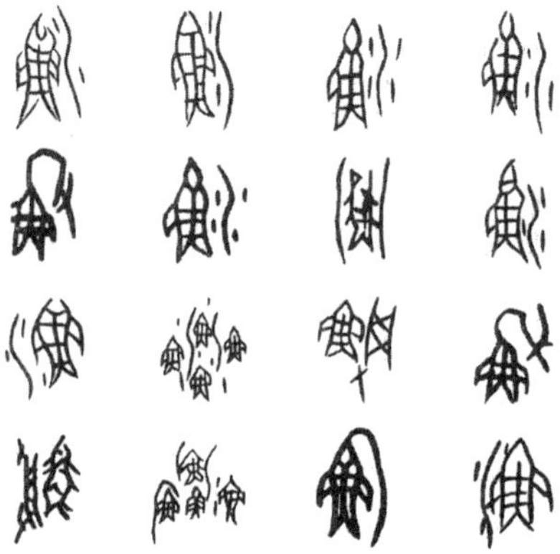
两周金文	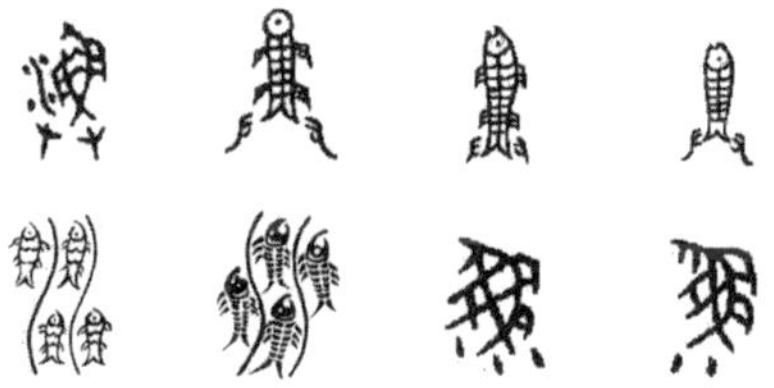
秦小篆	
现代楷书	漁

鲁：「以盘上的鱼佳肴表达美好之意。」

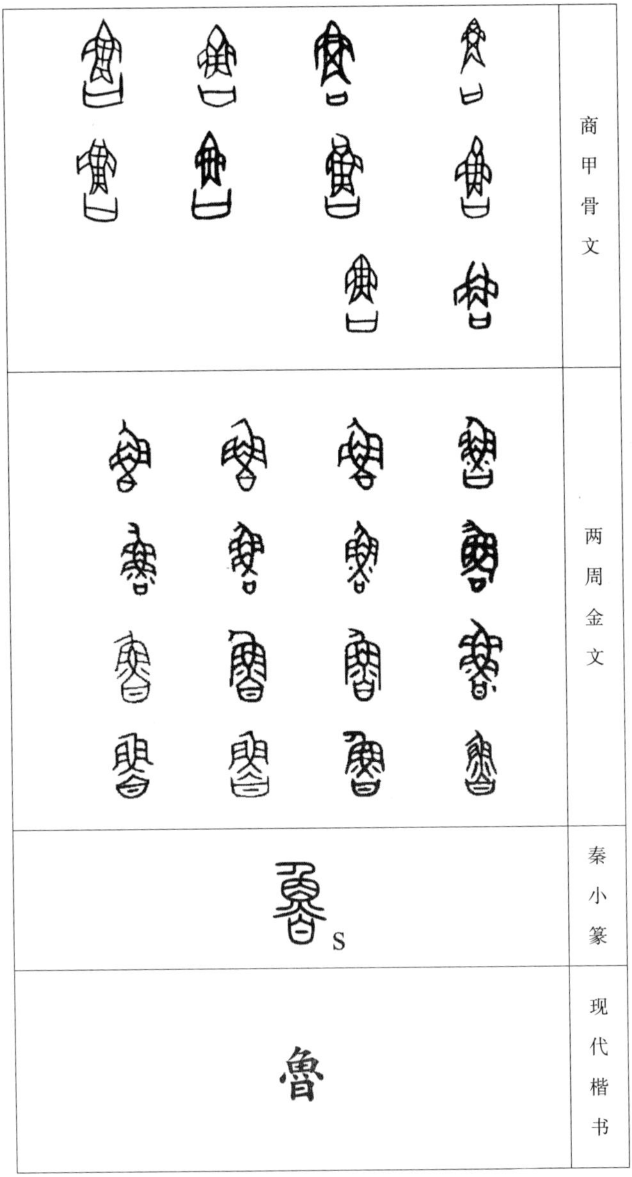

人类早期的社会，由于捕捉工具不精良，鱼类繁殖的速度又快，数量丰富，不必担心来源的枯竭，更加有利的是捕捉时不具什么危险性。因此鱼捞社区往往比狩猎社区还大，可以提供更多的食物，往往不发展农业也能经营长期定居的生活。

旧石器时代的人虽居住山上，但也时时下到溪水河流之边旁取水，所以也以鱼虾类为食物了。甲骨文的“鱼”字，很容易看出是描绘一尾有鳞、鳍的鱼形（）。到了新石器时代，人们居住于取水较容易的山丘河旁，捕鱼更是生活的重要活动之一。仰韶文化的遗址虽深处内地，但都距离河流不远，捕鱼不难。故仰韶文化陶器上的鱼类花纹远较他种动物的花纹为多。后世因为人口压力越来越大，迫使人们远离河岸去过活。本来易得的鱼虾，就渐渐变成不易吃到的珍肴了。

图 1：红衣黑彩人面鱼纹细泥红陶盆

口径 44 厘米，高 19.3 厘米

西安半坡类型，六千多年前

甲骨文有“鲁”字，作盘子之上有一尾鱼之状()。“鲁”字在古时有嘉美的意思，这个意义，其创意无疑是从鱼为美味食品的概念而来。《孟子·告子》有孟子叹惜鱼与熊掌不可兼得。战国时代的孟子是接近海岸的山东人，也把鱼看作是珍贵的食品，那么其他远离海岸的地方，其珍贵性就更不用说了。甚至在鱼产少的地方，宴客时需要象征性地摆设木刻的鱼。这多半是因为鱼的音读与“余”同，鱼象征有余。中国人口密度大，食物常不足，能否饱食是人们最关切的事，人们都希望丰裕不匮乏，故形成这种习惯，所以鱼常是美术的题材。

捕鱼算不上是一种兴奋或刺激的活动，而且也不涉及军事的训练。可能因此，商王的甲骨卜辞问及捕鱼的占卜不多，但安阳发现从远地运来的鲟鱼，可见当时希求罕见鱼鲜的例子。但是先秦的文献，鱼好像不是很被看重的食物，价值在牛、羊、猪等家畜之后。如《国语·楚语》有“士食鱼炙，祀以特牲。庶人食菜，祀以鱼”。特牲指牛、羊、猪等大型家畜。依《礼记·王制》，士以上阶级的祭祀，品级依次为牛、羊、猪、犬，不及于鱼。这种现象很可能是因为汉代以前，市场零售肉食不普遍。宰杀个体越大的家畜花费就越大，所以说非有大事不杀牲。鱼则个体小，价格较低，一般人付得起。但如以斤两论，鱼肯定要贵些。人工养鱼事业至迟在商周时期就已出现。一件西周中期的铜器铭文提到某贵族渔于其池塘，并以三百鱼赠送给某人。到了春秋、战国时代，人工养鱼则已相当普遍了。

从甲骨文可以看出捕鱼的方式至少有几种。其“渔”字有几种写法：一作一尾至四尾不等的鱼游于水中之状(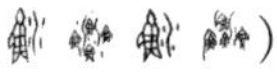)，一作一手拿着钓线钓到一尾鱼之状()，一作以手撒网的捕鱼状(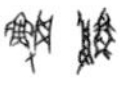)。此外应还有更原始的方式，如用木棍棒打或以鱼镖投射，甚至还可空手捕捉。《春秋》有鲁隐公于公元前七一八年矢鱼于棠的记载。大概是古时候以鱼镖投射捕鱼以供祭祀礼俗的孑遗。七千年前的武安磁山遗址出土不少的鱼镖。撒网是很进步的捕鱼法，磁山遗址也有网梭，表明七千年前已有进步的撒网捕鱼了。

一二七　禽，活捉野兽的猎网

禽：「长柄田网形，用以捕捉鸟兽。后加今声。」

商甲骨文	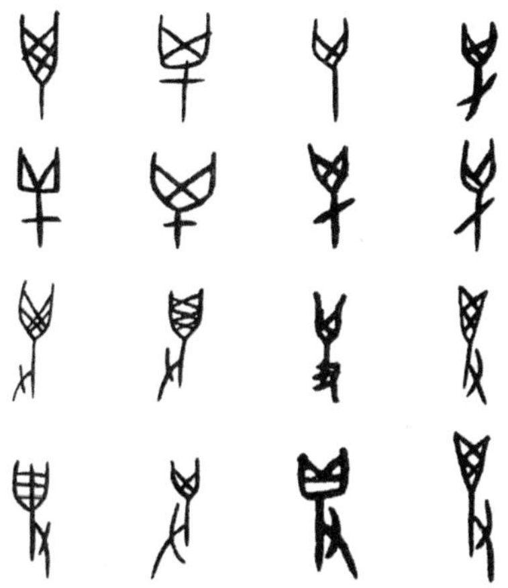
两周金文	
秦小篆	 S
现代楷书	禽

甲骨文有一个字，字形有两种结构：一作、、、、，是一种有长柄的工具形象；一作、、、、，是这种工具拿在手中之状。此字的意义为擒获野兽，于对照金文（）与篆文（）的类似字形后，才确实此字是“禽”字。

通过文字演化规律的众多例子，推论此字的演变过程大致路线是→→→→→。最先是以一把狩猎田网拿在手中（），表达用手以之捕捉野兽而有所擒获的意思。可能后来觉得田网就是以手操作的器具，不必把手画出来，所以就省略了手而成为。网子的网目应该是很多道的，但为了书写快速的目的，就把多道的网目省简而成了一个交叉。其次的变化是直柄上多了一道短的横画（），这是中国古文字最常见的变化，起初是加小点，然后小点延伸成短的横画。到了金文的时代，就在好多的表意字上加一个音符以方便音读，如上一回介绍的“耤”字，昔是在表意字“耤”上加的音符。“今”和“禽”字两者的声母和韵母也都非常接近，属于同一个范畴，所以成了的形声字。接着是直柄的变化，在短横画的前头又加上一道弯曲的竖划（）。这种变化也有一些例子，可能是受到又（手）的字形的影响。最后是把短横画的右端下垂（）。类似的变化只有几个例子如禺、禹、万（**编者按：转化回繁体为“萬”。**）等。这个字从初形变化到小篆的过程非常清楚，所以辨识起来没有困难。

“禽”字演变到小篆已有相当的差异，所以《说文解字》的解释就有点走了样。“禽”字的解释是：“走兽总名。从禸。象形。今声。禽离兕头相似。”把田网的网子部分说是代表禽兽的头部，这是把“禽”字本义搞错了的误解。因此也把柄部分的厹解释为：“禸，兽足蹂地也。象形，九声。《尔雅》曰：‘狐狸貛貉丑，其足蹞，其迹厹。’凡厹之属皆从厹。蹂，篆文从足柔声。”误以为禸代表野兽的足迹。

为什么捕获野兽要用有长柄的猎网表达呢？使用网子的主要目的，一是捕捉活的野兽，二是得完整的毛皮。活捉野兽是动物家养的先决条件。人们学会家养是因有时捕捉到过多的野兽，其中有受伤未死，或尚未成长的幼兽，并不立即食用而暂时加以圈养，以待他日打不到猎物时食用。在圈养的期间，幼兽习惯于人们的饲养和保护，甚至壮兽也偶有生产幼兽的情形发生。因而促成人们加以饲养的兴趣。还有，家养的肉质与野生的有差异，也可以通过与野生的交配而培育新品种。至于保持毛皮的完整，古人初以毛皮为衣服，进入农业社会后，毛皮乃成珍贵的材料。如此珍贵的材料如果有了破损，虽可以修补，但美观就减少许多，价值自然也下降，所以保持毛皮的完整是有必要的。要确保毛皮无破损，比较保险的方法是用网捕活捉，所以甲骨文意义为狩猎的“兽”字，就由一把田网与一只犬结合，因为两者都是田猎的必要工具。“禽”的初义是擒获，后来引申至被猎的野兽，西周开始意义范围又缩小至鸟类，今乃习惯以禽兽分别飞禽与走兽。

图 1：铜绞炼盖鸟形酒尊

高 25.3 厘米

春秋，公元前 8 世纪至前 5 世纪

一二八 兽，网与犬为狩猎工具

兽：「田网与犬都是打猎的必要工具。」

商甲骨文	两周金文	秦小篆	现代楷书
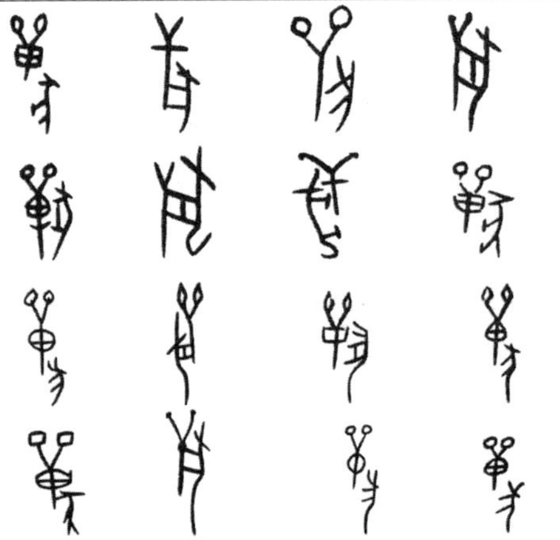		 S	獸

狗的体能远远比不上许多大型野兽，难于离群，在野外过独立的生活。因而养成集群合作的本能，易于被早期的人们所驯养。但它异于绵羊，羊是人们为了肉食和皮毛的目的，主动加以驯养的。狗则可能基于它本身的需要，前来依附于人们。有可能人们被狗依附之后，才有灵感以之应用于他种野兽而发展畜养的技术。

狗可能自狼驯化而成。因为它们独自捕猎的能力有限，难于同大型的野兽竞争，常无所获而挨饿，以致经常徘徊于人类的居处，吃食人们丢弃的皮、骨、肉等。人们既习惯于它们友善的存在，对自己生活也不生什么负担。因此温驯者就被留下，通过互相的合作和选择，狗终于失去其野性而成为家畜，帮助人们捕猎。犬被家养后体态发生了变化，与野狼的主要分别在尾巴卷起。所以甲骨文的“犬”字主要特征是尾巴上翘，只有少数作身子细长而尾巴下垂。有别于肥胖的猪的象形字“豕”。

人因能使用工具以弥补体能上的缺陷，使任何大型、凶猛的野兽都逃不出被擒杀的命运。但是野兽可以深藏起来，逃避被人们搜索擒杀的厄运。狗正好在这方面有所作用。狗有嗅觉上的天赋异能，能从野兽遗留的血、汗、尿、粪等的气味去分辨动物，并加以追踪、诱发和驱赶，以方便人们的捕杀，从而分得残余。所以甲骨文的“兽”字，作一把打猎用的田网以及一条犬会意（）。两者都是打猎时需要的工具，故以之表达狩猎的意义。后来才扩充其意义至被捕猎的对象野兽。而甲骨文“臭”字，其本义即后来的“嗅”，以犬及其鼻子表意（）。反映人们完全了解在所知的动物中，犬的嗅觉最为敏锐，所以取以表达辨别味道的嗅觉感官。臭的本义是兼有人们喜好及厌恶的味道，后来被偏用于不愉快的味道，就增加口之意符而成“嗅”字，以与“臭”字区别。

犬的敏锐嗅觉不限于探查野兽，对于侦察敌踪也能起很大的作用，所以很快被贵族利用于军事和追捕逃犯。商代的中央和方国都设有犬官,除报告野兽出没的情况以供打猎的参考外,并随行参加军事的行动。尤其是夜晚可以替代人们侦察意外的侵犯征兆。金文的“器”字,可能表现犬善吠,好像有多张嘴,连续吠叫,有警戒外来异物的器用(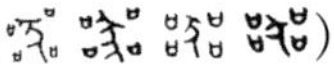)。

一二九　尞，积柴焚烧

尞：「架立薪柴焚烧之祭祀。」

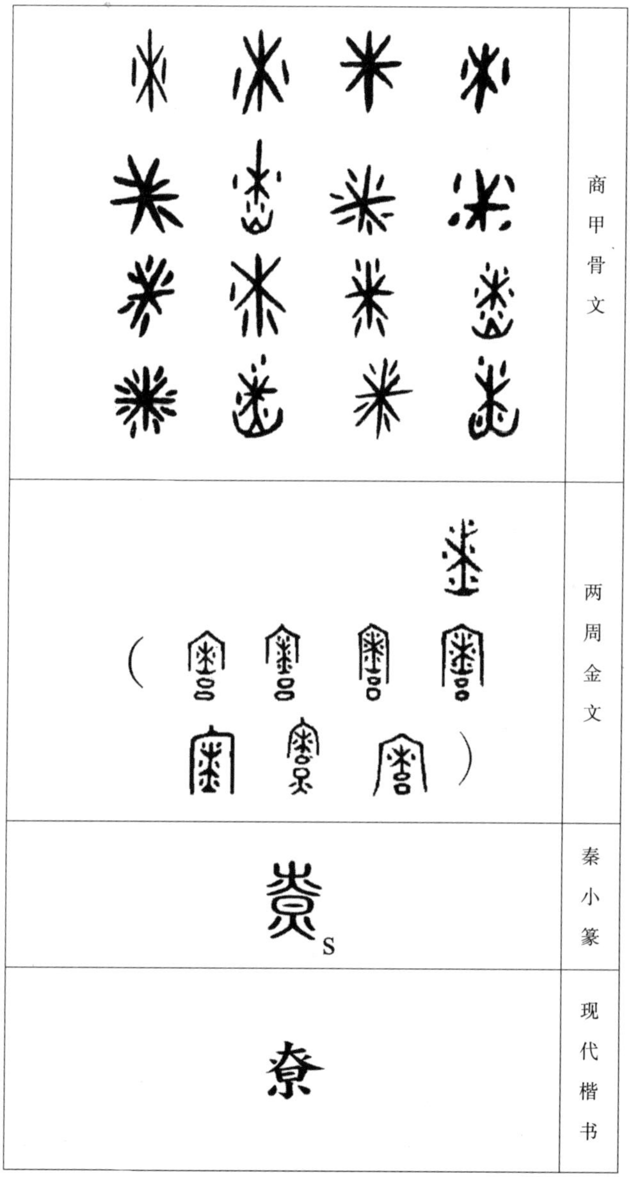

甲骨文有个“尞”字(),字形和小篆()有很大的歧异,但在甲骨被发现不久,就被罗振玉给辨识出来了,这是因为罗振玉充分掌握了文字变化的规律。这个字的变化有点曲折,不是一眼就可以辨识出来的。此字字形的变化,从使用的时代看,甲骨第一期作,第二、三期作、,第四期作、、、,第五期恢复作。两周金文作,基本是延续甲骨晚期的字形,它和小篆字形的最大不同是小篆字形在“尞”字结构中间插入个“日”字。为什么会这样呢,“日”到底是什么形象呢?

此字字形因为有了相当的讹变,所以许慎《说文解字》的分析就不太对。“,柴祭天也。从火、昚。昚,古文慎字。祭天所以慎也。”通过字义与字形,可了解此字的主要创意是积柴焚烧,把薪柴竖立起来燃烧而不是平放着。此字的重点是让火光上扬,使照明的范围广。一般烧火的薪柴,如烧煮食物,比较容易平放。但如果想把光线照射的范围扩大,就要竖立起来摆放,虽比较费事,但为了远照的目的,不嫌稍微麻烦一点。第一期的“木”字之旁的两小点就是火焰的形象。第二期的时候,大概觉得火的形象不是很清楚,就在木之下加个“火”字。第四期是所谓的复古旧派,恢复第一期的字形而加上更多的火点,使火的形象容易被理解。第五期是新派执政,恢复第二、三期的写法。金文延续之。但,何以到小篆的字形就多了个日呢?这与尞祭的制度有关。

“尞”在甲骨是名词也是动词,是一种架木焚烧的祭祀名称,也是用火烧烤东西的动作。尞祭以山川为主要祭祀对象,本来都是在户外举行的。因为古代的房子比较低,屋顶且是用茅草覆盖的。如果在屋里举行,就容易引起火烧事件。焚火的目的是让烟气上升至天空,使神灵容易接受到供奉。山上的地点比较接近天上的神仙,所以山顶常是举行尞祭的地方。烧火怕被雨淋,因此产生盖个亭子加以保护的设施。亭子采光好,明亮,不像室内昏暗,可能因此名为明堂。祭祀山川是帝王独有的权利，所以明堂也成为帝王居所的名称。

后来房子的架构有了改善，高度提高很多，可以在屋子里头积薪焚烧了，因此有时也在屋子里举行尞祭而有了从宀尞声的形声字()，到了金文的时代，从宀的一般家屋就改成了从宫()，宫为更为高大辉煌的贵族房子。毛公鼎错把宫字的两个方框插入“尞”的字中()，再进一步把两个方框连成日形就成了小篆的字形了()，这个演变让许慎误以为是古文慎的部分，因而有“祭天所以慎也”的说解。

一三〇 东，囊袋，借为东方

东：「作一个两端束紧的袋子形状。」

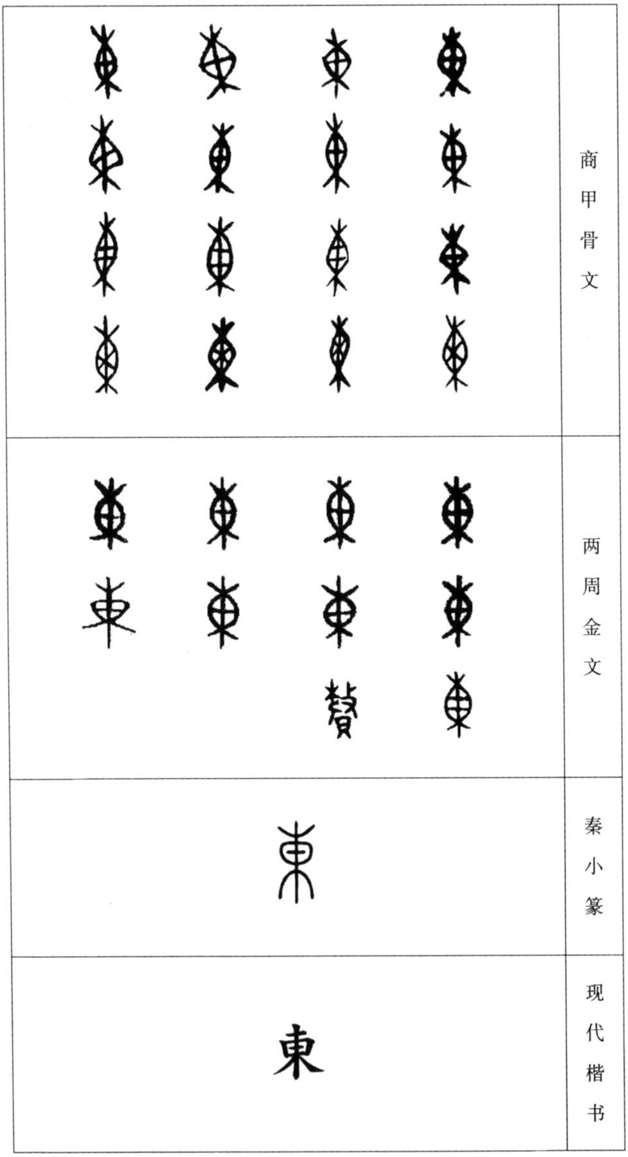

人的生活是离不开方向的，尤其是古人。因为动、植物的生态与阳光的照射条件有绝对的关系。植物是大多数生物的食物源头，植物不生长在有阳光的地方，就难从根部获取养料。不但未定居的渔猎采集社会，人们要依一定的路线和方向作有规律的季节性移动以寻找食物。就是定居的农业社会，也要选择能够得到适当日照的地点，确定季节的到来，以便栽培的作物能够顺利生长。因此，没有正确的方向认识，就等于放弃了最佳生存机会的选择，难于在竞争激烈的自然界中繁殖。所以认识正确的方向是动物觅食的重要技能，也是很多动物天赋的本能。

自然界中没有比日月星辰的运行更可指示正确的方向。所以人们很早就注意到天空的景象而发展成天文学。太阳每天从同一方向上升，另一个方向下落。日久必然引起人们的注意而依之以确定方向。所以大多数的民族都是先知道东与西的方向，后来才有南、北方向的意识。一年中春分与秋分这两天的日出和日落才在正东与正西的方向。所以对于季节的认定也先有春与秋，后来才发展出冬季和夏季。中国在商代的时候就只有春与秋两季，进入西周才细分为四季。

太阳既然是辨识东方的最简单与容易被领会的指标，则以太阳作为创造“东”字的根源应该是合理的，所以《说文解字》对“东”字的解说：“東，动也。从木。官溥说：从日在木中。凡东之属皆从东。”不过，有了甲骨文的字形，就不能不排拒这个假说。

甲骨文的“东”字，作一个两端束紧的袋子形状(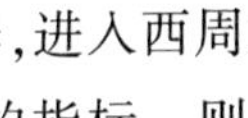)。这种袋子大致是填装重物用的，所以袋身上有好几道的捆缚，以方便提携。如果是单手可以提起的，大致就不必多加捆缚了。大型袋子大概不会是引申自东方地区特有的器物，所以以此形作为东方使用，应该是属于音读上的假借。

从西周开始，袋子上交叉捆绑的绳索就不再见，只留下平行的横线(

東),进一步变化是把前后捆绑的线条与袋身分离,就成了小篆的字形(東),看起来就像日在木之中之状。中国有个相当晚的传说,太阳沐浴于东方的扶桑木或若木,每天早上从此树上升,照耀人间,黄昏后回此树休息。很可能就是基于后代字形的联想而杜撰出来的。甚至,一旬有十天,也因之附会天上本有十个太阳,造成干旱之灾,难于生活。有后羿射下九个太阳为大家解除困境。

商代的统治者把自己居住的地域看作是被四周方国所围绕的政治中心。商王向四方致祭,希望东南西北各方向所管辖的地域和盟国,都会得到上天的眷顾,获得好收成。在商人的想象中,四个方向和来自四方向的风都有专职的神管理,各有其专名。自实用说,中国的地域,东边是海,南边靠近赤道,西边是内陆,北边靠近极地。因此,自东方吹来的风比较可能带有湿润的空气而易致下雨,南方吹来的风燠热,西方吹来的风干燥,北风则寒冷。风不但影响我们安排生活的方式,也能告知季节的来临。

一三二　陈，沙袋防御工事

陈：「可能表达以土包在山上布置防御阵线之意。」

商甲骨文	
两周金文	
秦小篆	
现代楷书	陳

昔：「大水为患之日，已是往昔之事。」

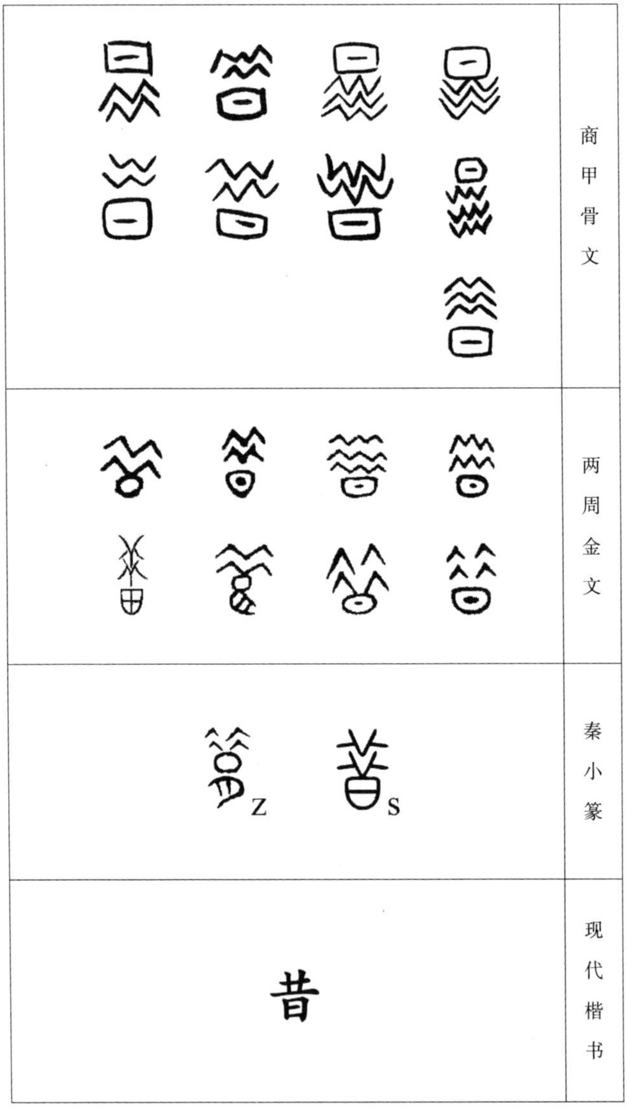

上文介绍形状为大型囊袋的“东”字，也出现于另一个字，可以作佐证囊袋的说法。《说文解字》收有“陈”“敶”(阵)两字，这应该是同一字的分化。大陈岛的闽南语读音即为大阵。在古籍里，“陈”更常当作“阵”字使用。《说文解字》对这两字的解释：“陳，宛丘也。舜后妫满之所封。从𨸏、从木，申声。𨻰，古文陈。”“敶，列也。从攴，陈声。”国名是借音，是很晚才有的，陈列才是原来的意义。

目前的资料，“敶”字首见于金文，由三个构件组合而成(敶)，并没有申的成分，所以《说文解字》的分析是有问题的。此字最左边的部分是阜，这个阜是竖立的山的形象【三短斜线向上的是楼梯的形象】。最右边的是攴，作手拿棍子的形象，中间的是东，是大型囊袋的形象。从使用的意义来与字的结构作联想，这个字的创意大致来自在山阜之旁，手持棍棒在扑打一个沙袋。可以推测这是在建筑防御工事。防御工事不是把沙袋堆上去就好了吗？为什么要用棍子去敲打呢？当然这是有其必要的。

原来防御工事不是针对敌人的侵犯，而是洪水。如果是战阵，只要有坚硬的东西布置在前面，就可以阻挡敌人的进攻了，这些袋子没有必要多花力气还加以扑打的。但是如果防备的东西是无孔不入的，那就要把细微的空隙也要填塞起来才能起作用。那么这个防备的对象就是水了。

如果防备敌人的攻击，还可以用石墙或土墙，但防御水灾就不能这样。防御水灾是暂时的，不是永久的结构，用固定性的石墙或土墙，事后拆除还要费很多力气，而且石墙不免有孔隙，不能防止水的渗透。用沙包或土包，可以随时加高，移除也很方便。沙包有相当的可塑性，沙包与沙包之间的孔隙可以用扑打的方式加以密合，可以有效防止水的渗透，所以布阵的创意要有手持棍棒加以扑打的动作。后来简化，省略了攴的部分而成陈，大概又由陈变化为阵。

为什么要创造这样的字呢？早期的人为了取水的方便，同时也为避免河流泛滥的灾难，都选择在山上居住。人口的增加，迫使人们往山下发展，才有较大的生活空间。但是越靠近平地，水灾的威胁就越大，也就不得不想办法对抗水患。商人建国的过程就是一个与水灾奋斗的好例子。商人栖息的地域是黄河下游的冲积区，此地区很少发现五千年以前的遗址。黄河的某些段落河道浅，泥沙多，密集的雨水常使河道宣泄不及而造成泛滥。商代之前的几千年间，气候比较温暖，雨量较充沛，因此水灾也比较容易发生。根据《史记·殷本纪》，从商的始祖契到汤建国时（约在西元前一千七百年）共迁徙八次。从商汤到盘庚建都于安阳之前，又迁徙了五次。从他们所栖息的地理环境、迁徙时所作的宣言看，推测商人的迁移主要是为了避免水灾。

商人时常迁徙的事实也反映在“昔”字。甲骨文的“昔”字由巛及日两个构件组成（）。“巛”是大水的灾难，字取象洪水浩荡，波浪重叠翻滚之状。“日”为太阳的象形，表示大水为患的时代是在过去。商朝建都安阳之后就不再搬迁，想是找到较为有效的防范方法了。

一三二 重量，以囊袋计量

重：「包囊装满货物，提举甚重。」

商甲骨文	
两周金文	
秦小篆	 S
现代楷书	重

量：「大概以袋估计重量与容量之意。」

商甲骨文	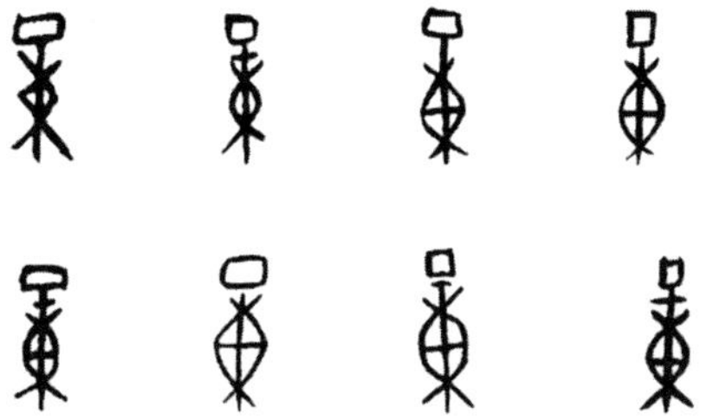
两周金文	
秦小篆	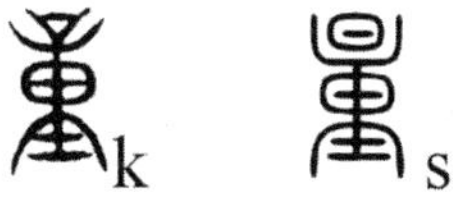
现代楷书	量

"重""量"两字的创意也与东(囊袋)有关。依目前的资讯,"重"字初见于两周时代的金文,例子也不多,作□、□、□等形。《说文解字》的解释是:"□,厚也。从壬,东声。凡重之属皆从重。"不过从文字演变途径的规律看,□是此字比较早的字形,□是较晚的演化,□则是战国时代的简省字形,后来没有被接受为通行的字形。显然,从壬的字形是后来的讹变,这种讹化的现象见于好多的字,如"圣"(□→□→□→□),所以这个字不是形声的结构,应是表意字。此字与"东"(□)稍有差异,是囊袋上端捆绑的绳索加上某种装置。联合字形与字义看,可能与袋子很重有关。"东"字是大型袋子的形象。大袋子装盛的东西多,重量可能很重,搬动可能不方便,如果使用钩子或什么器具,就比较好搬动,可能这就是"重"字创意的所在。

其次"量"字,甲骨文作□、□、□、□、□等形,金文有一些变化(□□□□),一是方框中加一点,这是文字演变常见的现象;一是袋子的下方有与"重"字一样的变化,多了两短画。《说文解字》的解释:"□,称轻重也。从重省,向省声。□,古文。"《说文解字》省声之说法绝大多数是不可靠的,不过,与重有关是对的。此字应该也是表意字,是大型的囊袋,在一端附有方或圆型的器具之状。东形之上的方框可离析,因此也不是袋子上固定有的装置。有可能以某种量具度量袋中之物的容量创意。

重与量是有关度量衡的概念,用袋子去创意是符合古代社会的情况的。估计某些东西的轻重、大小、长短或多少是远古以来生活所离不开的经验。当旧石器时代的猎人们拿着绳索要投掷时,就得自身估计石块的重量、猎物的距离,决定要使用多少力量,抛射怎样的角度才有希望命中目标。但是一旦要向他人传达这种意念时,就会发觉各人的了解有所不同,难正确地传达。不像现代人人有共同的概念,不怕会发生误会。度量衡的制度,是人与人接触后才需要的东西,因此传说是五千年前黄帝的创制。不过开始时一定很粗陋，要等到商业社会才会有所显著的发展。因为商业是种谋利的行为，要精确计算其成本与利润。同时也要取信于人，生意才能做得成，故促成计量系统的建立和商品的标准化。一方面也提高了数学的应用。

度量衡的演进大致有三个阶段。最先是依靠人的感官以判断事物的轻重和容量。其次是暂借日常用具加以度量。最后才是有一定的度量衡器及一定的标准。最初的阶段，人们只求大致的轻重就可以。如上文所解释，虽然重与量字的创意还不十分明白，显然与装东西的囊袋有关。袋子的大小较有固定的标准，是属于日常的用具，较之最初以手估量物体的重量已有所进步。日常袋子所装的东西大半是价廉的粮食一类，重量稍有出入也不值得多所争论。但如果是黄金一类贵重的东西，有必要计较铢两之差异而需要精确的器具，这就属最后的阶段了。

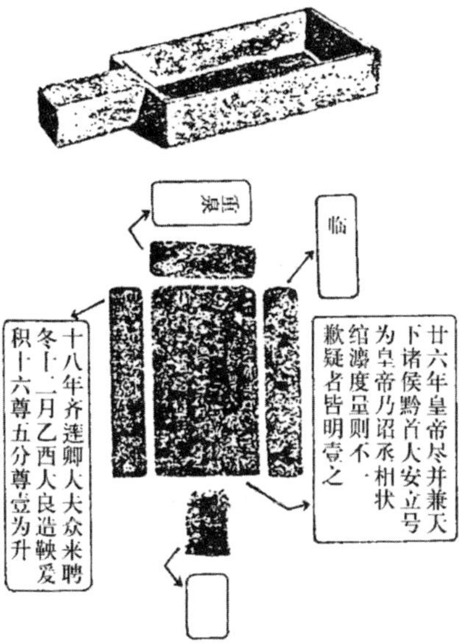

图1：公元前344年商鞅督造的标准量，以十六又五分之一立方寸为一升

一三三 西，编织篮框？

西：「作篮子一类的编织器物形。」

商甲骨文	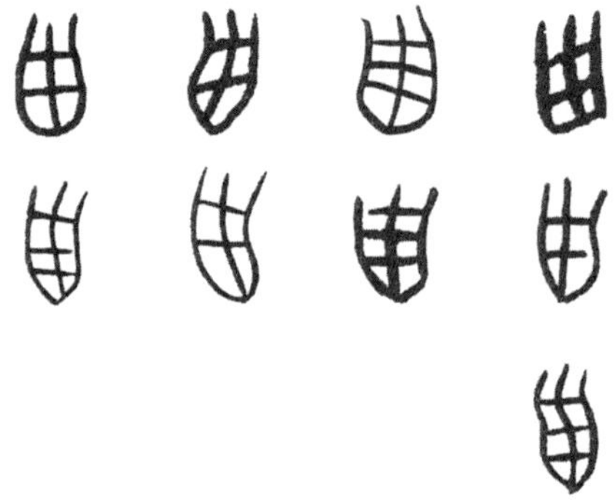
两周金文	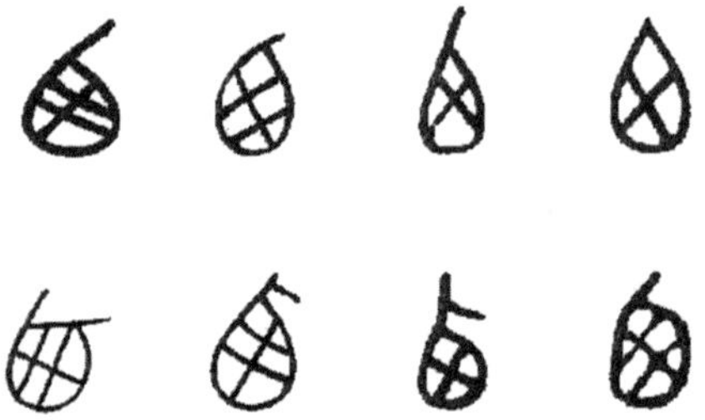
秦小篆	
现代楷书	西

之前介绍过“东”字，甲骨文的形象是个大型的囊袋，大概因音读的假借，用以表达东的方向。“东”的字形逐渐演变，像是以日在木中构形，被曲解为以太阳栖息于树上会意，有可能因此产生太阳由扶桑木上升天空的神话。

自然界中，太阳每天从同一方向上升，另一个方向下落。最容易引起人们的注意而依之以确定方向，所以大多数的民族以太阳在天空的运行途径确定方向，先知道东西，后来才更有南与北方向的确定。一年中春分与秋分这两天的日出和日落才在正东与正西的方向。所以季节的认定也先有春、秋，后来才又发展冬与夏的季节。

既然误认“东”字是得自太阳上升的概念，与之相反的西方，也取自与太阳有关的景象，应是很好的推论。所以《说文解字》给予“西”字的解释：“，鸟在巢上也。象形。日在西方而鸟西，故因以为东西之西。”认为“西”与“栖”同一字，以鸟在黄昏之后飞栖于西方表意。从篆文的字形看，确实是有点像鸟儿面向西方的样子。鸟儿是不是朝向西边栖息，或飞向西边的树木栖息，虽然还有待求证(鸟儿好像有列队面对下山的太阳的习性)，但从甲骨文的字形，不能不让人对这种解释有所怀疑。

甲骨文的“西”字()与小篆的字形有相当的差异。我们可以确定甲骨文“西”的字形，是因为在商代的卜辞中，像“寮于东”“寮于西”“寮于南”“寮于北”这样，四个方向都陈述完整的例子有好些个。比较了金文()与篆文()的字形，可以了解这个字的变化途径。“西”字到底是以何形象创意？很难百分之百肯定。有学者以为是藤条、竹皮一类编织成的篮框。不妨暂时这么认定。其变化，首先是篮框上部的线条省略成一道，下面的近方形的圈圆起来()，接着是上部突出的短线多了一道横出的短线()，这是很多文字变化的规律，然后是小篆的线条弯曲而离析()，使得整体看起来，像一只鸟儿蹲在巢

上之状。

动、植物的生态与阳光的照射条件有绝对的关系,植物如不生长在有阳光的地方,就难从根部获取养料。动物也不得不到有植物的所在求食,所以辨识正确的方向往往是动物求生的本能。人类应该不例外,也是很早就能分辨方向的。如果要求证据,可以利用墓葬的方向加以说明。

六千年前的坟墓也可以具体表现人们对方向的意识。陕西的半坡仰韶遗址,在保存较完整的一百一十八座坟墓中,绝大多数的头向西,只有一个向东,九个向北,七个向南。稍迟的山东大汶口文化则相反,在一百三十三座坟墓中,只有十分之一不面向东。虽然我们尚不了解这种特定墓葬的方向——在西方的仰韶文化西向、东方的大汶口文化东向,有何实用或宗教上的意义,但已足说明在埋葬时,人们有意识地选择某种方向。还有,在河南濮阳县一个六千多年前的墓葬,分别用蚌壳在尸体之两旁排列成龙与虎的图案。它与战国早期以龙、虎分别代表东西各七个星宿的情形相似, 应该也是对东西的方向已有清楚认识,并有某种信仰的证据吧。

图 1:朱绘二十八宿漆木衣箱

长 71 厘米, 宽 47 厘米,高 40.5 厘米,战国早期,公元前 5 至公前 4 世纪